ISSUES CONCERNING AGRICULTURE,
COUNTRYSIDE, AND PEASANTS
IN THE ARAB REPUBLIC OF EGYPT AND
THEIR ENLIGHTENMENT TO CHINA

阿拉伯埃及共和国的三农问题及其对中国的启示研究

刘志华 著

北京理工大学出版社
BEIJING INSTITUTE OF TECHNOLOGY PRESS

版权专有　侵权必究

图书在版编目（CIP）数据

阿拉伯埃及共和国的三农问题及其对中国的启示研究/刘志华著．—北京：北京理工大学出版社，2018.6
ISBN 978-7-5682-5769-5

Ⅰ.①阿⋯　Ⅱ.①刘⋯　Ⅲ.①三农问题-研究-埃及　Ⅳ.①F341.1

中国版本图书馆 CIP 数据核字（2018）第 133537 号

出版发行 /	北京理工大学出版社有限责任公司
社　　址 /	北京市海淀区中关村南大街 5 号
邮　　编 /	100081
电　　话 /	（010）68914775（总编室）
	（010）82562903（教材售后服务热线）
	（010）68948351（其他图书服务热线）
网　　址 /	http://www.bitpress.com.cn
经　　销 /	全国各地新华书店
印　　刷 /	保定市中画美凯印刷有限公司
开　　本 /	710 毫米 × 1000 毫米　1/16
印　　张 /	16.25	责任编辑 / 梁铜华
字　　数 /	260 千字	文案编辑 / 梁铜华
版　　次 /	2018 年 6 月第 1 版　2018 年 6 月第 1 次印刷	责任校对 / 黄拾三
定　　价 /	65.00 元	责任印制 / 王美丽

图书出现印装质量问题，请拨打售后服务热线，本社负责调换

前　言

1952年，以纳赛尔为首的"自由军官"发动"七月革命"，占领埃及首都开罗，废黜国王法鲁克，控制新君福阿德，建立"革命指挥委员会"，纳赛尔政权开始形成。同年9月，埃及政府颁布第178号法令即《埃及土地改革法》，正式启动土地改革。1953年6月，革命指挥委员会罢免国王福阿德，取消君主制，宣布成立"埃及共和国"。1956年，《埃及共和国宪法》颁布，纳赛尔当选总统。1958年，埃及与叙利亚合并，组成"阿拉伯联合共和国"，简称"阿联"，纳赛尔担任阿联总统。1961年，叙利亚宣布脱离阿联，阿拉伯联合共和国成为埃及的同义词。1970年，纳赛尔逝世，萨达特继任阿联总统。1971年，《阿拉伯埃及共和国宪法》颁布，阿拉伯联合共和国改称"阿拉伯埃及共和国"，这一国名沿用至今。

作者梳理1952年以来埃及国名的演变，意在说明，本书论述的"阿拉伯埃及共和国的三农问题"，特指从1952年"七月革命"爆发到2013年七月政变发生前的60年内埃及的土地制度史、农业生产史和村民流动史。相关论述涉及纳赛尔时代（1952年7月—1970年9月）、萨达特时代（1970年9月—1981年10月）、穆巴拉克时代（1981年10月—2011年2月）和穆尔西时代（2012年6月—2013年7月）。

土地是最为基本的农业生产资料，土地制度构成农业生产关系的核心因素。国外中东史研究起步较早，从经济发展角度对纳赛尔政权土改的分析已经相当成熟，对1992年96号法的剖析也比较深刻，特别是埃及和英语国家学者的调查报告、数据统计、法令汇编和论述思路为本书的学术研究奠定了坚实基础。不过诸多学者大都关注政治和宗教领域，且相关成果侧重从农学和农业经济学角度加以考察，对土地问题与1952年"七月革命"和21世纪初两次"倒穆"运动的因果联系着墨较少。本书力图从乡村农业角度解释"七月革命"和两次"倒穆"的原因，探讨土地制度与政权更迭的互动关系。

埃及的农业生产主要涉及粮食问题和农产品市场化。国内外学者普遍缺少对埃及粮食问题的长时段研究，而且大多单纯从经济学角度进行分析，专门从现代化角度论述埃及粮食问题的专著和论文尚未出现。国内外相关论著几乎均未涉及埃及农产品市场化的阶段划分，以及农产品市场化与粮食问题、土地制度、政治制度和国家主权的关联。本书从粮食供给与价格和投资政策、粮食需求与食品补贴制度、粮食进口与美埃关系三个角度，阐述粮食问题的表现与成因；本书还以棉花的种植和销售为例，从政府政策、经营主体和国际市场三个角度切入，梳理埃及农产品市场化。

埃及的村民流动，包括进城打工和出国务工两个方面。关于1952年以来特别是埃及共和时代的村民流动问题，国内学界似乎鲜有问津者，国外学者则侧重研究某一时段或某个侧面，主要数据极为分散，相关研究非常薄弱。本书从村民进城打工和出国务工的历史入手，探讨成因，分析影响。

本书在剖析1952—2013年埃及土地制度史、农业生产史和村民流动史的基础上指出：阿拉伯埃及共和国乃至现代埃及的三农问题，具有深刻的政治根源。从1805年穆罕默德·阿里就任埃及总督到2013年穆尔西总统黯然离职，埃及政府或建立土地国有制进而剥夺小农的地权，或推动地权私有化进而纵容土地兼并，或推广土改合作社进而侵蚀小农对耕地的经营权和用益权，由此实现转移农业剩余、限制小农产权和控制乡村民众的多重目的。至此，即便在土地私有化条件下，小农土地所有制也已沦为马克思所说的"徒有其名"的所有制或"纯粹名义上的所有权"。现代埃及的政治民主尚未实现，政府、城市、地主和精英在权力格局中占有优势地位，而小农则处于政治生活的边缘地带。政治权力分配不均，而政治权力在资源分配中依旧占据主导作用，由此导致土地资源的占有状况并不平衡，进而构成"三农"问题发生并延续的深层政治背景。埃及民主水平提高和小农政治参与扩大，则是解决"三农"问题的根本出路。

作者在收集和翻译史料、撰写和修改书稿过程中，曾经得到下列老师、同窗、同事和朋友的帮助，受益良多，一并致谢：我在读研和攻博阶段的导师哈全安教授与师母杨彦光女士；河南大学历史系与郑州大学历史系的张倩红教授；南开大学历史学院的李凡教授、马世力教授、陈志强教授、杨栋梁教授和王军老师；北京大学历史系的董正华教授和王红生教授；华东师范大学历史系的崔丕教授；浙江大学历史系的吕一民教授；吉林大学历史系的张广翔教授；中国社科院世界史所的刘军研究员；天津师大历史系的侯建新教授和王亚平教授；我的师姐、辽宁大学历史学院的李艳枝教授；我的同窗陈匡明、赵九洲和张欣；我的同事、天津大学马克思主义学院的颜晓峰院长和徐斌书记，以及近现代史教研室全体老师，特别是蔡文杰老师、秦立海老师、渠占辉老师和由俊生老师；北京理工大学出版社的莫莉老师和梁铜华老师。

我最应该感谢的是父母与妻儿。

我的妻子任芳兰温柔体贴、孝敬公婆、善良敦厚，是一位称职的妻子、孝顺的儿媳、慈爱的母亲；如果没有她的默默付出，我的书稿必将难以完成；如果没有她的鼎力支持，我的学术生活或许难以为继。儿子刘睿勋帅气强壮、聪敏幽默，既能体谅我的工作，又能带来无穷快乐；睿勋既是我生命的延续，又是我奋斗的动力。我们一家三口曾经共同应对重重考验，我们还将携手迎来美好明天。

家母徐树琴与家父刘东明都是勤勉朴实的贫苦农民，他们自幼经历土地改革、农业合作化、"大跃进"和人民公社化运动，在婚后不久又深受改革开放的积极影响。自1978年党的十一届三中全会以来，特别是在20世纪80年代初家庭联产承包责任制广泛施行后，家父迅速投身乡镇企业的建设大潮，家母长期留守乡间任劳任怨。他们的亲身经历与谆谆教诲，不仅成为我奋发图强的不竭动力，而且对我的书稿选题产生不可估量的潜在影响。更为重要的是，他们不仅赐予我生命、抚育我成人，而且使我养成勤俭持家、愈挫愈奋、果断勇敢、不卑不亢、独立自主等良好品质；他们以巨大努力抚育儿孙，他们凭超凡毅力包容子嗣。父母之恩，天高地厚；终我一生，难以为报。我唯有刻苦钻研、砥砺学问，方能回馈他们的含辛茹苦与殷切期望。

刘志华

2018 年 6 月 2 日，天津

目　录

绪　论 ·· 001
  第一节　现代化与"三农"问题 ··· 001
  第二节　阿拉伯埃及共和国的农业生态环境 ··························· 003
  第三节　主要内容 ·· 004
  第四节　研究综述 ·· 006
    一、关于阿拉伯埃及共和国的土地制度 ···························· 006
    二、关于阿拉伯埃及共和国的农业生产 ···························· 008
    三、关于阿拉伯埃及共和国的村民流动 ···························· 009
  第五节　学术价值 ·· 010
    一、资料运用 ·· 010
    二、研究方法 ·· 011
    三、核心观点 ·· 011

第一章　阿拉伯埃及共和国的土地制度（上） ··························· 012
  第一节　1829—1952年土地兼并与乡村动荡 ··························· 012
    一、土地兼并严重与小农生活困苦 ·································· 013
    二、土改法令难产与小农频繁暴动 ·································· 037
  第二节　1952—1970年七月革命与纳赛尔政权土改 ················· 042
    一、1952年自由军官发动七月革命与开启土地改革 ············ 043
    二、土地占有格局的演化 ··· 052
    三、土地租佃和雇佣关系的变革 ····································· 078
    四、埃及农业合作社的百年嬗变 ····································· 084
  小　结 ··· 101

第二章　阿拉伯埃及共和国的土地制度（下） ··························· 105
  第一节　1970—1992年埃及政府与执政党的土改试探 ············· 105
    一、1970—1981年萨达特时代土地政策的发展趋向 ············ 105
    二、1981—1992年穆巴拉克及民族民主党的土改诉求 ········· 114
  第二节　1992年96号法表决通过及引发的政治斗争
           （1992—1997年） ·· 118
    一、提案内容掀起的政党博弈与媒体论争 ························ 118
    二、1992年96号法获得通过及条文分析 ·························· 120
    三、法令公布引发的小农抗议和政府打压 ························ 125

第三节 1992年96号法的全面施行与新世纪初的两次"倒穆"
（1997—2013年） ··· 130
一、96号法的全面施行与2011年穆巴拉克总统辞职 ········ 131
二、后穆巴拉克时代96号法的延续与2013年穆尔西
下台 ·· 135
小　结 ·· 138

第三章　阿拉伯埃及共和国的农业生产 ····························· 142
第一节　粮食问题 ··· 142
一、问题的缘起 ·· 144
二、粮食供给与价格、投资政策 ··························· 145
三、粮食需求与食品补贴制度 ······························ 148
四、粮食贸易与美国—埃及双边关系 ····················· 154
小　结 ·· 155
第二节　农产品市场化 ··· 156
一、1805—1952年埃及的农产品市场化 ·················· 157
二、阿拉伯埃及共和国时代的棉花产销 ·················· 170
三、阿拉伯埃及共和国时代的园艺产业 ·················· 176
小　结 ·· 182

第四章　阿拉伯埃及共和国的村民流动 ····························· 185
第一节　城市化和劳务输出的概况 ······························ 185
一、城市化概况 ·· 185
二、劳务输出概况 ··· 196
第二节　乡村人口进城打工与出国务工的原因 ··············· 198
一、乡村人口进城打工的原因 ······························ 198
二、乡村人口出国务工的原因 ······························ 201
第三节　乡村人口进城打工与出国务工的影响 ··············· 204
一、乡村人口进城打工的影响 ······························ 204
二、乡村人口出国务工的影响 ······························ 205
三、乡村"留守妇女"的地位变迁 ··························· 207
小　结 ·· 209

结　语 ··· 213
一、阿拉伯埃及共和国三农问题的内在关联 ·················· 213

二、阿拉伯埃及共和国三农问题对中国的启示 ………… 215
参考文献 ……………………………………………… 218
　　一、中文书籍与论文 ………………………………… 218
　　二、英文书籍与论文 ………………………………… 223
　　三、参考网站 ………………………………………… 241
附　录　阿拉伯埃及共和国涉农历史年表 ………… 242

绪 论

第一节 现代化与"三农"问题

现代化是从传统社会向现代社会的过渡，具有全球性、阶段性和全面性。各个国家和地区在现代化浪潮中概莫能外，因而现代化具有全球性。现代化是一个长期性的转变过程，故不可避免地带有阶段性。由于传统社会与现代社会在诸多方面尖锐对立，所以现代化又呈现出全面性：在经济层面，从农本社会向工业社会过渡即工业化，从自给自足到互通有无即市场化，是其主要内涵；社会现代化则主要指城乡联系加强、闭塞状态消失、城市化进程以及职业流动；在政治层面，通常表现为民族国家的建立、官僚体制的形成、政治参与的扩大与依法治国的原则；此外，现代化还表现在意识形态和生态环境层面。

自文艺复兴、宗教改革和新航路开辟以来，特别是在商业革命和工业革命启动之后，人类社会逐渐从相对隔绝走向普遍交往，世界经济也由分散发展转为一体联动。然而在此过程中，人类社会的普遍交往颇具非平等性，世界经济的一体联动也呈现出不平衡性。以西欧为代表的西方基督教世界，逐渐建起现代民族国家体系，经受数个世纪的思想启蒙，科技军事力量不断增强，掀起对外扩张的社会浪潮，开始执世界经济之牛耳，现代化进程逐渐启动并渐次深入。相比之下，阿拉伯世界长期墨守传统社会的政治制度、社会准则、经济活动、军事组织和保守思想，在与西欧国家的激烈竞争中不幸落伍，长期蒙受军事失败、领土萎缩、主权沦丧和西人诟病等历史屈辱。尤其严重的是，因邻近西欧这一现代化策源地，包括埃及在内的中东地区较早地被卷入资本主义世界体系之中,逐渐沦为西方基督教世界的商品市场和原料产地,农业剩余和社会财富开始大量外流。然而,这一地区现代化进程的艰难启动与长期延续,亦为不争的事实。

从1953年6月君主制崩溃到2011年2月穆巴拉克下台,埃及总统在经济社会领域从推行国家资本主义到鼓励私有化,从强行遏制贫富差距到纵容放任贫富分化;在思想领域,埃及总统从严密控制意识形态到放松对政治思想的控制;在对外关系方面,埃及总统从强调战争与革命,阿拉伯民族利益至上、埃以斗争与亲苏倾向发展到重视和平与建设,埃及国家利益至上、埃以媾和与亲美倾向;在政党制度方面,埃及从一党制发展到一党独大的多党制。同一时期的类似转变,在其他发展中国家屡见不鲜。由此可见,经济的市场化、社会的分层化、对外关系中的国家利益至上化,以及政治民主化的缓慢发展,是阿拉伯埃及共和国现代化进程中的突出现象。

阿拉伯埃及共和国时期,农业、农民和乡村同样历经现代化进程。农村现代化特别是农业现代化是现代化的重要组成部分。简而言之,农村现代化主要包括农村经济现代化、农村政治现代化、农村社会现代化、农村思想现代化。农村政治现代化主要涉及政府与农民的关系,而农村社会与思想的现代化主要涉及村民的人口数量、人口结构与乡村教育。农村经济现代化包括农村经济结构的合理化、农村非农产业现代化和农业现代化。农村经济结构合理化主要指将农业剩余劳力转移至农村或城市的非农产业,提高农民的非农收入,进而提高农民的生活水平。农村非农产业现代化主要指乡村工业和服务业的现代化,具有特定内涵。农业现代化内涵丰富。一是提高农业产量特别是粮食产量。在提高产量方面不仅要提高土地生产率即单产,还要提高劳动生产率,以及提高经济效益即产值与整体人力物力投入的比例。二是优化播种结构。使农村粮食生产方面的大量剩余劳力转移至农业中的非粮食生产领域。粮食的市场化与粮食安全没有明显冲突;但是经济作物产品的市场化可能加剧粮食问题。三是在提高农业产量和优化播种结构的同时通过提高农产品商品率来增加农民的农业收入。这不仅要稳定粮价,还要处理好粮价与生产资料价格的关系。对于商品率很低的某些农产品而言,同时提高粮食价格和农业生产资料价格对生产者更为不利,因为他们必须以部分售粮所得收益来平衡整个农业生产资料的价格上涨。另外,应重视流通环节,即改善交通设施并完善市场机制,便于剩余农产品及时投入市场。

"三农"问题是发展中国家现代化进程中的普遍现象。埃及与中国同为历史悠久的发展中国家,都面临耕地不足的现实困境,土地制度、粮食安全与农产品市场化、农村剩余劳力转移在本国均占有举足轻重的地位,因此,研究埃及现代化进程中的土地制度、农业生产和村民流动,能够为中国"三农"问题的解决提供可资借鉴的经验教训。另外,埃及的农业生产在中东占据重要地位,埃及村民的生活状况亦关涉阿拉伯世界的政治稳定;2011—2013 年,包括埃及在内的诸多阿拉伯国家出现政治风暴;研究现代埃及特别是阿拉伯埃及共和国的"三农"问题,有助于探析穆巴拉克和穆尔西总统被迫下台的经济社会原因。

第二节 阿拉伯埃及共和国的农业生态环境[①]

农业生态环境,涉及地理位置、地形、气候、水文、耕地和人口等诸多地理要素。现代埃及农业生态环境的优势在于平坦肥沃的冲积平原、终年充足的光照热量、相对便利的水运条件、地表地下的充沛水源与数量巨大的农业劳力;而不利条件在于沙漠环绕、耕地匮乏、气候干旱、河水泛滥与人口猛增。

当代埃及幅员约 100 万平方公里[②],地跨非洲东北角和亚洲西部,东、北分别面向狭长的红海与古老的地中海,西、南则毗邻辽阔的"瀚海"——撒哈拉沙漠,可谓"四面环海"。埃及地处北纬 30°左右的大陆西岸,除了北部沿海点缀着冬雨型的地中海气候外,其他地区均为热带沙漠气候,受副热带高气压带和东北信风带的交替控制,冬夏分明,终年干旱。埃及干旱区年降水量在 20~150 毫米,极干旱区年降水量甚至不足 20 毫米,因此埃及农业用地主要仰赖尼罗河水的灌溉。1997 年,埃及 99.8%的耕地需要人工灌溉;2000 年,埃及 83%的灌溉用水来自以尼罗河水为主体的地表淡水。尼罗河全长 6 650 公里[③],上游包括白尼罗河和青尼罗河,分别发源于中非腹地的布隆迪和东非高原的埃塞俄比亚;白尼罗河与青尼

---

① 数据来源:哈全安:《中东史:610—2000》,天津:天津人民出版社,2010 年,第 4 页;曾尊固等编著:《非洲农业地理》,北京:商务印书馆,1984 年,第 236 - 237 页;方天纵、赵怀青:《埃及土地资源退化及其防治》,《内蒙古林学院学报》(自然科学版),1997 年第 3 期,第 42 - 49 页;"联合国粮食及农业组织"(FAO)英文网站:http://www.fao.org/;世界银行网站:http://ddp - ext.worldbank.org/。

② 1 平方公里 = 1 平方千米。

③ 1 公里 = 1 000 米。

罗河在苏丹境内汇合，自南向北穿越埃及并流入地中海（在埃及境内长1 532公里），由此将埃及的非洲部分分割为尼罗河流域、流域西侧的利比亚沙漠以及河水东侧的阿拉伯沙漠三部分。埃及人称尼罗河流域为黑色的土地，而将尼罗河流域周围的利比亚沙漠（海拔约为800米）、阿拉伯沙漠（海拔约有1 000米）和西奈半岛称作红色的土地。浩瀚的沙漠约占埃及总面积的95%以上，但是降水稀少、绿洲不大、人迹罕至；尼罗河流域构成定居的农业区域，面积仅有3.3万平方公里，水源充沛、人口稠密。2004年，埃及人口总计7 340万人，平均人口密度为每平方公里73人；97%的人口定居于尼罗河谷与三角洲地区，这些地区的人口密度高达每平方公里1 165人；其余地区居住着仅3%的人口，平均人口密度只有每平方公里1.2人。尼罗河流域以开罗为界划分为下埃及和上埃及：下埃及指自开罗至尼罗河出海口之间的冲积平原，南北长约170公里，东西最宽250公里，面积2.4万平方公里，肥沃的冲积土层厚度15~23米，地面坡度为万分之一；上埃及指开罗以南至边境城市阿斯旺之间的河谷，绵延约1 200公里，谷底平坦，宽2~16公里。尼罗河水量的丰歉，影响上下埃及的经济生活，特别是农业生产；水位的升高预示着耕地的充分灌溉和丰收的即将到来，水位的下降则在很大程度上意味着耕地的荒芜、庄稼的歉收、粮价的上涨和瘟疫的流行。因此，上下埃及既是尼罗河的赠礼，亦为它的囚徒。由于气候干旱、沙漠广布，埃及的耕地面积非常狭小，绝大部分农业用地分布于水源丰沛的尼罗河流域，即上、下埃及。埃及耕地面积占全国土地面积的比重在2000年仅为3.3%，在2005年为3.5%，在2007年为3.6%。尼罗河谷地与三角洲则构成埃及乃至非洲最为重要的农耕地区。据统计，2002年，埃及85%的耕地分布在尼罗河谷与三角洲地区。近年来，由于工业化和城市化加快发展，农药化肥用量增加，加之政府和个人对生态环境保护不够，埃及境内的尼罗河水污染较重，而土壤退化也愈演愈烈，集中表现在土壤沙漠化、盐渍化和化学污染三个方面，农业生态环境遭到严重破坏，埃及农业发展潜力受到打击。

第三节 主要内容

1952年埃及爆发七月革命，翌年君主制寿终正寝。从1953年进入共和时代到2013年穆尔西下台，阿拉伯埃及共和国的三农问题主要表现在土地制度、农业生产和村民流动三个方面。

第一章与第二章"阿拉伯埃及共和国的土地制度"主要阐述四个问题：

1. 1805—1952 年土地制度与七月革命和纳赛尔土改的联系

穆罕默德·阿里在执政前期重建土地国有制，而私有化在其晚年初露端倪。《赛义德法令》与补偿法令确认持有者的多重权利，私有化迅速发展。从英国统治时期《五费丹①土地法》艰难出台到立宪君主制时代土改提案屡遭否决，私有化顽固延续，土地高度集中，小农生活困苦并频繁暴动。因此七月革命与纳赛尔土改具有必然性。

2. 纳赛尔时代的小农土地所有制

纳赛尔土改期间，土地集中现象有所缓解，实际地租逐渐下降，地主阶层的政治优势不复存在，多数佃农和小自耕农构成共和国在乡村的统治基础。然而纳赛尔土改是私有原则和平等理念的交叉实施，包含诸多矛盾之处（在保障土地私有权的同时力图缩小贫富差距，在增加农民福祉的同时要强化政府对乡村的控制），导致纳赛尔在土地制度和农民问题上首尾不能相顾。因此，纳赛尔时代的小农土地所有制在私有外壳下包裹着国有内核，构成土地国有制的扭曲形式与工业国有化的逻辑延伸。

3. 萨达特时代土地政策的微调

萨达特在任期间，尝试返还此前纳赛尔政权征购的部分地产，一度改变地租数额及形态，开始弱化土改合作社，土地制度朝着不利于永佃农和自耕农的方向发展。

4. 1992 年 96 号法与穆巴拉克和穆尔西政权相继垮台的乡村因素

一方面，自 96 号法公布并实施后，诸多佃农丧失租佃权并充当雇农，小自耕农的地权受到严重威胁，五六十年代的土改法令几成具文。伴随着地权冲突加剧、小农死伤增多与生活水平下降，在村小农对政府充满愤恨，在两次"倒穆"运动期间普遍充当倾向政治革新的"沉默大多数"。另一方面，96 号法导致大量失地小农流向城市，然而进城小农难以找到稳定工作，普遍栖身贫民窟中，激进情绪逐渐蔓延，甚至直接参与城市运动。因此穆巴拉克和穆尔西下台不仅是由于市民的反抗，而且是因为失地小农的仇视。

第三章"阿拉伯埃及共和国的农业生产"主要探讨粮食问题和农产品市场化：

---

① 1 费丹（埃及）= 4 200.637 平方米。

1. 粮食问题

这一时期埃及小麦进口日渐增多，粮食问题愈演愈烈。价格政策和投资政策构成粮食供给的制度性约束；城市食品补贴制度刺激着粮食需求并导致普遍浪费；粮食供需均与制度安排紧密相关。然而，以1973年十月战争为界，埃及的主要矛盾从英法以与埃及的冲突、大地主与自由军官组织的对抗，转向国内的经济社会现代化建设；外部环境从连续战争走向持久和平；政党制度也从比较稳固的一党制转变为颇具雏形的多党政治。因此，阿拉伯埃及共和国的粮食问题也相应出现两大阶段。

2. 农产品市场化

阿拉伯埃及共和国时期，在政府政策、经营主体和国际市场三重因素影响下，播种结构与农产品贸易结构出现巨变；棉花产业日益没落和园艺产品渐趋重要，现代化与自主性相互强化，构成农产品市场化的鲜明特征。

第四章"阿拉伯埃及共和国的村民流动"侧重考察农业剩余劳力转移的两大途径——进城打工和出国务工。人口流出地的推动、劳力流入地的吸引、交通条件的优劣，是影响埃及村民流动的主要因素。村民流动为流入地提供大量劳力。然而，出国务工者难以享受同等待遇，并且其就业条件受到所在国乃至整个世界的政治经济环境影响。进城村民失业率长期居高不下，进而造成城市社会贫富差距不断拉大，贫困的下层民众因缺乏必要的生活保障而普遍处于无助状态。对乡村而言，村民流动有利于村民规模经营和提高劳动生产率，有利于提高农业工资、提高村民收入水平进而为农业投资奠定物质基础，有利于乡村政治稳定，有利于打破乡村的闭塞状态，有利于提高"留守妇女"的地位。

第四节　研究综述

一、关于阿拉伯埃及共和国的土地制度

（一）国内的相关研究

改革开放以来，国内的世界史学者主要关注西方国家，而中东史研究专家侧重探讨宗教问题、政治制度和国际关系，并论及工业化和城市化问题，对中东"三农"问题的研究尚处在起步阶段，对1952—2013年埃及土地制度与政权更迭关系的研究尤其薄弱。相对而言，杨灏城、许永璋、哈全安与王林聪对19世纪初期至20世纪中叶埃及的土地制度着墨不少，而毕健康和温铁军是较早论及1992年96号法的国内学者，详情请参阅杨灏城所著《埃及近代史》《纳赛尔和萨达特时代的埃及》以及所撰《纳赛尔时代的土地改革与埃及农村资本主义的发展》，许永璋所撰《1805—1952年埃及土地关系述论》，哈全安所著《中东史：610—2000》，王林聪所撰《纳赛尔时期农业合作化问题初探》，毕健康所著《埃及现代化与政治稳定》，温铁军所撰《埃及农村地权冲突调查分析》。王泰与哈全安主要从政治现代化的角度考察1952年七月革命爆发和2011年穆巴拉克下台的历史背景，详情请参见王泰所撰《七月革命与埃及现代化进程的路标性转换》，《2011年埃及的政治继承与民主之变——从宪政改革到政治革命》；哈全安所撰《纳赛尔主义与埃及现代化》《埃及现代政党政治的演变》《从选举政治到广场政治：埃及穆巴拉克时代的民众政治参与》。关于穆尔西下台的原因，短篇评论较多，长篇论著甚少，均侧重从教俗冲突、军人干政、城市运动和国际关系的角度进行阐述，长篇论文主要参阅廖百智的《埃及"穆兄会"垮台原因及前景分析》，高祖贵的《埃及"第二次革命"影响及走向》，刘宝莱的《冷眼看埃及当前变局》，等等。

（二）国外的相关研究

国外的中东史研究起步较早，从权力斗争角度对七月革命的考察以及从经济发展角度对纳赛尔政权土改的分析已经相当成熟，对1992年96号法的剖析也比较深刻，特别是埃及和英语国家学者的调查报告、数据统计、法令汇编和论述思路为本课题的研究奠定了坚实基础。不过诸多学者大都关注政治和宗教领域，且相关成果侧重从农学和农业经济学角度加以考察，对土地问题与1952年七月革命和新世纪初两次"倒穆"运动的因果联系着墨较少。详情请参阅迦百利·贝尔所著《1800—1950年现代埃及土地制度史》，阿兰·理查德所著《1800—1980年埃及的农业变迁》，纳森·布朗所撰《埃及政治中的小农与贵族》，萨德·伽德拉所著《土地改革：与埃及社会发展的相关性研究》，达尼·罗德瑞克所撰《埃及和土耳其的农业变迁和小农的政治倾向》，雷蒙德·威廉·贝克所著《纳赛尔与萨达特时代埃及不确定的革命》，西蒙·克蒙德所著《1973年以来埃及的政府与农业发展》，理查德·亚当斯所撰《埃及乡村的非农业收入、不平等性与土地》与所著《埃及乡村的发展与社会变迁》，瑞·布什所撰《农民缺位的农业战略：新千年的埃及乡村》、《政治，权力和贫困：埃及二十年的农业改革与市场自由化》与所著《埃及的经济危机与改革政治学》，雷蒙德·海尼布斯克所撰《阶级、国家与埃及农业改革法的颠覆》，卡瑞姆·嘎哈里所撰《损失几至极限：埃及的地主、佃农与经济自由化》，等等。

（三）国内外研究综述

目前国内外学界的相关研究一方面为本课题研究提供了观点启发，另一方面存在两点不足：

1. 关于1952年为何出现七月革命和土改法案

相关著述侧重从城市多党纷争、阿以战争失利和土著军官崛起等角度阐述革命的历史背景、分析纳赛尔掌权初期的对内政策，对革命前夕的经济形势特别是乡村农业普遍着墨不多，较少论及革命前夕小农的贫困生活，并未阐述革命前夕土改议案屡遭否决的深层背景，从而无法揭示土地制度对政权更迭的巨大影响。

2. 关于2011年与2013年两次"倒穆"的历史背景

相关著述侧重从政党政治、军人政治和国际关系的角度进行阐发，没有论及1992年96号法与小农政治倾向转变及两次"倒穆"运动的因果关系。需要说明的是，国内学界对96号法着墨甚少且多数论述语焉不详，既未详述96号法出台始末，特别是官方媒体宣传与主要政党博弈，也未涉及96号法公布后埃及佃农与穆巴拉克政权的尖锐对抗和政治转向，尤其是96号法施行与穆巴拉克和穆尔西政权垮台的逻辑关联。

二、关于阿拉伯埃及共和国的农业生产

（一）关于粮食问题

国内学界尚未将埃及粮食问题作为一个课题纳入研究视野。国外学界对埃及粮食问题着墨不少，相关论述角度各异，有些散见于中东或埃及的通史、断代史、经济史和农业史专著之中，或者着重介绍或探讨埃及的食品补贴制度，或者着眼于从经济学和外交学角度考察埃及进口粮食和美国向埃出口粮食的原因和影响，偶尔论及粮食问题与政治动荡的关系，代表性著述包括：阿兰·理查德主编的《食物、国家和小农：中东农业问题探析》，汉斯·罗夫杰恩主编的《中东和北非的食物、农业和经济政策》，马尔温·卫因邦姆的《依附性发展与美国对埃及的经济援助》，萨罗莫·伊特扎克的《论埃及基本食品补贴的效果》，伊利亚·海瑞克的《埃及的食品补贴政策：既无法促进经济增长也不能改善分配状况》，小理查德·亚当斯的《自动确定的补贴：埃及食品补贴制度在政治上和分配上的影

响》。总体而言，国内外学者普遍缺少对埃及粮食问题的长时段研究，而且大多单纯从经济学角度进行分析，专门从现代化角度论述埃及粮食问题的专著和论文尚未出现。

（二）关于农产品市场化

国内学界业已描述1952年七月革命前埃及棉花的出口概况，但是没有论及共和时代棉花与园艺产品的产销。国外学界对埃及农产品市场化普遍着墨不多，且相关论述大多散见于中东史或埃及史专著之中，代表性著述包括：巴尔巴拉·拉尔松的《过去三百年间埃及的农业市场体制》，爱德华·厄尔的《埃及棉花与美国内战》，达尼·罗德瑞克的《埃及与土耳其的农业变迁和农民政治倾向》，维克托·列维的《1963—1978年埃及棉花的价格政策对福利和利润转移的影响》，瑞·布什的《政治、权力和贫困：埃及二十年的农业改革与市场自由化》《埃及的经济危机与改革政治学》及其主编的《埃及乡村的反革命：经济改革时代的土地与农民》。简而言之，国内外相关论著几乎均未涉及埃及农产品市场化的阶段划分，以及农产品市场化与粮食问题、土地制度、政治制度和国家主权的关联。

三、关于阿拉伯埃及共和国的村民流动

（一）关于阿拉伯埃及共和国的城市化

1. 关于阿拉伯埃及共和国城市化的原因

多数学者主要从经济角度着眼，强调埃及村民流向城市的主要原因在于乡村人口的迅速增长、城乡差距特别是收入差距、城市工业化的启动和进展以及劳务输出，等等。而少数学者的看法则较为全面，他们指出农业生产的发展和乡村人身依附关系的相对松弛、中央集权条件下城市与乡村以及工业与农业所处的不同政治地位，也是影响城市化的重要因素。

2. 关于阿拉伯埃及共和国城市化的影响

多数学者仍然从经济角度进行分析，承认城市化能够为城市和工业提供劳力，但是也会加剧城市的失业问题并造成乡村的劳力短缺。德尔文·A·罗伊、理查德·安通、伊利亚·海瑞克、詹姆斯·图斯、毕健康与哈全安等少数学者则强调城市化对政治参与和政治秩序的影响。

（二）关于阿拉伯埃及共和国的出国务工

关于1970—2013年埃及村民出国务工的原因，笔者现将学界主要观点概括如下：

1. 国内原因

埃及乡村人口增长迅速，农业剩余劳力较多。埃及城市建筑业开始迅速发展。劳动合同降低了差旅费用，即将出国务工者往往与已出国人员具有同乡或亲属关系，各种私人信息渠道便于务工人员在异国他乡寻找工作。从20世纪70年代初开始，埃及政府开始推行对外开放政策，激发人们的谋利动机和消费欲望。埃及政府逐渐放宽对百姓出国的限制。

2. 对象国的原因和国际环境

对象国在宗教和语言等方面与埃及比较接近；阿拉伯产油国的石油出口和加工工业因国际油价上涨等原因而兴起，但是缺少劳力，急需外籍劳力，工资较高，因此阿拉伯产油国与埃及的政治关系也会影响埃及的劳务输出。拉尔夫·R·赛尔指出，世界性的劳动分工也是影响埃及劳务输出的重要原因。

3. 交通条件

对象国距离埃及较近。

总之，当代学界对埃及村民出国务工原因的争论并不激烈，然而多数论述往往有失全面，并且缺乏中国学者的研究成果。

关于1952年以来特别是1970—2013年埃及村民出国务工的影响，学界论述细致但是观点迥异。有的学者关注村民出国务工对农村劳动分工、农业劳力供给与农业工资的影响，有的学者关注村民出国务工对乡村收入分配格局和开支结构的影响，有的学者考察村民出国务工对城市化的影响，有的学者考察男性村民出国务工对乡村妇女劳动、财产支配权、与外界沟通等方面的影响，有的学者关注村民出国务工对埃及政治稳定的影响。综上，学界对埃及村民出国务工后果的评价分歧较大，而埃及村民出国务工现象还将长期延续，因此笔者预计相关争论不会减少，甚至愈演愈烈；学术争鸣不仅是人类思想活力的重要体现，而且是笔者实现观点创新的重要依托。

第五节 学术价值

一、资料运用

埃及农民处在政治生活的边缘地带，乡村问题也被诸多学者视为畏途，因此相关研究较为薄弱，专题性论著并不多见，主要资料相当分散，搜集并翻译资料和论著可能事倍功半。不过，中国学者曾经编译现代埃及的部分法律、重要数据和要人言论，世界银行与联合国粮农组织时常公布关于埃及农业的调查报告与诸多数据，这些都有助于本成果摆脱困境。

二、研究方法

国外中东史研究起步较早，但主要关注政治和宗教领域，且相关成果侧重从农学和农业经济学角度加以考察。改革开放以来，国内世界史学者主要关注西方国家，而中东史研究专家侧重探讨宗教问题、政治制度和国际关系，并论及工业化和城市化问题，对中东三农问题的研究尚处在起步阶段。相比之下，本成果依据辩证唯物主义和历史唯物主义，积极借鉴现代化理论，适当吸收经济学和政治学的研究成果，广泛采用实证研究，纵向梳理土地法令，横向结合粮食产销、棉花贸易和村民迁移，将三农问题置于现代化进程的宏观历史环境之中，强调政治秩序的变动与三农问题之间的内在逻辑联系，研究视角具有独到之处。

三、核心观点

笔者认为，现代埃及的"三农"问题具有深刻的政治根源。

从1805年穆罕默德·阿里就任总督到2013年穆尔西总统离职，埃及政府或建立土地国有制进而剥夺小农的土地所有权，或推动地权私有化进而纵容土地兼并，或推广土改合作社进而侵蚀小农对耕地的经营权和用益权，由此达到限制小农产权、控制乡村民众和转移农业剩余的多重目的。至此，即便在土地私有化条件下，小农土地所有制也已沦为马克思所说的"徒有其名的所有制"或曰"纯粹名义上的所有权"。

阿拉伯埃及共和国时期，政治民主尚未实现，政府、城市、地主和精英在权力格局中占有优势地位，而小农则处于政治生活的边缘地带。政治权力分配不均，而政治权力在资源分配中依旧占据主导作用，由此导致土地资源的占有状况并不平衡，进而构成"三农"问题发生并延续的深层政治背景。埃及民主水平提高和小农政治参与扩大，则是解决"三农"问题的根本出路。

第一章　阿拉伯埃及共和国的土地制度（上）

土地是最为基本的农业生产资料，其重要性在耕地资源稀缺而人口数量巨大的埃及显而易见。土地制度则构成农业生产关系的核心因素。本成果所考察的"土地制度"皆取广义，主要涉及农业用地的使用、流转和受益等制度安排，习惯上包括耕地产权与租税制度两个方面。但是，笔者在讨论1952年9月埃及土地改革法时，还根据该法规定将土改合作社纳入土地制度范畴。本文论述的土地改革，特指纳赛尔政权在农地占有面积、租佃制度、地税数额、雇佣关系和农业合作社等领域所采取的革新举措。

第一节　1829—1952年土地兼并与乡村动荡

现代埃及的土地制度，缘起于伊斯兰传统社会的土地制度，与伊斯兰教的诞生和传播、伊斯兰国家的建立和演变密不可分。在伊斯兰教先知穆罕默德时代，依据《古兰经》的相关阐述以及阿拉伯人的历史传统，国家直接支配的耕地开始出现，进而构成地产赐封的前提条件，伊斯兰国家还对血缘群体的土地占有权加以确认，国家土地所有制作为一种经济制度开始初露端倪；以天课和人丁税为主要内容的租税制度，亦构成国家土地所有制的逻辑延伸。在麦地那哈里发国家征服埃及之后，国家土地所有制与被征服者实际耕作权的结合构成埃及土地制度的典型特征。在倭马亚哈里发时代，什一税地与全税地的差异渐趋模糊。阿拔斯王朝后期的哈里发在埃及将直接征税制改为包税制。在法蒂玛王朝末期，包税地演变为军事封邑伊克塔。在阿尤布和马木鲁克王朝，军事封邑伊克塔成为埃及最为重要的地产形态。

1517—1798年，埃及处在奥斯曼帝国统治之下，在法律上延续土地国有制。然而，包税人在向国家缴纳农业税的前提下，逐渐拥有处置地产和统驭民众的实际权力，导致国有土地趋向私有化，帝国统治形同虚设。伴随着农地私有化与奥斯曼帝国权力衰微，埃及政治秩序濒临崩溃，公权私化的政治环境与地权私有的经济制度错综交织彼此强化。1798—1801年，法军占领埃及，曾试图以直接征税取代包税制度并实现中央集权化，然而成效并不显著。从1801年法军撤离埃及到1805年穆罕默德·阿里就任埃及总督，埃及兵燹肆虐各地，农业生产遭到破坏，土地改革陷于停顿。

1805—1952年，埃及土地制度历经国家所有制复萌与私人支配权强化两大阶段。19世纪初期，埃及现代化的奠基人穆罕默德·阿里废除包税制，对宗教地产瓦克夫征税，重建土地国有制并将部分土地分给小农耕种。国家土地所有制与小农实际耕作权的密切结合，构成穆罕默德·阿里统治时期埃及土地制度的鲜明特征。然而，穆罕默德·阿里从1829年起开始封赐伊巴迪叶、杰法里克和乌赫达等地产，土地非国有化似乎成为不可阻挡的历史趋势。在1848—1952年穆罕默德·阿里后裔统治期间，土地非国有化愈演愈烈，土地高度集中，埃及政府采取的地权政策则构成土地非国有化和土地兼并的政治环境。穆罕默德·阿里时代的伊巴迪叶、杰法里克和乌赫达表明埃及土地的非国有化初露端倪，平静水面开始溅起涟漪；《赛义德法令》与《补偿法令》正式确认土地持有者的诸多权利，标志着土地非国有化迅速成长，涓涓细流逐渐汇成汩汩波涛。从英国统治时期"五费丹土地法"的艰难出台到宪政时代土改提案的屡遭否决，土地非国有化顽固延续，土地高度集中。

一、土地兼并严重与小农生活困苦

（一）土地兼并严重

1. 包税制的废除与土地国有制的重建（穆罕默德·阿里当政前期）

（1）历史背景与研究综述

642年哈里发国家征服埃及，埃及开始伊斯兰化和阿拉伯化。在阿拔斯哈里发国家统治后期，随着统治权力的渐趋衰微，哈里发在埃及将直接征税制改为包税制；伊克塔赐封和随之而来的统治权分割，构成包税制的重要前提和后果。伊拉克商人麦扎拉伊曾在905年之后成为埃及包税人，每年向哈里发缴纳 100 万第纳尔并负担军饷支出，在此前提下行使较为完备的统治权力。① 包税制的推行，削弱了阿拔斯哈里发对埃及等地区的控制，加快了阿拔斯王朝的崩溃。法蒂玛王朝末期，包税地演变为军事封邑伊克塔："军人取代官僚而成为包税人，……包税人向国家缴纳的税赋愈益减少，直至不再缴税，包税地遂演变为军事封邑。"② 随着军事封邑伊克塔的持续扩张，军事统帅对农业用地和政府税收的控制不断强化，法蒂玛哈里发的统治权力渐趋衰落。到阿尤布和马木鲁克王朝，军事封邑伊克塔甚至成为埃及最为重要的地产形态，包税制度则暂时处于低谷。③

1517—1798 年埃及处于奥斯曼帝国统治之下。帝国废除军事封邑伊克塔，在国有土地广泛推行包税制。关于帝国统治时期的埃及包税制，多数学者认为，大部分土地在法律上归属奥斯曼帝国，但包税制在事实上逐渐瓦解帝国对土地的所有权。迦百利·贝尔认为，17—18 世纪的埃及包税制本为土地国有制的实现形式，却逐渐削弱土地国有制。艾尼斯与哈拉兹认为，18 世纪埃及的包税制"被认为可以填补非中央集权政府同农民和其他生产者之间的空隙"；换言之，包税制成为连接软弱统治者和直接生产者的重要纽带。哈全安则指出，埃及包税人介于国家与村民之间，兼具纽带和障碍的双重作用。④

然而，到 1805—1848 年穆罕默德·阿里统治期间，农地包税制被彻底废除。库诺将穆罕默德·阿里时代土地制度的演变划分为初期（1805—1816 年）、中期（1816—1837 年）和末期（1838—1848 年），指出土地国有制的重建以及随之出现的地税收入剧增，并非穆罕默德·阿里的创举，而仅仅是延续奥斯曼帝国统治后期的举措而已；所不同的是穆罕默德·阿里拥有前所未有的强大权力，从而能够贯彻自己的意志，推行奥斯曼帝国在其统治后期所未能出台的土地政策。作者还隐晦地指出，穆罕默德·阿

---

① Carl F Petry, ed., *The Cambridge History of Egypt: Islamic Egypt*, Cambridge: Cambridge University Press, 1998, p. 109. 哈全安：《中东史：610—2000》，天津：天津人民出版社，2010 年，第 214 页。

② E Ashtor, *A Social and Economic History of the Near East in the Middle Ages*, Berkeley: University of California Press, 1976, p. 206.

③ Carl F Petry, ed., *The Cambridge History of Egypt: Islamic Egypt*, p. 156, pp. 227 – 229.

④ Gabriel Baer, *A History of Landownership in Modern Egypt*, 1800—1950, London: Oxford University Press, 1962, pp. 1 – 3. ［埃］穆罕默德·艾尼斯、赛义德·拉加卜·哈拉兹：《埃及近现代简史》，北京：商务印书馆，1980 年，第 19 页。哈全安：《中东史：610—2000》，第 498 页。

里王朝初期的土地国有制事实上构成从形态各异土地制度到单一私有土地制度的中间环节。关于包税制的废除，瓦提克奥特斯认为，穆罕默德·阿里废除包税制的原因在于，包税制截留大部分农业收入，并使包税人获得对农民的统治权，从而成为穆罕默德·阿里的潜在敌人。如何评价穆罕默德·阿里废除包税制和重建土地国有制的举措，是学界研究的重点内容。哈勒德·法赫米认为，穆罕默德·阿里通过废除包税制大大削弱包税人权力，从而实现对乡村社会和农业生产的控制。陆庭恩和许永璋认为，阿里的土地政策并未改变埃及封建土地关系实质，地权基本上从马木鲁克封建主手中转到以阿里为首的国家手里。农民从此前对个别封建主的依附转变为对封建国家的依附。哈全安指出，穆罕默德·阿里废除包税制，奠定了中央集权和君主专制的社会基础。①

综上所述，学界对于1517—1848年埃及农地包税制的研究存在两处不足：一处是史实描述不够详尽准确；另一处是未能揭示包税制盛衰与政治局势和政治现代化之间的关系。笔者将首先勾勒奥斯曼帝国和穆罕默德·阿里时期埃及农地包税制的盛衰线索，进而揭示这一时期包税制兴亡与政治局势和政治现代化的关系。

（2）奥斯曼帝国统治时期埃及土地包税制的极盛

1517—1798年，埃及处于奥斯曼帝国统治之下。帝国废除马木鲁克持有的军事封邑伊克塔，在国有土地广泛推行包税制。包税人在代替国家收缴统一税的前提下，不仅能够将所征土地税与上缴统一税的差额即包税收益法伊德（数额往往相当于所上缴统一税的四五倍）据为己有，而且可以获得一块免税地乌西叶，并获准征发小农到乌西叶地无偿劳作，还能免服兵役。② 除了包税人代替国家征缴的统一税与自身攫取的包税收益之外，包税人还向小农征收形形色色的苛捐杂税。因此，在18世纪末，尽管地税数额在名义上占农业收成的10%～50%，然而包税人与国家征收的苛捐杂

---

① Kenneth M Cuno, "The Origins of Private Ownership of Land in Egypt: A Reappraisal", *International Journal of Middle East Studies*, Vol. 12, No. 3, 1980, pp. 256 – 267, p. 247. P J Vatikiotis, *The History of Egypt*, Frome and London: Butler and Tanner Ltd, 1980, p. 54. M W Daly, ed., *The Cambridge History of Egypt: Modern Egypt*, Cambridge: Cambridge University Press, 1998, Vol. 2, p. 149. 陆庭恩：《评穆罕默德·阿里的改革》，载《世界历史》1979年第4期，第77页；许永璋：《1805—1952年埃及土地关系述论》，载《河南大学学报》（哲学社会科学版）1990年第4期，第101 – 102页。哈全安：《中东史：610—2000》，第498、500页。

② Kenneth M Cuno, "The Origins of Private Ownership of Land in Egypt: A Reappraisal", pp. 240 – 247. Gabriel Baer, *A History of Landownership in Modern Egypt*, 1800—1950, pp. 1 – 2.

税数额远远超过正式地税，导致埃及 2/3 的农业收成都被作为税费征缴，农民苦不堪言。尽管税赋沉重，但是包税制下的小农必须及时缴税，否则就会遭到虐待。为了躲避甚至反抗苛捐杂税，埃及小农特别是地处偏远的小农或隐匿农产品，或在出售农产品之后隐匿货币，在忍无可忍之时还会诉诸暴力或以武力相威胁。如果上述自发行动以失败告终，农民就将向乡村舍赫或贝都因人乞求保护。万般无奈之下，农民会选择举家迁徙、四处漂泊。然而，伊斯兰教法严禁小农背井离乡撂荒耕地。奥斯曼帝国所颁布的法令"卡侬"也阻止小农随意流动；奥斯曼素丹苏莱曼大帝曾颁布法令，规定埃及小农即使在艾资哈尔求知进学也不得离开耕地。所以，当时的埃及农民被称作"加拉里"，即"定居在土地上的人或被束缚在土地上而不得擅自离弃的人"①。他们形同农奴，遭受封建国家的超经济强制。伊斯兰教法与奥斯曼法令强调将小农固着于耕地之上，旨在实现劳动力与生产资料的紧密结合，进而保证农业产量和国家税收；土地国有制则构成上述超经济强制的物质基础。

然而，在帝国统治后期，日益盛行的包税制不仅加重了小农的经济负担并强化了其依附状态，也在事实上瓦解着素丹对尼罗河下游的所有权和统治权。包税人数量迅速增加。从 1658 年或 1660 年到 1797 年，埃及包税人总数增加 250% 有余；包税人的社会构成发生明显变化，到 18 世纪末，马木鲁克、军政高官、部落首领、部分商贾和宗教学者欧莱玛成为主要包税人。② 包税人在向国家缴纳农业税的前提下，逐渐拥有处置地产和统驭民众的实际权力，导致国有土地趋向非国有化、帝国统治形同虚设。一方面，包税期限延长，包税地在事实上逐渐成为能够被继承、抵押、出售的私有地产："尽管起初包税地只是被赠予若干年的有限时间，然而到 1800 年许多包税地已被终生占有并在某些情况下成为可被转让和继承的财产"③。包税人在定期缴纳赋税的前提下，可以终生占有包税地，这些被包税人终身占有的包税地被称作"马立卡尼"，意为"私有财产"；奥斯曼帝国素丹艾哈迈德三世曾于 1714—1715 年明令禁止这类土地的存在，但是素

---

① Roger Owen, *The Middle East in the World Economy*, 1800—1914, London and New York: I. B. Tauris, 1993, pp. 35 - 38. ［埃］穆罕默德·艾尼斯、赛义德·拉加卜·哈拉兹：《埃及近现代简史》，第 20 页。

② Kenneth M Cuno, "The Origins of Private Ownership of Land in Egypt: A Reappraisal", p. 251. Gabriel Baer, *A History of Landownership in Modern Egypt* 1800—1950, pp. 1 - 2.

③ P J Vatikiotis, *The History of Egypt*, pp. 53 - 54.

丹无力执行这一法令,三年后该法令被正式取消。包税人还开始将包税地典当抵押,或者使其后嗣或妻子或亲戚继承包税地,或者将包税地变成乌西叶,进而将乌西叶转为私人瓦克夫。上述行为常常被委婉地称作"转让",而关于此类"转让"的最早记录出现于1728年。从17世纪中期到18世纪末,一些包税人私自将包税地转变为乌西叶或者将乌西叶转变为私人瓦克夫,进而实现本家族对包税地的长期占有。包税人甚至开始直接出售包税地,这种行为常被委婉地称作"无限期转让"。[①] 另一方面,包税制截留大部分农业收入,并使包税人攫取对小农的政治统治权和司法审判权。包税人上缴国库的税额,仅相当于其所征农业税总额的4%~40%;包税人还有权拘禁、拷打甚至处决小农。[②] 到18世纪末,包税人甚至能够操纵乡村舍赫和头人。乡村舍赫和头人主要负责传达和贯彻包税人指令,并逮捕和流放不服命令的小农;监督生产过程。乡村舍赫和头人还负责向村社征缴地税并将税额转交包税人,还负责征发劳役,而当时埃及乡村盛行集体缴税和集体承担劳役的制度,即村社承担的全部税额和劳役总量不因直接劳力数量的升降与耕地面积的增减而发生变化。作为对乡村舍赫的酬劳,包税人往往给予他们某些馈赠,并准许乡村舍赫租种包税人的免税地。[③]

到18世纪末,埃及农业用地在理论上几乎均为国有土地米里,要么被国家直接控制,要么成为包税地、乌西叶和瓦克夫;私有地产穆勒克在名义上局限于宅基地、果园和花园;然而国家对土地的所有权受到土地管理者和耕作者的双重分割,私人对国有土地的支配权逐渐扩大。相比之下,帝国素丹仅仅对埃及国有土地征收赋税(税额在洪涝灾害期间一般会有所降低),或者征发徭役以便兴修水利,或者派遣政府官员监督包税人的征税行为以防后者刻剥小农。[④] 因此,埃及农业用地的非国有化程度持续加

---

① Kenneth M Cuno, "The Origins of Private Ownership of Land in Egypt: A Reappraisal", pp. 247-252.

② [埃]拉西德·阿里·巴拉维、穆罕默德·哈姆查·乌列士:《近代埃及的经济发展》,枢原、申威译,上海:三联书店,1957年,第38页。

③ Gabriel Baer, *Studies in the Social History of Modern Egypt*, Chicago and London: the University of Chicago Press, 1969, pp. 17-21, pp. 37-38, pp. 46-47.

④ Farhat J Ziadeh, "Law of Property in Egypt: Real Rights", *The American Journal of Comparative Law*, Vol. 33, No. 1, 1985, p. 243. Kenneth M Cuno, "The Origins of Private Ownership of Land in Egypt: A Reappraisal", pp. 246-247. Roger Owen, *The Middle East in the World Economy*, 1800—1914, pp. 33-35.

深。伴随着农业土地的非国有化与奥斯曼帝国的权力式微,埃及政治秩序濒临崩溃。

在奥斯曼帝国统治时期特别是在 18 世纪,尽管埃及全境盛行包税制度,但是埃及的土地制度存在明显的地域差异。下埃及和中埃及部分地区的多数农民缴纳货币或实物地税;没有地权,但拥有较为稳定甚至能够世袭的耕作权。在下埃及和中埃及部分地区,小农不得离开、出租和出售土地;在小农未能足额纳税时,包税人可以授权村庄舍赫将其赶走,并将土地授予其他小农;因此,小农并非土地所有者。然而,在按时足额缴纳租税的前提下,小农可以终身耕作土地并将租佃权传给子嗣或其他家族成员;包税人负责向小农提供生产资料,而且一般不会驱赶佃农;这些土地被称作"保留地"。上埃及和中埃及其余地区的村社则缴纳实物地税;村社拥有土地所有权,并定期轮换农业用地。在上埃及和中埃及其余地区,尼罗河水泛滥与盆地灌溉制度使农业用地界线很难划清,因此村社集体占有土地,并于每年河水泛滥之后根据村民此前的人力畜力投入和农业用地份额而重新分配耕地,这些土地被称作"共有地"或"调查地"①。

(3) 穆罕默德·阿里当政前期土地包税制的消亡

面对上述形势,统治者从 18 世纪中叶起开始削弱包税制。1760—1772 年埃及总督阿里贝伊屠杀或流放马木鲁克政敌,将马木鲁克的包税地分配给亲随,还与马木鲁克首领进行谈判,继而迫使包税人上缴足额地税;1773—1798 年新任总督曾极力强化中央集权,实现对外扩张,拓展对外贸易,还试图专卖农产品并废除包税制。② 然而上述举措成效不大。1798 年拿破仑率军侵占埃及,殖民当局先后召开开罗迪万(即行政会议)、各省迪万与埃及迪万,曾讨论过以直接征税取代包税制度的方案,着力没收马木鲁克的地产,并在此基础上试图实现中央集权化;然而,法国的殖民统治遭到埃及人民的激烈反抗,法军的占领时间过于短促,法国殖民当局也

---

① Kenneth M Cuno, "The Origins of Private Ownership of Land in Egypt: A Reappraisal", p. 246. Roger Owen, *The Middle East in the World Economy*, 1800—1914, pp. 34 – 38. Gabriel Baer, *Studies in the Social History of Modern Egypt*, pp. 17 – 20.

② Kenneth M Cuno, "The Origins of Private Ownership of Land in Egypt: A Reappraisal", p. 256. Roger Owen, *The Middle East in the World Economy*, 1800—1914, p. 64.

无暇在埃及推行直接征税体制。① 因此，法军除了加速包税制的衰落之外乏善可陈。

1805—1848 年穆罕默德·阿里在其担任埃及总督期间，致力于改革土地制度并重塑中央集权。阿里废除包税制并对原包税地征收统一税哈拉吉，对包税人所占免税乌西叶地征收什一税，这是他所采取的最为重要的土地政策。阿里起初允许包税制暂时存在，后来则将其彻底废除；向包税人增收税额并减少包税人的包税收益法伊德；将大量包税地从马木鲁克之手转至阿里亲随手中；直接屠杀或驱逐马木鲁克；通过直接向小农征税而减少包税人的收入并削弱其权势。尽管动荡的形势、法军的入侵与农民的逃亡，早已使马木鲁克难以从包税地榨取足够收益以便缴纳到期税收，然而阿里仍然决心废除包税地并消灭马木鲁克，原因在于阿里认为包税制截留大部分农业收入且日益衰败，并使包税人获得对农民的统治权从而挑战阿里的政治权威。② 在阿里统治初期，小麦售价持续提高，使控制小麦越发有利可图，而此时马木鲁克控制上埃及大量小麦且拒绝向穆罕默德·阿里上缴小麦作为贡税，这也是阿里屠杀马木鲁克并废除包税制的一个重要原因。1806 年阿里迫使包税人将其据为己有的一半包税收益与一半乌西叶收入上交政府；1808 年阿里以众多包税人未能完纳包税税额和一半包税收益为由，没收众多包税地（大多位于人口稀少的布海拉省）并将其赐封给亲随，而且强制迁移部分市民移居布海拉省乡村。1809 年阿里下令对包税人所占乌西叶地征税；阿里对布海拉省的部分瓦克夫征税，但是税率各不相同。③ 1809—1810 年马木鲁克发动叛乱，遭到阿里镇压；部分马木鲁克表示臣服并移居开罗，有些马木鲁克逃往上埃及；穆罕默德·阿里借此没收更多包税地。1811 年阿里将应邀参加一次出征仪式的四百多名马木鲁克悉数屠戮，进而捕杀留居开罗的千余马木鲁克。④ 1812 年阿里派长子易卜

---

① M W Daly, ed., *The Cambridge History of Egypt: Modern Egypt*, pp. 147 – 148. Barbara K Larson., "Rural Marketing System of Egypt over the Last Three Hundred Years", *Comparative Studies in Society and History*, Vol. 27, No. 3, 1985, pp. 506 – 507.

② M E Yapp, *The Making of the Modern Near East*, 1792—1923, London and New York: Pearson Education Limited, 1987, p. 149.

③ Kenneth M Cuno, "The Origins of Private Ownership of Land in Egypt: A Reappraisal", pp. 256 – 257.; P J Vatikiotis, *The History of Egypt*, p. 54. Gabriel Baer, *A History of Landownership in Modern Egypt*, 1800—1950, pp. 3 – 4

④ F Robert Hunter, *Egypt under the Khedives*, 1805—1879, Pittsburgh: University of Pittsburgh Press, 1984, p. 14.

拉欣率军攻入上埃及追杀马木鲁克千余人，马木鲁克残部逃往苏丹，此后在埃及政治舞台销声匿迹；阿里废除上埃及包税制且不给予任何补偿。①1813年春至1814年5月，阿里政权丈量下埃及耕地和荒地并根据土地所有者或耕作者的姓名进行登记。然而埃及政府所使用的费丹单位的面积偏小（1卡萨巴等于3.64米；1费丹约等于333平方卡萨巴），阿里企图借此增缴地税或没收土地。政府根据土地肥力来确定税率级别，并按照普查后的土地面积以津贴形式补偿被剥夺土地者。政府派遣的官员负责提供种子等生产资料、统购包销农产品、直接征税、兴修水利并维护公共安全。②1814年2—3月阿里废除下埃及包税制并没收大量包税地，但是原包税人每年可向政府领取数额相当于其原有年利润的津贴，津贴数额依据此前包税人向政府呈报的年利润来确定。由于此前包税人为了减少向国家缴税而习惯于低报土地总收入和农业净收益，因此埃及政府的上述规定实际上减少了对下埃及包税人的补偿。不仅如此，津贴数额在1821—1835年还呈现下降趋势。③在阿里废除下埃及包税制后，下埃及的前包税人试图让农民继续耕种其乌西叶，后者答复："去找别人吧，我正在忙。你在这块土地上还拥有什么？你的时代已经一去不复返，现在我们是帕夏的农民。"④1815年阿里决定没收大量乌西叶地，导致包税人在开罗郊区发动骚乱。阿里被迫做出妥协，宣布原包税人有权继续占有乌西叶地，但是不准再无偿征发农民耕种乌西叶地。⑤阿里的上述举措使马木鲁克的地产优势不复存在、政治权力丧失殆尽。不仅如此，阿里通过废除包税制而重新确立土地国有制，此举亦使小农从依附于包税人转而依附于埃及政府。

　　穆罕默德·阿里在执政后还逐渐将所有瓦克夫纳入征税范围并尽力统一税率。在废除包税制并对瓦克夫征税的基础上，阿里政权重建土地国有

---

① Gabriel Baer, *Studies in the Social History of Modern Egypt*, p. 64; Gabriel Baer, *A History of Landownership in Modern Egypt*, 1800—1950, pp. 3 – 4.

② Kenneth M Cuno, "The Origins of Private Ownership of Land in Egypt: A Reappraisal", p. 258. M W Daly, ed., *The Cambridge History of Egypt: Modern Egypt*, p. 149.

③ Gabriel Baer, *Studies in the Social History of Modern Egypt*, pp. 64 – 65. 1889—1894年，埃及政府一次性支付完毕对前包税人的补偿。Gabriel Baer, *A History of Landownership in Modern Egypt*, 1800—1950, pp. 3 – 4. M E Yapp, *The Making of the Modern Near East*, 1792—1923, p. 149.

④ Gabriel Baer, *A History of Landownership in Modern Egypt*, 1800—1950, p. 4.

⑤ Kenneth M Cuno, "The Origins of Private Ownership of Land in Egypt: A Reappraisal", pp. 258 – 259.

制。国家土地所有制与小农实际耕作权的密切结合，构成穆罕默德·阿里统治时期埃及土地制度的鲜明特征。阿里按照肥沃程度将国有土地分为上、中、下三等，将部分国有土地划分为 3～5 费丹的小块分配给小农耕种。① 不仅如此，获地小农尽管能够终身耕作地产，而且在征得乡村舍赫许可的前提下还能将耕作权传给子嗣，但不得流转土地，不拥有地权。例如，1846 年阿里颁布法令，允许耕作国有土地的小农转让耕作权，但是政府有权在小农欠税的前提下剥夺后者对国有土地的耕作权，丧失国有土地耕作权的小农唯有通过购买或者补齐欠税才能获得同一块土地的耕作权。② 土地国有制的恢复、农产品专卖制的建立与埃及农民们的辛勤劳动，使财政收入迅速增加。埃及政府的财政收入从 1798 年的 120 万埃镑增至 1818 年的 150 万埃镑，到 1836 年增至 310 万埃镑。在阿里时代，埃及财政收入主要源自农业领域，表现为国有耕地的地税地租、农民的人头税、农产品专卖所获利润。例如，1833 年埃及财政收入共 253 万英镑，其中国有土地地税 112 万英镑，从棉花、靛青、亚麻和亚麻籽、鸦片、蔗糖、大米、莴苣、藏红花粉、蜂蜜、蜂蜡和香水中获利 45 万英镑，人头税 35 万英镑，开罗玉米税为 18 万英镑，从棉纺织品中获利 6 万英镑。③

需要指出的是，在穆罕默德·阿里时代，包税制度尽管遭到废止，然而村庄集体缴税制度依旧延续。阿里政权规定，统一土地税"哈拉吉"的税率高低取决于灌溉条件、土地面积、土地质量和播种结构，并由村社集体承担。如果村民人数因瘟疫、饥荒、兵役、徭役等原因而有所减少，则村庄集体缴纳的税收保持不变。1836 年，阿里一度废除村庄集体缴税制度。然而，1840 年埃及政府开始推行乌赫达制度，强迫王室成员、在对外战争中大发横财的埃及军政高官、乡村舍赫与贝都因舍赫等乌赫达持有者为破产村庄代缴欠税并保证今后按时保量缴纳各项税收，从而在事实上恢复村庄集体缴税制度。在穆罕默德·阿里时代，种类多样的徭役制也构成土地税的扭曲形式，主要包括兴修水利铁路、建设离宫别馆、进入工厂劳

---

① Gabriel Baer, *A History of Landownership in Modern Egypt*, 1800—1950, p. 13.
② P J Vatikiotis, *The History of Egypt*, p. 54. Gabriel Baer, *A History of Landownership in Modern Egypt*, 1800—1950, p. 7. S J Henry Habib Ayrout, *The Egyptian Peasant*, Boston: Beacon Press, 1963, p. 22.
③ Charles Issawi, *An Economic History of the Middle East and North Africa*, New York: Columbia University Press, 1982, p. 178. Z Y Hershlag, *Introduction to the Modern Economic History of the Middle East*, Leiden: E. J. Brill, 1964, p. 93.

作、耕作王室地产等。如果村民人数因瘟疫、饥荒、兵役、徭役等原因而有所减少，则村庄集体承担的劳役负担保持不变。①

财政收入是各类政权安身立命的基础所在。在伊斯兰时代特别是在奥斯曼帝国统治时期，包税制一度作为埃及农地征税的主要方式；而在1952年七月革命之前，埃及一直是农业国家，农业税长期构成财政收入的基本来源。因此，在伊斯兰时代特别是在1517—1848年奥斯曼帝国与穆罕默德·阿里统治时期，农业用地包税制的盛衰便成为影响埃及政治格局的重要因素。

从642年哈里发国家征服埃及至今，包税制一度构成埃及伊斯兰时代农地征税的主要方式；尤其是在1517—1798年奥斯曼帝国统治时期，日益盛行的包税制不仅加重了小农的经济负担并强化了其依附状态，而且瓦解着素丹对尼罗河下游的所有权和统治权，公权私化的政治环境与地权私有的经济制度彼此强化。在1805—1848年穆罕默德·阿里执政时期，埃及政府彻底废除包税制并对原包税地征收统一税。至此，包税人的地产优势不复存在、政治权力丧失殆尽，小农转而依附政府，阿里的中央集权得以确立。关于政治现代化的内涵，诸多学者认为，中央集权的建立、官僚机构的完善、依法治国的原则、政治参与的扩大，构成政治现代化的主要内容。例如，布莱克认为，政治现代化包括政治权力强化对整个社会的控制，中央政府强化对基层的控制，科层化即官僚机构的完善，法治化即法治取代人治，民主化即民主取代专制，国家间政治交往的频繁化，等等。②例如，塞缪尔·亨廷顿认为，政治现代化具有多层面性：一是权威合理化，即民族独立和中央集权。民族独立指民族国家享有的对外主权不受他国干扰。中央集权指以单一的、世俗的和全国性中央政府的政治权威取代多元的、宗教的和地方性家庭/种族的政治权威。二是结构离异化，即科层化。将具有特殊功能的法律、军事、行政等从政治领域分离出来，并设立专业化的有自主权的下属政治组织来执行上述领域的任务；官员的任免升降执行能力取向和业绩标准。三是大众参与化，即民众广泛参与政事，

---

① Gabriel Baer, *Studies in the Social History of Modern Egypt*, pp. 17 – 25. F Robert Hunter, *Egypt under the Khedives*, 1805—1879, p. 15. 潘光、朱威烈主编：《阿拉伯非洲历史文选》，上海：华东师范大学出版社，1992年，第38页。

② [美] 布莱克著：《现代化的动力》，段小光译，成都：四川人民出版社，1988年，第19 – 25页。

不论是主动还是被动。① 穆罕默德·阿里的诸多改革举措显然具有政治现代化的鲜明取向。在穆罕默德·阿里废除包税制和控制瓦克夫之后，国家土地所有制开始重建，以马木鲁克为主体的包税人丧失对耕地、小农和乡村的控制权。此后，阿里开始调整地方区划并重塑中央行政，以令行禁止的官僚体系为核心的中央集权和君主专制得以巩固。② 阿里的现代化改革削弱甚至消灭马木鲁克等传统政治势力，取而代之的是一个以阿里为首的、由其亲信和官僚所构成的新兴统治集团，中东第一个具有现代化取向的国家初露峥嵘。穆罕默德·阿里废除包税制的意义即在于此。

总之，在埃及伊斯兰时代尤其是在奥斯曼帝国与阿里统治时期，包税制盛行往往意味着地方分权和政治混乱，而包税制崩溃标志着官僚体系完善与中央集权强化，预示着政治现代化的重大进展。

2. 土地非国有化初露端倪（穆罕默德·阿里当政后期）

19世纪前期穆罕默德·阿里担任埃及总督期间，力图恢复土地国有、重建中央集权。然而，阿里多次发动对外战争，造成国家财政吃紧。为了扩大税源，阿里从1829年起封赐伊巴迪叶、杰法里克和乌赫达，土地非国有化初露端倪。

（1）伊巴迪叶

伊巴迪叶为阿拉伯语音译，原意为"闲置"，后指在土地普查中被记入土地簿却没有被记入地税簿的荒地，或者具有耕作价值但是暂时无须交税的荒地。其可分为两种：一是被赐予军事行政官僚以及部分外籍人士的伊巴迪叶。1829年12月阿里颁布法令，开始把部分荒地赐予军事行政官僚以及部分外籍人士，受封者拥有地契，数年甚至终生免纳钱粮却食其租税；但持有者没有土地产权，必须耕作地产并提高农业产量，而且埃及政府在这些持有者死后有权收回这些土地；这些土地被称为伊巴迪叶。1836年阿里政权允许伊巴迪叶持有者的长子继承伊巴迪叶；1842年2月政府颁布法令，允许出售和转让伊巴迪叶，从而使其在事实上私有化；1846年政府颁布法令，再次宣布允许转让、抵押和出售伊巴迪叶，从而使其成为完整意义上的私有地产。到1848年政府共封赐这类伊巴迪叶164 960费

---

① [美] 塞缪尔·亨廷顿：《变化社会中的政治秩序》，王冠华等译，上海：三联书店，1989年，第32–33页。

② M E Yapp, *The Making of the Modern Near East*, 1792—1923, pp. 146–148.

丹，主要分布于中埃及。1854年9月赛义德（1854—1863年在任）开始对伊巴迪叶征收什一税。1858年《赛义德法令》第25条规定，伊巴迪叶为私人土地，可被转让和继承，如果被政府征用则可按照市场价获得赔偿。二是被赐予贝都因人的伊巴迪叶。这些伊巴迪叶的持有者没有获得政府颁发的地契，必须保证耕作这些荒地；然而，贝都因人不善稼穑，往往将伊巴迪叶转交佃农耕种并借此收租，这一行为在1837年和1846年多次遭到政府禁止。到1851年，阿拔斯（1848—1854年在任）颁布法令，规定贝都因人必须亲自耕作而不得出租地产；为鼓励贝都因人自营地产，阿拔斯将贝都因人所缴地税税率减半，并剥夺其土地处分权。①

（2）杰法里克

杰法里克指穆罕默德·阿里本人的地产以及阿里赐封给本家族的地产，属王室地产的一种。自1838年起阿里开始向本家族封赐杰法里克；受封者最初仅仅享有受益权，后来却逐渐享有实际产权。② 杰法里克主要分布于下埃及，在1846年多达67.5万费丹。③ 阿里本人是杰法里克的主要持有者。1841—1845年在阿里所封赐的全部杰法里克中，仅有一块被赐予他人，其余均被阿里本人占有。1838—1846年阿里共封赐杰法里克334 216费丹，其中阿里就占据239 426费丹。④ 到19世纪下半叶，统治者依旧占据大片杰法里克。赛义德在亚历山大附近的哈赞占有2万费丹杰法里克；伊斯玛仪在拉乌达占有1.8万费丹杰法里克；陶菲克在阿什曼特占有1.5万费丹杰法里克。杰法里克和伊巴迪叶在1854年前都享有免税权，后来都演变为私人地产，因而在许多场合可以通用；然而，杰法里克的来源不仅包括荒地，也包括先被无法缴税的农民抛弃后被穆罕默德·阿里家族占有

---

① P J Vatikiotis, *The History of Egypt*, Frome and London: Butler and Tanner Ltd, 1980, p. 55. Kenneth M Cuno, "The Origins of Private Ownership of Land in Egypt: A Reappraisal", *International Journal of Middle East Studies*, Vol. 12, No. 3, 1980, pp. 262 – 264. Mohamed N Nofal, "Chronology: A Brief History of Egyptian Agriculture, 1813—1992", *Options Mediterraneennes*, 1995, p. 146. Gabriel Baer, *A History of Landownership in Modern Egypt*, 1800—1950, London: Oxford University Press, 1962, p. 8, pp. 16 – 19.

② M E Yapp, *The Making of the Modern Near East*, 1792—1923, London and New York: Pearson Education Limited, 1987, pp. 149 – 150.

③ Roger Owen, *The Middle East in the World Economy*, 1800—1914, London and New York: I. B. Tauris, 1993, p. 73.

④ Kenneth M Cuno, "The Origins of Private Ownership of Land in Egypt: A Reappraisal", *International Journal of Middle East Studies*, Vol. 12, No. 3, 1980, p. 266.

的田产即熟地。例如1843—1845年政府曾将小农被迫放弃的部分土地作为杰法里克赐予阿里家族成员。1854年9月赛义德为筹集资金而对杰法里克征收什一税。1858年《赛义德法令》第25条规定，伊巴迪叶、杰法里克和乌西叶等什一税地为私人土地，可被转让和继承，若被政府征用则可按照市场价获得赔偿。①

(3) 乌赫达

穆罕默德·阿里长年对外用兵，军费开支浩大，导致苛捐杂税不断增多；强迫兵役与频繁徭役迫使大批小农离开土地或导致其死亡，农业劳力供给趋于匮乏，农业生产受到打击；因此，埃及村社的欠税数额呈现上升趋势。1836—1837年国际市场上棉价下跌，阿里为了减少损失而在数月内暂不售棉，财政收入急剧下降，埃及棉花生产严重受挫。土地税入和棉花收益减少，迫使埃及政府另辟蹊径开拓财源。1840年3月阿里强迫王室成员、在对外战争中大发横财的埃及军政高官、乡村舍赫与贝都因舍赫为破产村庄代缴欠税，并保证今后按时保量缴纳各项税收；乌赫达受封者将代替政府此前派驻乡村的官员行使提供生产资料、监督生产过程、仲裁村庄纠纷等权力，还有权暂时替破产小农管理其地产，直至后者恢复元气重新经营地产为止。乌赫达受封者所获补偿是一块需要缴税的乌赫达和免税土地。例如米尼亚省萨库拉村的民政官员阿里便获得160费丹乌赫达，以及150费丹免税地。1846—1847年仅王室成员占有的乌赫达就达228 461费丹。有学者估计，乌赫达地在阿里时代可能超过120万费丹，主要分布于下埃及。小农被迫放弃的土地成为乌赫达地的重要来源。1843—1845年政府就曾将小农被迫放弃的部分土地作为乌赫达赐予阿里家族成员。政府封赐乌赫达，旨在增加土地税入、减少行政支出、降低小农负担并强化对高级官僚和王室成员的控制。乌赫达与此前包税地的持有者均可获得一块免税土地并有权征发徭役，从而成为政府和农民的中介，但是乌赫达持有者不得随意加重对农民的剥削。因乌赫达持有者未能迅速代缴欠款，因此阿拔斯在任期间收回2/3～3/4的乌赫达，但是并未废除这一制度；1866年12月埃及议会提议废除乌赫达制度；1868年3月伊斯玛仪（1963—1979

---

① Gabriel Baer, *A History of Landownership in Modern Egypt*, 1800—1950, London: Oxford University Press, 1962, p. 8, pp. 18–19, p. 28.

年在任）废除乌赫达。①

3. 土地非国有化的迅速发展（1848—1882年）

1858年8月，赛义德颁布第24号法即《赛义德法令》。法令仅确认地权事实，并未赋予农业生产者以新的权利。第2条规定，联合家庭的各核心家庭在其共同家长去世后，应该仍旧共同占有财产，并且在新任家长即在世的最为年长男性领导下一起生活，并且该联合家庭的全部土地必须照旧登记在新任家长名下，禁止年轻男性在没有提供"明确，正当"理由的情况下要求分家。这条法令旨在确认联合家庭的功能，进而维护大地产的存在。第12条规定，被国家出于公益目的（例如修建道路和开凿沟渠等）而征用的哈拉吉地，不再承担向国家缴税的义务；再次宣布废除原来由村庄集体缴税而且税额不因土地被侵占而降低的相关制度。实际上早在1855年赛义德就允许土地耕作者凭借所有权证书并通过省长公署而转让土地，从而废除原来由村庄舍赫来决定由谁来继承亡人土地的规定以及严禁土地转让的规定；在村庄缺乏荒地的情况下，富裕村民（主要是村庄舍赫或村庄头人而非一般的富裕村民）有义务将自己的小块土地给予小农耕种；接受村庄舍赫或头人所分配土地的小农，在其经营不善以致无力缴税的情况下，必须将土地归还村庄舍赫或头人。第15条规定乌西叶地应缴纳土地税。实际上早在阿里统治初期政府就开始向乌西叶地征税。不过《赛义德法令》明确区分拥有完整产权的土地，以及使用权和所有权分离的土地。例如，第25条规定，什一税地（包括伊巴迪叶、杰法里克和乌西叶地）为私人土地，可以被转让和继承；如果被政府征用则可按照市场价获得赔偿。第3条至第7条规定，在土地持有者死后，其男性继承人或女性继承人或受托人，以及获得法官许可的监护人，在确保土地耕作并按时缴税的前提下有权继承土地，而这些土地将不再被移交给国库管理处；在无嗣土地持有者死后，国库管理处将收回这块地产并进行重新分配，获得土地的

---

① Kenneth M Cuno, "The Origins of Private Ownership of Land in Egypt: A Reappraisal", *International Journal of Middle East Studies*, Vol. 12, No. 3, 1980, pp. 265 - 266. Gabriel Baer, *Studies in the Social History of Modern Egypt*, Chicago and London: the University of Chicago Press, 1969, pp. 47 - 49. Gabriel Baer, *A History of Landownership in Modern Egypt*, 1800—1950, London: Oxford University Press, 1962, pp. 13 - 15, p. 28. Roger Owen, *The Middle East in the World Economy*, 1800—1914, London and New York: I. B. Tauris, 1993, pp. 73 - 74. P J Vatikiotis, *The History of Egypt*, Frome and London: Butler and Tanner Ltd, 1980, p. 55. Barbara K Larson. , "Rural Marketing System of Egypt over the Last Three Hundred Years", *Comparative Studies in Society and History*, Vol. 27, No. 3, 1985, p. 508.

无地少地小农应该依据每费丹 24 皮阿斯特的标准缴纳手续费；连续耕种全税地哈拉吉 5 年以上并缴纳足额税收的农民，将获得这块土地的不可剥夺的处分权；国库管理处将收回连续撂荒 5 年以上的土地持有者所持地产。第 8 条规定，哈拉吉持有者在事先通报当地政府以便其登记所有权变更的前提下，有权抵押、交换、出售和捐赠土地。第 9 条至第 10 条规定，全税地哈拉吉的持有者在领取省政府颁发的有关证件的前提下，有权与他人缔约将土地出租，期限为 1~3 年且期满后可以续租。实际上，早在《赛义德法令》颁布前夕，多数小农不仅获得对同一块全税地哈拉吉的耕作权，而且在事实上可以继承、抵押、出售、出租土地，因此他们往往忽视国家对土地的所有权，而把这块土地视为私有财产穆勒克，这些全税地被称作"奥特巴里耶"或"奥特巴勒"。第 28 条规定，如果乡村舍赫或村庄头人在无嗣土地所有者死后隐瞒不报，并窃据这些土地，或纵容其他人窃据这些土地，将受到惩罚。关于国有土地上的建筑和树木。第 11 条规定，全税地持有者可在本人土地上种植树木，修建水车和水渠等水利设施，以及建造房屋，其产权归属本人和继承人。关于扩大国有土地占有者的权利，第 1 条规定，《古兰经》规定的继承法适用于全税地哈拉吉；第 8 条规定，哈拉吉持有者在事先通报当地政府以便其登记所有权变更的前提下，有权抵押、交换、出售和捐赠土地；第 9~10 条规定，全税地哈拉吉持有者在领取省政府颁发的有关证件的前提下，有权与他人缔约将土地出租，期限为 1~3 年且期满后可以续租。关于政府为了公益而征用国有土地时是否向其原持有者提供补偿的问题，法令并未规定政府为了公益而征用全税地哈拉吉是否要向其原持有者进行补偿，原因在于赛义德显然不希望为了修建灌溉系统而补偿全税地哈拉吉的持有者。①

1871 年 8 月，财政困难的伊斯玛仪颁布《补偿法令》。法令规定，土地持有者在完纳当年地税并一次性或在 12 个月内分期预付今后 6 年地税的

---

① Gabriel Baer, *Studies in the Social History of Modern Egypt*, Chicago and London: the University of Chicago Press, 1969, pp. 25 – 26, p. 49, pp. 68 – 69. Gabriel Baer, *A History of Landownership in Modern Egypt* 1800—1950, London: Oxford University Press, 1962, p. 8. Kenneth M Cuno, "Joint Family Household and Rural Notables in 19th – Century Egypt", *International Journal of Middle East Studies*, Vol. 27, No. 4, 1995, pp. 495 – 496. Mohamed N Nofal, "Chronology: A Brief History of Egyptian Agriculture, 1813—1992", *Options Mediterraneennes*, 1995, p. 147. Maha A Ghalwash, "Land Acquisition by the Peasants of Mid-Nineteenth Century Egypt: The Ramya System", *Studies Islamica*, No. 88, 1998, p. 124, pp. 127 – 129. Charles Issawi, *An Economic History of the Middle East and North Africa*, New York: Columbia University Press, 1982, p. 144.

前提下，将来可以免缴一半地税、获得一份记录已缴纳地税数额的土地所有权证书，并有权继承、捐赠、遗赠和放弃地产，而且政府承诺不再向执行这一法令的土地持有者增收地税或再行借款；但是第 6 条重申 1966 年的规定，非经赫迪威许可不得将全税地捐赠成为公益瓦克夫。1871 年，共有 50 万名农民接受《补偿法令》，据此缴纳 1 700 万埃镑地税。《补偿法令》涉及全国约 3/4 耕地即 365 万费丹。学术界普遍认为《补偿法令》的颁布标志着埃及正式、合法、完整的土地私有权开始出现。在《补偿法令》颁布之后，农业用地的法律条文与地权事实渐趋吻合。《补偿法令》起初由土地持有者自愿执行，后来被埃及政府强制实施。1871 年 12 月 31 日，伊斯玛仪颁布法令，该法第 23 条承诺对执行《补偿法令》或被征用土地的土地持有者进行补偿。1874 年 5 月伊斯玛仪强制土地持有者执行《补偿法令》。此后该法多次被废除又被恢复。1876 年 5 月 7 日埃及政府废除《补偿法令》。1876 年 11 月埃及政府再次恢复《补偿法令》。1879 年 3 月埃及最高调查委员会发布报告，要求政府宣布财政已经破产，取消《补偿法令》和相关缴税特权（但是已有 50 万人执行《补偿法令》，提前纳税总额为 1 600 万镑），废除诸多苛捐杂税。然而，伊斯玛仪于同年 5 月再次强制实施《补偿法令》。① 1880 年 1 月陶菲克（1879—1892 年在任）颁布法令，再次废除《补偿法令》，但是法令第 5 条承认那些完全执行或者部分执行《补偿法令》的土地持有者获得完整地权，但是这些土地持有者未经政府同意不得将这些全税地哈拉吉转为瓦克夫；法令还规定政府对执行《补偿法令》的土地持有者所缴地税拥有所有权，但在之后将这些地税分期返还（年利率 4%）土地持有者（到 1930 年才全部还清）。1880 年 10 月陶菲克颁布法令，规定国有荒地开垦者只要按时缴纳哈拉吉税就可获得完整地权，其他国有土地的耕作者只要执行《补偿法令》就可拥有完整产权。至此，除未按《补偿法令》缴纳税收的全税地之外，其他土地（包括执行和未执行《补偿法令》的什一税地，主要包括杰法里克、伊巴迪叶和乌西叶地）均已成为私有土地。执行《补偿法令》的全税地和所有什一税地的差

---

① Farhat J Ziadeh, "Law of Property in Egypt: Real Rights", *The American Journal of Comparative Law*, Vol. 26, No. 2, 1978, p. 244. Gabriel Baer, *A History of Landownership in Modern Egypt 1800—1950*, London: Oxford University Press, 1962, pp. 10 – 11, p. 35. Mohamed N Nofal, "Chronology: A Brief History of Egyptian Agriculture, 1813—1992", *Options Mediterraneennes*, 1995, pp. 147 – 148. Roger Owen, *The Middle East in the World Economy*, 1800—1914, London and New York: I. B. Tauris, 1993, pp. 140 – 141. 杨灏城：《埃及近代史》，北京：中国社会科学出版社，1985 年，第 184 – 185 页。

别,仅仅在于前者非经赫迪威同意不得捐赠成为瓦克夫地产,而且税率不同。然而,许多被迫服从《补偿法令》的地主,在 1880 年因丢失缴税证书而未能获取土地所有权;许多没有缴税的地主,却通过伪造证书而获得土地所有权。1881 年 7 月陶菲克颁布法令,规定全税地和什一税地的持有者均获得完整的土地所有权;根据《古兰经》给予每位家庭成员特定的土地占有份额,并根据这些份额进行土地登记,不再将联合家庭全部土地登记到家长名下。①

1848—1882 年,埃及的普通地主若要维持和扩大地产,必须仰赖一定的政治权力,特别是最高统治者的恩赐和批准。阿拔斯在任期间,曾把 3 000 费丹新垦土地赐予部分高官。赛义德曾轻而易举地没收其前任阿拔斯赐封给乡绅的某些耕地。伊斯玛仪上台之后,曾将大量土地赐予议长、总督、私人秘书、部长、军官等高官。他在一次军官招待会上根据官职高低而赐予每人 500 费丹、200 费丹、150 费丹面积不等的耕地;这些土地据说全部来自所谓的"普查剩余土地",实际上这些将军们一概占据小农的肥沃土地并将他们赶到分散的"普查剩余土地"上去。奥拉比起初仅有 8.5 费丹地产,他担任军官之后将地产扩大到 570 费丹。1868—1876 年萨蒂克担任财政部长期间以权谋私,聚敛财货和 3 万费丹地产;后来他被解职并遭暗杀,其财产也被没收(被捐赠为瓦克夫的地产除外),可谓政息财丧。1882 年 12 月奥拉比起义时的多数领导者被陶菲克剥夺地产并被永久取消获得地产的权利。②

4. 土地非国有化的顽固延续(1882—1952 年)

1882 年英国占领埃及。1884 年 9 月政府颁布法令,规定:对于无须太多投资的肥地而言,个人占地不得超过 1 500 费丹;对于需要大量投资的薄地(4.9 万费丹左右,均为免税土地)与尼罗河三角洲北端需要修建大

---

① Mohamed N Nofal, "Chronology: A Brief History of Egyptian Agriculture, 1813—1992", *Options Mediterraneennes*, 1995, p. 148. Farhat J Ziadeh, "Law of Property in Egypt: Real Rights", *The American Journal of Comparative Law*, Vol. 33, No. 1, 1985, p. 244. Gabriel Baer, *A History of Landownership in Modern Egypt* 1800—1950, London: Oxford University Press, 1962, p. 11, p. 39. Roger Owen, *The Middle East in the World Economy*, 1800—1914, London and New York: I. B. Tauris, 1993, pp. 140 – 141. Kenneth M Cuno, "Joint Family Household and Rural Notables in 19th-Century Egypt", *International Journal of Middle East Studies*, Vol. 27, No. 4, 1995, pp. 495 – 496.

② Alan Richards, ed., *Food, States and Peasants*, Bouder and London: Westview Press, 1986, p. 69. Gabriel Baer, *A History of Landownership in Modern Egypt* 1800—1950, London: Oxford University Press, 1962, pp. 26 – 27, pp. 46 – 47, p. 52.

量排水渠的废地来说，法律不对个人占地限额作出规定，这些薄地和废地遂成为大地产的重要来源。1891年4月政府在英国授意下颁布法令，规定没有执行《补偿法令》的全税地持有者也获得完整地权，并取消地税差别。1893年4月混合法庭声称，全税地持有者可以在未经赫迪威许可的情况下就将全税地捐赠成为瓦克夫。① 可见全税地仅在1858—1869年和1881年以后适用伊斯兰继承法，实际施行时间仅为19世纪末；而什一税地始终都适用伊斯兰继承法。鉴于前者多为小地产，后者多为大地产，因此大地产似乎更容易受到分割。但是，由于什一地很容易转化为捐赠的私人瓦克夫地产，从而保持其完整性不受分割，而全税地则在1893年前几乎无法转化为捐赠的私人瓦克夫地产，因此小地产和大地产在19世纪末的分割程度趋于一致，地产细碎化成为19世纪末至20世纪埃及的历史趋势。1894年3月政府规定，未执行《补偿法令》的贝都因舍赫对其耕地也拥有充分产权。1896年9月政府颁布法令，承认全税地与穆勒克均为拥有产权完整的私人地产。至此，两类土地的差异仅仅存在于税率方面。1895—1897年的土地普查与1899年5月的法令，都旨在消除两类土地的税率差异。② 随着地权非国有化的进展，土地兼并趋于严重。

为了遏制土地兼并，英国控制下的埃及政府曾于1912年12月颁布第31号法令，其中第2条和第4条即《五费丹土地法》；法令从1913年1月起实施，并且历经多次修改。法令第2条规定，占有耕地不超过5费丹的小农，不得因欠债而被没收土地；这些小农的住房、附属地、牲口和必要的农具也不得因小农欠债而被没收。但是特权债权人不受本法限制。第4条规定，在本法实施期间获得政府保证的债权人，或者虽未获得政府保证但在本法实施前就已获得所有权证书的债权人，不适用本法第2条。时任英国驻开罗总领事的基奇纳在1912年声称，本法旨在防止残忍无情的债权人驱逐小土地所有者和耕作者，从而维护小农的基本生活。然而，由于高利贷系小农的主要资金来源，而债主处心积虑规避该法，以便侵吞小农地产，因此本法收效甚微。不仅如此，《五费丹土地法》也遭到地主阶级的强烈抵制。在1914年立法委员会上，赛义德·扎哥鲁勒谴责《五费丹土

---

① Gabriel Baer, *A History of Landownership in Modern Egypt*, 1800—1950, London: Oxford University Press, 1962, p. 12, p. 22.

② Farhat J Ziadeh, "Law of Property in Egypt: Real Rights", *The American Journal of Comparative Law*, Vol. 26, No. 2, 1978, p. 244. Gabriel Baer, *A History of Landownership in Modern Egypt* 1800—1950, London: Oxford University Press, 1962, p. 12, p. 22, p. 59.

地法》歧视向小农贷款的埃及贷款者，却扶持向大地主贷款的外国银行金融机构。① 因此，《五费丹土地法》未能得到有效贯彻。

1922年，英国单方面承认埃及独立；1923年，埃及颁布宪法。在1923—1952年宪政时代，埃及国有土地面积不断萎缩，而私有土地则持续扩张，土地非国有化运动愈演愈烈。在20世纪上半叶，埃及国有土地主要包括熟地和荒地。国有熟地则包括以下几类：一是无主土地；二是小农因税负、徭役、兵役等过于沉重而被迫放弃的土地；三是政府没收的欠税小农土地；四是"普查剩余土地"，指埃及政府通过蓄意缩短长度单位而使丈量数字大于土地所有者呈报给政府的数据，据此占有这些"多余土地"。荒地则构成国有土地的主体，包括沙漠边缘高地、滩涂、沼泽、盐碱地，以及用于开凿沟渠的土地。埃及国有土地面积从1878年的425 729费丹降至1897年的219 788费丹，国有土地占耕地面积的比重从1929年的19.8%降至1949年的17.3%。政府对国有土地的赐封和出售，构成国有土地面积下降的首要因素。在英国占领之前，埃及政府时常赐封国有土地，旨在提高农业产量、增加税入、减少政府的薪金开支并维护社会稳定。在1882年英国占领之后，埃及政府大量出售国有土地，尤其是在20世纪初、"一战"期间和战后初期、"二战"期间和战后初期。政府往往将国有土地分为大块加以出售，因而大中地主成为国有土地的主要购置者。相比之下，私有地产面积呈现扩大趋势。埃及私人地产面积从1894年的472.1万费丹扩大到1950年的596.3万费丹。在20世纪上半叶，埃及耕地总面积、新垦土地面积、非国有土地面积和大地产面积的变化趋势几乎一致，而大地产面积的扩大根源于国有土地的非国有化特别是新垦土地的非国有化。② 可见，埃及土地非国有化构成土地商品化、土地兼并和私人大地产形成的前提条件。

1829—1952年埃及的土地非国有化和兼并趋势，不仅妨害着农村公平的实现和农业生产的发展，而且强化了地主的统治权力、维系着传统的政治秩序，从而成为纳赛尔政权土地改革的直接原因。既然如此，纳赛尔时

---

① Z Y Hershlag, Introduction to the Modern Economic History of the Middle East, Leiden: E J Brill, 1964, p. 338. Gabriel Baer, *A History of Landownership in Modern Egypt*, 1800—1950, London: Oxford University Press, 1962, pp. 89 – 90, p. 202.

② Gabriel Baer, *A History of Landownership in Modern Egypt* 1800—1950, London: Oxford University Press, 1962, p. 42, pp. 84 – 87, p. 95, p. 98, pp. 100 – 101, p. 119, pp. 186 – 195, pp. 224 – 225, p. 231.

代的土地改革就具有历史的必然性与逻辑的合理性;纳赛尔政权土改期间土地非国有化的暂时中止和土地兼并之势的一度消失,亦属经济发展的强烈需求、社会公正的题中之意与政治变革的物质基础。

(二) 小农生活困苦

1. 20 世纪前期埃及的经济状况

1952 年七月革命前夕,埃及依旧是一个农业国。从就业人口比重上看,农业劳力占全国劳力的 2/3。① 从国内生产总值构成上看,农业占 33.3%,工业和电力部门占 13.1%,建筑业占 3.0%,运输业和通信业占 8.1%,房地产业占 6.8%,商业金融业占 19.2%,其他服务业占 16.5%。② 从出口商品构成上看,农产品出口额占出口总值的比重为 93%。③ 在国民收入中,农业收入占 31%,工业收入仅占 9%。④ 农业生产落后与工业发展缓慢,可谓埃及经济的两大特征。

在 20 世纪上半叶,埃及农业依旧非常落后,人口增速和农业劳力增速超过耕地面积、播种面积和农业产量的增速,导致人均耕地面积、人均播种面积和人均农业产量呈现下降趋势;⑤ 农业人口增加与农业地产分割,导致埃及农业地产细碎化;土地所有者数量和全国耕地面积不断增加,然而各个占地等级土地所有者的平均占地面积呈现下降趋势。1900—1952 年土地改革前夕,埃及占地不足 5 费丹的土地所有者所占数量比重从 84% 增至 94.3%,占地面积比重从 22% 升至 35%,平均占地面积从 1.46 费丹不断下降至 0.80 费丹。占地 5~50 费丹的土地所有者所占数量比重从 15% 降至 5.3%,占地面积比重从 34% 降至 30%,平均占地面积基本保持在 12.3 费丹左右。占地超过 50 费丹的大土地所有者所占数量比重从 1% 降至 0.4%,占地面积比重从 44% 降至 35%,平均占地面积从 190 多费丹小幅

---

① P J Vatikiotis, *Nasser and His Generation*, London and Worcester: Billing and Sons Ltd, 1978, p. 202.

② 张俊彦主编:《中东国家经济发展战略研究》,北京:北京大学出版社,1987 年,第 47 页。

③ Wheelock Keith, *Nasser's New Egypt*, New York: Praeger, 1960, p. 138.

④ 杨灏城、江淳:《纳赛尔和萨达特时代的埃及》,第 7 页。

⑤ Saad M Gadalla, *Land Reform: In Relation to Social Development of Egypt*, Missouri: Missouri University Press, 1962, p. 29. Alan Richards, ed., *Food, States and Peasants: Analyses of Agrarian Question in the Middle East*, Bouder and London: Westview Press, 1986, pp. 90 – 91.

下降到170费丹。① 在宪政时代，埃及农业用地的经营规模也呈萎缩之势。1947年，埃及农业用地的平均经营规模仅为6费丹；其中不足3费丹的农场占全部农场数目的69%，而不足5费丹的农场占全部农场的81%，平均每个农场面积为1.4费丹；5~50费丹的农场占全部农场数的18%，平均每个农场面积是12.4费丹；超过50费丹的农场只占全部农场数的1%，平均每个农场面积为173.4费丹。② 地产细碎化和经营规模小，不利于推广新技术与耕作方法，进而阻碍农业劳动生产率的提高；小土地所有者数量增多，使地主得以提高地租和降低农业工资，从而恶化佃农和雇农的生活条件。

1952年七月革命前夕，埃及工业发展缓慢。当时，棉花生产依旧是埃及农业乃至整个经济的中心环节。因此，埃及经济极易受到国际棉价波动的影响。世界性经济危机与两次世界大战，均对国际棉价和埃及经济造成重创。单一出口作物的经济模式在国际分工中居于劣势，各部门技术水平的低下、维护民族独立的需要和人均耕地面积的下降，均使工业化和城市化成为促进经济转型、实现民族独立的必由之路。但是，在土地改革之前，外国资本的"示范效应"、埃及农民的贫困状态、政府和公众对工业的漠视态度和政府的歧视性税制，阻碍埃及工业的资本积累与市场拓展。在第一次世界大战结束后初期，埃及农业依旧受到普遍重视，而工业仍然遭到公众和政府漠视："在埃及工业所遭受的祸害中，属于最没有道理的当数那种对工业问题的普遍冷漠，有时甚至是轻蔑的感情。多数公众——其中也包括有教养的阶层——普遍武断地认为，除了土地的自然产出和农业以外，埃及不能当真依靠其他任何资源……这种浅薄的见解，使在工业领域里寻求解决国家经济问题的愿望受到严重阻挠。……尽管政府对一切有关经济进展的情况都感关切，长期以来却没有给工业以持久、充分的注意。工业的重要部分本来就由于多种原因而受到打击，这种普遍的冷漠更使它受到忽视，面临失败的厄运。"③ 在宪政时代，埃及地主将大部分剥削所得用于购置耕地、建造豪宅和寻欢作乐，而对工商业却投资甚少。据统

---

① Mahmoud Abdel - Fadil, *Development, Income Distribution and Social Change in Rural Egypt 1952—1970: A Study in the Political Economy of Agrarian Transition*, Cambridge, London, New York, and Melbourne: Cambridge University Press, 1975, p. 4.

② Saad M Gadalla, *Land Reform: In Relation to Social Development of Egypt*, p. 14.

③ 潘光、朱威烈主编：《阿拉伯非洲历史文选（18世纪末—20世纪中）》，上海：华东师范大学出版社，1992年，第167页。

计,在"一战"末期,埃及国内生产总值中仅有5%~6%被用于追加投资。① 由于农业收益比工商业收益稳定得多,所以农业生产特别是棉花种植依然是埃及地主的主要投资领域;1920年,埃及银行成立并开始向棉纺织业等工商业部门提供发展资金,然而在此之后也仅有少数开明大胆的大地主敢于投资工商业。② 不仅如此,埃及工商业领域主要局限于轻工业,尤其是棉花等农产品加工业与运输业,而重工业发展非常缓慢,埃及工业在很大程度上相当于农业的衍生物。例如,1920—1952年新建合股公司主要从事轧棉、棉纺织、肥料生产、水果和蔬菜出口、饲料生产、食品加工、谷物储存、土地开发和开垦,以及交通运输。③ 埃及政府对工商业课以重税,却对农业征税较少。④ 因此,欲实现埃及的工业化,就必须改变土地所有制和土地经营方式。土地改革能否成功实施又取决于特定的政治形势。

2. 20世纪前期小农的贫困生活

在20世纪上半叶,埃及土地非国有化愈演愈烈,土地集中趋势积重难返,租佃关系不太稳定且地租不断上涨,农业工资相对下降,在外地主将农业剩余主要用于买田置地甚至奢侈享受,并非投入工业领域。落后的农业生产关系严重阻碍着农业现代化。

土地所有权的分配格局。在穆罕默德·阿里后裔统治期间,土地非国有化构成土地兼并和私人大地产形成的前提条件。在20世纪上半叶,土地兼并使埃及无地农户比重上升。王室地产、多数瓦克夫和外国人地产成为宪政时代的主要大地产。塞缪尔·亨廷顿认为:"政府实行土地改革的能力很可能与土地集中程度成正比。假如土地高度集中,那么就可以从少数富豪手中没收足够的土地来进行再分配,而这些富豪也经受得起丢失自己的土地。反之,如果需要剥夺一个人数多得多的中等地主阶级或中等地主阶级的话,那么,政府所面对的困难就将大得多了。"⑤ 而在1952年"七·二

---

① Roger Owen and Sevket Pamuk, *A History of Middle East Economies in the Twentieth Century*, London: I. B. Tauris, 1998, p. 35.

② Selma Botman, *Egypt: From Independence to Revolution*, 1919—1952, New York: Syracuse University Press, 1991, pp. 79 – 80.

③ Magda Baraka, *The Egyptian Upper Class Between Revolutions*, 1919—1952, Oxford: Ithaca Press, 1998, pp. 42 – 43.

④ Selma Botman, *Egypt: From Independence to Revolution*, 1919—1952, p. 79.

⑤ [美]塞缪尔·亨廷顿著:《变化社会中的政治秩序》,上海:三联书店,1989年,第355页。

三"革命前夕，埃及恰恰存在农业用地高度集中的弊端，农业依旧是埃及的主要财源，亦为政治地位的主要表征，因此，谁控制农业的主要生产资料——土地，谁就掌握绝大部分社会财富，并据此享有优越的社会地位和巨大的政治权力。

租佃制度和雇农处境。宪政时代地价和地租快速上涨，实际农业工资几乎保持不变，多数小农债务沉重，佃农和雇农因缺乏贷款抵押而难以获得贷款，加之待售土地数量非常有限，因此佃农无法通过自身努力和外界贷款而购买土地，甚至无法提升租佃地位或摆脱雇佣地位，继承已成为土地所有者维持土地所有权的主要途径，乡村社会自下而上的社会流动受到严重阻碍。

在20世纪前半叶，埃及地权分布不均，地租高昂、租佃关系极不稳定，雇农工资相对下降，导致农村收入分配差距有所扩大，小农普遍生活困苦。

居住条件。小农常常将泥土、秸秆、枣椰树叶、芦苇等作为建筑材料，将上述杂物与淡水混合并倒入木质模具，经脱水之后制成墙砖；由于建筑材料恶劣，所以墙体往往很厚以防倒塌；① 房屋没有家具，没有窗户，没有电灯，没有厕所，没有床铺，只有秸秆和枣椰树的叶子铺在地上；② 埃及农民的一座住房往往容纳一个联合家庭，包括一对夫妇，以及丈夫的父母、儿子、儿媳和未婚女儿，等等；③ 他们还与家禽家畜拥挤杂乱地同住一室。④

饮水条件。因干旱、炎热、劳累，农民每天需要摄入大量水分。居住在尼罗河畔的小农利用流动的河水，而其他小农将人工沟渠的死水作为农业用水和生活用水的主要水源，至于开挖的饮水井尚不多见；上述水源同时也是生活污水的倾倒场所。乡村妇女一般在每天傍晚用容积约6加仑⑤的大陶罐装满饮水，然后将其倒入家中的盛有昨日剩水的大容器之中，以便澄清一个晚上。酒因违反伊斯兰教法，比较昂贵，且容易使人眩晕，因此小农一般不喝。咖啡自15世纪末从也门的道尔维什传入埃及，在宪政时

---

① S J Henry Habib Ayrout, *The Egyptian Peasant*, Boston: Beacon Press, 1963, pp. 115 – 116.
② Joseph H Douglass and Katherine W Douglass, "Aspects of Marriage and Family Living among Egyptian Peasants (Fellaheen)", *Marriage and Family Living*, Vol. 16, No. 1, 1954, p. 45.
③ S J Henry Habib Ayrout, *The Egyptian Peasant*, p. 118.
④ Joseph H Douglass and Katherine W Douglass, "Aspects of Marriage and Family Living among Egyptian Peasants (Fellaheen)", p. 45.
⑤ 1加仑（英）= 4.546 09升。

代主要从也门和东非进口,比较昂贵,所以农民较少饮用。埃及农村无论少长皆喜饮茶,往往将茶壶带至田间地头。埃及农民在煮茶之时都要加糖,并且长期煮沸直至变黑变浓。这种黑浓茶含有大量对人体有害的碱性物质和单宁,而且容易上瘾,不过能够暂时缓解农民的各种病痛和劳累(因为常年灌溉的推广使发病率急剧上升,从而使多数农民终日被病痛所困扰)。埃及奸商常常在茶叶中添加大量锯末、杨叶、豆壳等杂质,经着色和烘烤后卖给农民,这种劣质茶叶加剧了黑浓茶的危害。即便是最为贫困的农户,每月在茶叶和糖方面也要耗资30皮阿斯特以上,甚至有些贫农为了喝茶而不惜出售水牛。可口可乐含有兴奋剂,能够暂时减轻病痛,因而逐渐被偏僻乡村的农民所了解和接受,这就与咖啡和黑浓茶一起损害农民的身体。①

一日三餐。在宪政时代,埃及小农一般一日三餐,早餐在家进行,午餐往往在田间食用并由妻儿送来,晚饭在家而且最为重要。埃及乡村的燃料主要是棉花的枯枝败叶、玉米秆、用秸秆泥土和动物粪便制成的饼状燃料。小农一周最多食用一次牛羊肉,不过他们在重大节日或适逢牲畜因受伤或生病而被屠宰之际,或者富人因红白喜事而宰杀牲口之际,可以免费打打牙祭。有时儿童还从河湖沟渠中捕捉鱼虾以供食用。蔬菜一般为自家所种,偶尔也从农村集市以低价购买,主要是洋葱、蔓菁、黄瓜、青椒、番茄、蚕豆、秋葵、西葫芦等。甜食包括椰枣、甘蔗、烤玉米、西瓜、酸乳酪、粗制饼干糖果等。调料包括粗制蔗糖、醋、粗盐和芳草等。玉米饼是主要食品,其镁、钙、钾含量相当于同等重量烤制面包的6倍,而且富含能量和蛋白质,一位成年男性农民一天要吃3磅②以上。③ 但是,埃及小农普遍营养不良。1937年,埃及人均乳肉禽蛋糖果蔬的消费量远远低于英、美国家的人均消费量;1938—1939年,埃及人均每天摄入能量2 199焦耳,不仅低于英、美等发达国家的营养摄入量,而且不及巴勒斯坦、叙利亚和黎巴嫩等欠发达地区人口的营养摄入量。④ 埃及小农的营养状况必定更糟。营养不良进而导致疾病缠身、体力下降。例如,农民的荷重能力

---

① S J Henry Habib Ayrout, *The Egyptian Peasant*, pp. 79 – 82.
② 1磅=0.453 6千克。
③ Alan B Mountjoy, "Egypt's Population Problem", *Transactions and Papers*, No. 18, 1952, p. 124.
④ Z Y Hershlag, *Introduction to the Modern Economic History of the Middle East*, Leiden: E. J. Brill, second edition, 1980, p. 284.

在30年中从每天180立方英尺①土降至每天最多120立方英尺土。②

卫生状况。乡村成年男女很少为了清洁而洗澡。成年男性常年与水打交道，无论是工作还是礼拜。妇女偶尔穿着内衣结伴入水，唯有在结婚之时或适逢节庆才会洗净全身。儿童则经常赤身泡在运河或尼罗河之中。脏水、烈日、沙尘、粪肥和蚊蝇一直损害农民的眼睛，使6%以上的村民单眼或双目失明；农民经常在各类污水和湿泥中劳作和礼拜，而这些地区容易滋生血吸虫病，因此90%左右的成年男性农民或早或迟会感染血吸虫病；钩虫病感染率低于血吸虫病，但是危害更大；疟疾感染65%的农民，而在稻田密布的三角洲东端感染率则高达90%。③ 由于不重视生理卫生、营养不良、身体劳累、工作环境恶劣，小农普遍容易患病。

二、土改法令难产与小农频繁暴动

（一）土改法令难产

20世纪前期，埃及市民和政府长期蔑视农民。在阿拉伯语中，fellah（农民）是动词falaha（耕种）的形容词形式，因此阿拉伯语"农民"一词本身即包含耕种土地的含义。对市民来说，被称作"农民"无异于被骂成"笨蛋蠢货""人渣败类"；福阿德国王曾经到诸多省份视察，一度驻足聆听和观看沿线农民卖力演唱和舞蹈，此时一位阿谀奉承的大臣就对国王陛下的这种恩赐惊奇万分："尊敬的国王陛下，您能这样屈尊浪费十分钟，实乃慷慨之至！"④ 亨利·哈比卜·阿伊尤特曾走进一家警署，发现一名警察正在殴打一名农民，警察还对他说："你必须像这样对待农民。他们仅仅是畜生"。⑤

然而，到宪政时代末期，乡村小农的贫困状态逐渐引起有识之士的高度重视，越来越多的政党开始重视土地问题。

1947年2月17日议员阿里·斯什尼贝伊讲道："……不幸的根源在于不同社会阶层的地位并不平衡。"他认为，帝国主义和英国占领当局为了分化埃及的民族主义力量，竭力促使埃及社会分化为非常富有的极少数人和极其贫困的劳苦大众，使前者沉湎于享乐而后者力图摆脱困境，从而使

---

① 1立方英尺=0.028 317立方米。
② S J Henry Habib Ayrout, *The Egyptian Peasant*, pp. 82 – 86.
③ S J Henry Habib Ayrout, *The Egyptian Peasant*, pp. 70 – 74.
④ S J Henry Habib Ayrout, *The Egyptian Peasant*, p. 19.
⑤ S J Henry Habib Ayrout, *The Egyptian Peasant*, pp. 33 – 34.

埃及社会无力对抗外国入侵和占领；接着他指出贫困才是阶层不平等、疾病和无知的原因，所以只有消灭贫困才能消灭阶层不平等。由此可见，议员阿里·斯什尼贝伊的思维逻辑是，帝国主义和英国占领加剧埃及的贫富分化、阶层差别、疾病蔓延和愚昧无知。然而，实际情况要更为复杂。地主阶级的统治、落后的生产方式，也是埃及贫困的重要原因。因此，阿里·斯什尼贝伊大声疾呼要尽快调整租佃关系，使处于水深火热中的佃农的物质生活有所改善、健康水平有所提高；他还提出提高小农物质生活水平的途径：增加对富人和主要被富人消费的奢侈品课税，限制出国旅游的时间和境外耗资（在境外进行的必要的医疗、贸易和留学除外）来增加财政收入，将上述新增财政收入用于支持主要农产品的加工和贸易。1949年1月3日，艾什玛维帕夏写道，农业是工业的基础，而农民是埃及农业财富的主要创造者，因此农民必须获得法律的保护。①

在1942—1944年华夫脱党执政时期，土地所有制逐渐成为公众关注的争议最多的话题之一，而且这一问题被内阁部长在公开声明中屡次提及，也开始受到政论家的密切关注。若干左派分子和共产党人联合提出清除大地产的"农业规划"。土改支持者主要关注限制大地产的问题，也顾及小地产细碎化的问题。但是，政党大都不重视土改支持者的提议，也并未制订出将这些建议付诸实施的可操作性计划。② 相比之下，反对土改的声音依然震耳欲聋。埃及驻美前大使艾哈迈德·侯赛因曾在华盛顿发表演说："那些封建地主是埃及议会的主要成员……议会旨在保障这些地主的利益，而阻挠有助于提高大众福利的任何进步立法。例如，当我于1943年在社会事务部工作时，我试图提出一项旨在规定雇农最低工资的农业改革议案。我在9年内不遗余力地试图让议会通过这一议案，却无果而终。作为一名内阁部长，我提出一项规定工农业最低工资的议案，旨在确保贫困家庭的基本生活。直到我精疲力竭并因此辞职后，他们才停止对我的攻击。"③ 1944年，萨阿德党议员穆罕默德·赫塔布在上议院提出议案，要求规定一次性购置土地不得超过50费丹，禁止大地主购置新的地产，遭到议会否决。④ 在1950年华夫脱党执政期间，埃及议员米立特·加里与易卜拉欣·

---

① S J Henry Habib Ayrout, *The Egyptian Peasant*, pp. 15 – 16.

② Gabriel Baer, *A History of Landownership in Modern Egypt* 1800—1950, London: Oxford University Press, 1962, pp. 202 – 204, pp. 210 – 213.

③ Saad M Gadalla, *Land Reform: In Relation to Social Development of Egypt*, p. 33.

④ Gabriel Baer, *A History of Landownership in Modern Egypt* 1800—1950, p. 202, p. 207.

舒克里分别提出议案，各自主张将占地限额定为100费丹和50费丹，超额地产可由地主在3年内自行处置或由政府征购后以分期付款方式售予无地少地农民，这一议案亦遭到否决。①

宪政时代地主的政治优势，是土地改革法令难以出台的主要因素。"埃及地主的政治权力很大，以致很难制定一种可能会削弱其传统权力的法律。若干土地改革措施在议会中一经提出，就遭到彻底挫败。"② 1922年，英国单方面宣布废除对埃及的保护制度，承认埃及独立；1923年，埃及宪法颁布，以国王为首的地主阶级的政治权力明显增强。在宪政时代，地主阶级把持国王职位、立法机关和行政机构。在宪政时代，国王本人就是最大地主。1923年宪法规定，每年上缴地税额超过150埃镑的人才能成为议员，而当时每年单位费丹地税为0.900~1.000埃镑，这就意味着占地超过150费丹的大地主才能成为议员；③ 1924—1950年，占地超过100费丹的议员占议员总数的45%~50%；④ 议会党团的多数领导人是大地主，并在1936年之后增强了他们在华夫脱党内的地位。⑤ 因此，在自由主义时代的埃及，大地主具有明显的政治优势："在中央，他们控制着议会两院。在各省，他们操纵着省咨议会。而在基层，他们对乡村行政管理者发号施令。在选举议员时，农民一般会把票投给他们的地主所支持的政党。结果，不管哪个政党上台都只知道代表和农民福祉相悖的地主的利益。"⑥ 从1914年4月5日到1952年7月24日，大地主在50届内阁阁员中占58.4%；在1942年2月4日穆斯塔法·纳哈斯组建的华夫脱党内阁中，大地主成员占63.8%；在1942年5月26日纳哈斯新一届内阁中，大地主成员占64.2%。⑦ 其他行政官员也与大地主过从甚密。⑧

地主阶级与工商业资产阶级的利益交叉特别是身份交叉，系土地改革法案难以出台的又一因素。马格达·巴拉卡指出，宪政时代的地主阶级和商业集团有所交叉但是不存在包含关系。作者通过列举翔实的调查数据，

---

① Amy J Johnson, *Reconstructing Rural Egypt: Ahmed Hussein and the History of Egyptian Development*, New York: Syracuse University Press, 2004, p. 62.
② Saad M Gadalla, *Land Reform: In Relation to Social Development of Egypt*, p. 32.
③ Gabriel Baer, *A History of Landownership in Modern Egypt*, 1800—1950, pp. 143 – 146.
④ Magda Baraka, *The Egyptian Upper Class Between Revolutions*, 1919—1952, p. 251.
⑤ Gabriel Baer, *A History of Landownership in Modern Egypt*, 1800—1950, pp. 206 – 210.
⑥ Saad M Gadalla, *Land Reform: In Relation to Social Development of Egypt*, p. 68.
⑦ Selma Botman, *Egypt: From Independence to Revolution*, 1919—1952, p. 79.
⑧ Gabriel Baer, *A History of Landownership in Modern Egypt*, 1800—1950, pp. 143 – 146.

认为大地主和商业集团之间存在四种交叉方式：大地主投资于工商业、金融业和服务业；大棉商购置耕地或投资工业；商人投资工商业、金融业和服务业并购置地产以表现社会地位；官僚和显赫的自由职业者通过购置耕地和投资工商业来增强已有社会地位（例如，在1946年埃及合股公司的227名埃及籍委员中，有46人占地超过200费丹）。从30年代中期起，大地主与工商业经营和自由职业者大都具有三种收入来源——地租/房租、利润和工资，他们的界限日渐模糊。① "绝大多数从事制造业和商业活动的精英在社会和经济上与土地特权盘根错节难分彼此，因此不愿支持那些会侵犯神圣财产私有权的改革举措。"② 这无疑不利于土改法令出台。

（二）小农频繁暴动

从18世纪末到1952年"七·二三"革命前夕，埃及小农的反抗斗争广泛存在，形式多样。农民反抗的原因不外乎税负沉重、兵役徭役沉重、工资下降而地租上升、政府强行规定种植结构、土地和牲畜遭到侵占、异族压迫，等等。

在宪政时代，小农备受大地主虐待。一名地主曾对S·J·亨利·哈比卜·阿伊尤特说"只有用鞭子，才能驱使农民"；③ "大土地所有者和农民的关系通常比较紧张。农业劳力被迫忍受土地管理者的殴打，而且，尽管多数人无鞋可穿，那些穿鞋农民在经过地主的庄园前面时，有时还被迫将鞋脱掉并将鞋举到头顶以示忠顺"④。佃农在地主土地上所建房屋也属于地主，因此即便他们向地主完纳地租，向政府完纳地税，只要这块土地所有权经买卖或抵押而易手，则新的土地所有者就会把这块土地上的原有雇农或佃农赶走。⑤《埃及民法典》第604条第1款规定，新土地所有者可以赶走未取得定期租赁权的佃农："租赁物的所有权被自愿或强制地移转于第三人时，如在移转租赁物所有权的处分行为实施前租赁没有取得定期，租赁对第三人不发生效力。"⑥ 1944年6月16日，埃及议员阿卜杜勒·阿齐兹·苏福彦尼高声喊道"你们只有亲眼所见，才会了解农民的境遇何其悲

---

① Magda Baraka, *The Egyptian Upper Class Between Revolutions*, 1919—1952, pp. 38 - 43.
② M W Daly, ed., *The Cambridge History of Egypt: Modern Egypt, from 1517 to the End of The Twentieth Century*, Vol. 2, Cambridge: Cambridge University Press, 1998, pp. 321 - 322.
③ S J Henry Habib Ayrout, *The Egyptian Peasant*, pp. 33 - 34.
④ Kirk J Beattie, *Egypt During the Nasser Years: Ideology, Politics, and Civil Society*, Boulder: Westview Press, 1994, p. 20.
⑤ S J Henry Habib Ayrout, *The Egyptian Peasant*, pp. 18 - 19.
⑥《埃及民法典》，黄文煌译，厦门：厦门大学出版社，2008年，第92页。

惨","我能列举一千例不幸事件。我曾目睹一位农民三天没有吃饭。另一位农民被迫将其农产品扛在肩头,背进农业信贷代办处的仓库。他必须向某些地位卑贱的小职员行贿……农民正在遭受痛苦;他们正在遭受欺骗。提请政府注意:欺骗民众将导致严重后果。"①

宪政时代,埃及农民与地主的矛盾对抗日趋尖锐,农民反抗地主的暴力活动频繁发生。1922年,西部省托克哈镇迪玛依拉村的一块王室成员土地上,警察力图强行夺取120名佃农的谷物,遭到后者反抗。接着双方人数开始增加,此时约1 000人聚集起来并试图控制这块地产、企图杀死村庄头人,于是警察向人群开火,使这位村庄头人幸免于难。② 不过,从总体上看,埃及小农在20世纪20年代很少发起暴动。在30年代初经济危机期间,埃及小农暴动频繁,主要是反对地主没收欠债小农的抵押土地。在"二战"期间政府还曾直接干预播种结构,以便照顾市民的粮食需求,从而加剧城乡的对立状态。在1941年年末至1942年年初,埃及面粉、食糖等生活必需品严重匮乏,黑市猖獗,饥饿的开罗穷人开始哄抢面包房。埃及政府被迫限制棉花种植面积并拨出20万费丹土地用于粮食生产,实行战时生活必需品的配给政策并向公务员发放生活补贴。在"二战"结束后,埃及小农暴动增多,主要是反对政府将大块土地拍卖给大地主、大商人而并未将土地以小块卖给小农,以及地租上涨等。③ 1946年,在在阿斯旺省的考姆·奥姆博,1 000多名佃农和雇工袭击并摧毁当地警察局。1947年,代盖赫利耶省的绍哈发生反抗在外地主的暴动。④ 1948年,在西部省曼苏拉镇卡夫拉·巴拉穆恩村,一些小农对低下工资非常不满,于是夺取了该村阿维洛夫家族的地产。⑤ 1949—1952年,类似冲突明显增加。在卡夫拉·奈格姆的7 000费丹王室地产上,农民抱怨地租太高,焚烧庄稼、破坏农机;接着,警察搜查并洗劫这些农民的房屋,逮捕5人,其中1人后被处死。米特·法达拉的农民因为地租高于棉价而举行罢工,拒绝摘棉;

---

① S J Henry Habib Ayrout, *The Egyptian Peasant*, p. 15.

② Nathan Brown, "Peasants and Notables in Egyptian Politics", *Middle Eastern Studies*, Vol. 26, No. 2, 1990, p. 150.

③ Gabriel Baer, *Studies in the Social History of Modern Egypt*, pp. 102 – 103. P J Vatikiotis, *The History of Egypt: From Muhammad Ali to Sadat*, second edition, Frome and London: Butler and Tanner Ltd, 1980, p. 347.

④ Alan Richards, *Egypt's Agricultural Development*, 1800—1980: *Technical and Social Change*, Boulder: Westview Press, 1982, pp. 174 – 175.

⑤ Nathan Brown, "Peasants and Notables in Egyptian Politics", p. 150.

接着，警察开始逮捕并殴打罢工农民，于是农民开始袭击警署；最后，埃及政府再次派兵镇压小农暴动。1951年，西部省托克哈镇的布胡特、巴德拉维家族地产的佃农以及奥贾镇哈尔拉克某地产上的佃农，因地租问题而与地产管理者以及警察发生流血冲突。在巴德拉维家族地产上，地主仆从袭击农民房屋，掠夺用以抵偿欠租的财产；当农民来到地主门前表示抗议时，他们遭到了枪击；于是，农民就向地主的房子投掷石块并焚烧粮仓。500名士兵凭借武力残酷镇压了这次抗议。① 总体而言，1924—1950年，农民为实现减租和提高工资等目标的暴动次数涨势明显，且斗争矛头越来越针对地主；② 暗杀事件接连发生；③ 1951年暴动农民甚至要求实现土地再分配。这些暴动说明，实现土地再分配从而改变收入分配格局已成为农民暴动的首要目标。

第二节　1952—1970年七月革命与纳赛尔政权土改

从1952年七月革命爆发到2013年穆尔西总统下台，埃及农村的土地制度始终牵动本国的政治局势，突出表现在土地制度对七月革命和两次"倒穆"的潜在影响。

一是土地制度与七月革命。20世纪上半叶，埃及工业发展缓慢，农业仍占优势；土地私有化愈演愈烈，土地高度集中，众多小农生活贫困；落后的农业生产关系严重阻碍工业化和农业现代化。不平等程度不断加深，贫困的小农频繁暴动，革命的危险初露端倪，土改议案屡遭否决。上述形势不仅使革命成为必要，而且使革命者得以聚合拥护土地改革的民众进而变革现存政治秩序。于是，以纳赛尔为核心的"自由军官"组织顺应时势，发动1952年七月革命，并于同年9月迅速出台178号法即土改法，限制占地面积、重新分配耕地、稳定租佃关系并保护雇农利益。翌年6月穆罕默德·阿里王朝覆灭，埃及共和国成立，埃及历史掀开新的一页。

二是土地制度与两次"倒穆"。2011年年初和2013年夏，埃及出现两

---

① Alan Richards, *Egypt's Agricultural Development*, 1800—1980: *Technical and Social Change*, pp. 174 – 175. Nathan Brown, "Peasants and Notables in Egyptian Politics", p. 154.

② Joel Beinin, *Workers and Peasants in the Modern Middle East*, Cambridge and New York: Cambridge University Press, 2001, p. 119.

③ Gabriel Baer, *A History of Landownership in Modern Egypt*, 1800—1950, p. 202.

次"倒穆"运动，穆巴拉克与穆尔西两位总统相继被迫离职，政治局势发展之快震惊整个世界。两次政权更迭的确具有许多共性：由物资短缺、通货膨胀、失业率高、生活贫困、交通拥堵、治安恶化等民生问题直接引发；出现规模空前的要求总统立即下台的示威运动；军方都曾发力并最终推翻现政权。另外，在两次"倒穆"运动期间，诸多城市均出现剧烈震荡，广大乡村却相对平静，小农对穆巴拉克和穆尔西政权存亡与否似乎无动于衷，而这与1992年96号法密切相关。1992年，在穆巴拉克为首的执政党民族民主党推动下，埃及议会通过96号法，即《地主与佃农关系法》，大幅提高地租标准并废止原有租佃契约，严重损害小农利益。1997年10月96号法全面实施。在96号法实施的十余年间，埃及乡村一度出现激烈冲突。穆尔西上台后却并未调整农地制度，诸多小农深感失望。因此，穆巴拉克和穆尔西政权的相继垮台，绝不仅是城市运动和军方干政的结果，也与丧失小农的支持密切相关。

一、1952年自由军官发动七月革命与开启土地改革

在奥斯曼帝国统治埃及期间，参军是外籍人特别是突厥人的特权，土著阿拉伯人没有资格入伍，作为异族统治者的穆罕默德·阿里在执政初期延续这一历史传统。但是，从1822年起阿里开始征召忠顺强壮的土著阿拉伯人参军，到阿里统治后期埃军多达10万人，其中多数士兵为土著埃及人。然而，土著军人深受异族统治者的猜忌，无法像土耳其人与契尔克斯人一样晋升为高级军官。因此，土著埃及人被迫采取自残、逃亡和暴动等方式反抗阿里的征兵政策。

1841年埃及在对土战争中失败，阿里被迫遵照奥斯曼素丹敕令开始裁军。1866年阿里之孙伊斯玛仪诱使奥斯曼素丹颁布敕令，将埃军法定人数从1.8万人一度扩充至3.0万人。1876年埃及政府外债高筑，财政入不敷出，被迫同意设立由英、法、奥、意四国代表组成的埃及国债总局并接受英、法的财政监督。伊斯玛仪之子陶菲克即位后为削减政府开支而再次裁军，大量土著军人提前复员、军饷缩水或晋升受阻。为维护自身利益和提高土著阿拉伯人的政治地位，以艾哈迈德·奥拉比为首的土著军官于1881—1882年在开罗发动兵变，控制陶菲克，宣布内阁对议会负责，力图重新控制埃及财政，提高土著军人的待遇和地位。奥拉比一度出任陆军大臣，公开对抗陶菲克与侵埃英军，开辟现代埃及土著军人攫取政治权力的先河，成为他们的形象大使与全体埃及人的民族英雄。不久英军占领埃

及,审判并流放起事军官,关闭军官学校,将埃军规模缩编至仅5 000人,阿里开创的新军几乎不复存在,在此后半个世纪中埃及军队的政治影响荡然无存。1922年英国承认埃及独立但继续控制埃及的防务。1936年《英埃同盟条约》签订,此后英国只负责操练和装备埃军,军队指挥权转移到埃及军官之手,军校恢复招生,从而为土著埃及人踏入军界和攫取政权提供良机。

1937年,土生土长的埃及人纳赛尔考入埃及皇家军官学院,1939年赴苏丹服役,1941年回国驻守阿拉曼。1942年年初驻埃英军强迫国王授权华夫脱党党首纳哈斯组阁,埃及舆论哗然。1948—1949年纳赛尔参加首次中东战争并立下战功,埃及却遭遇惨败。军衔晋升不易、英国粗暴干涉、埃军表现拙劣,使年轻气盛的纳赛尔深感屈辱,他决心改变现存政治秩序。1949年夏纳赛尔秘密创立反政府的"自由军官"组织并于年末成立"自由军官组织创建委员会"。自由军官普遍出身社会中下层,教育背景优良,但如同奥拉比那样仍然受到土耳其族和契尔克斯族军官的压制,在革命前夕都为中下级军官。"自由军官"组织痛恨英国的殖民侵略、厌倦你方唱罢我登场的多党政治、憎恶穆罕默德·阿里王朝的腐朽统治,对埃军在英军面前的唯唯诺诺以及首次中东战争惨败痛心疾首,具有反对君主专制、多党政治、英国侵略、犹太复国主义的浓厚色彩。

1952年7月23日,以纳赛尔为首的自由军官发动政变,控制埃及首都开罗。7月24日阿里·马希尔就任埃及首相。7月26日自由军官宣布废黜埃及国王法鲁克,拥立王储艾哈迈德·福阿德继位(1952—1953年在位)。7月27日自由军官运动委员会改称革命指挥委员会。9月7日首相阿里·马希尔被迫下台,穆罕默德·纳吉布继任首相。

如同17世纪中叶在查理一世身首异处后克伦威尔克服英国出现的无序局面和扩张阻力,类似18世纪末19世纪初在路易十六被处决后拿破仑终结法国出现的革命恐怖和严重外患,20世纪中叶纳赛尔也曾建起军人政权,这个政权左右开弓,既埋葬君主制、建立共和国,又取缔多党制、确立一党制,以截然不同的方式限制无序的政治参与并重建久违的社会秩序。纳赛尔取缔包括华夫脱党在内的旧有议会政党,解散穆斯林兄弟会,相继建立解放大会、民族联盟和阿拉伯社会主义联盟作为动员民众的政治工具,一党制得以确立,以此限制和操纵地主阶层和下层民众的政治参与,进而稳定社会秩序。君主制覆灭后,军人出身的纳吉布和纳赛尔先后担任总统。1956年版《临时宪法》首次规定总统大权。总统不仅是国家元首和武装部队最高统帅,而且是政府首脑即内阁对总统负责,总统有权解散议会和否决议会法案(总统否决的法案须经议会再次以2/3赞成票通过才能生效),总统还可连选连任,如同无冕之王。1964年版《临时宪法》规定内阁改对议会负责,但内阁依旧需要执行总统制定的基本政策。然而,法律规定若要契合现实,必须依靠暴力机器作为后盾。纳赛尔正是通过笼络军官和控制军队来维护总统权威。纳赛尔当政期间多次赞扬自由军官超然党争的无私品格与武装力量忠勇卫国的崇高节操,任命自由军官及其他一些军人担任军政要职并极力提高待遇。纳赛尔时代,副总统和总理一职由自由军官担任。国防及军工部、内政部、情报部、城乡事务部被自由军官垄断,而内阁其他部门的实际决策权也大都操在自由军官之手,只有经济部、劳工部和司法部部长始终由文人担任。军人还控制各省行政。1960年的21位省长中,只有5位文人;1963年的26位省长中,只有4位文人。另有大批自由军官及其他军官在军队、执政党、议会和国企中占领要津。例如,纳赛尔的战友阿密尔在第三次中东战争前长期担任总司令,忠于纳赛尔的自由军官也把持军中要职。例如,纳赛尔优先擢用军官担任执政党领导人进而控制议会。另有许多现役或退役军官担任国企领导人。自由军官还控制广播电台、电视台和关键报刊等媒体。纳赛尔时代,士兵文化程度有所提高,军饷增长很快;军官晋升明显加快,而且在执勤、住房、医疗、交通、购物方面享受优待。总体而言,纳赛尔当政期间,总统大权独揽,一党制确立,军人掌控国柄。埃及参加第二次和第三次中东战争并一度与叙利亚合并为阿拉伯联合共和国。纳赛尔发起工业国有化以及多次土地改革,极力缩小贫富差距。

  纳赛尔政权在工业和金融领域推行国有化,在农业领域却维护土地私有制,并将地主的多余土地分配给无地少地的农民以确立非剥削的小农土地私有制。纳赛尔认为,"农民太个人主义,过于关注其获得一块土地的世俗梦想,因此他们不会支持国有化⋯⋯除此之外,农民对政府长久以来的不信任,也使我们应该避免给他们这样一种印象:即我们正在试图使他成为一位政府小吏。"[①] 1962年5月22日《金字塔报》所公布的《阿拉伯联合共和国"全国行动宪章"草案》指出:"阿拉伯社会主义不主张实现土地国有化,不使土地变为公有制。根据研究和试验,我们主张在不允许

---

① Derek Hopwood, *Egypt: Politics and Society*, 1945—1984, Boston: Allen and Unwin, 1985, p. 172.

封建制度存在的范围内实行土地私有制。农业问题的正确解决办法不是使土地转变为公有制,而是要求保留土地私有制,并且通过给大多数雇农占有土地的权利来扩大这种所有制。在土地改革的过程中,通过农业合作化来巩固这种所有制。"① 1962 年 5 月 30 日,纳赛尔在全国人民力量代表大会上发言:"我们没有规定土地国有化,我们相信在合作社范围内的土地私人所有制。……我们把所有制分成剥削的所有制和非剥削的所有制,我们相信私有制,但是我们不相信剥削的所有制。我们说过,我们正在消灭剥削的所有制。"②

1952 年 9 月 9 日,在纳赛尔等人的推动下,埃及政府颁布 1952 年 178 号法即《土地改革法》,由此,土地改革拉开序幕。178 号法的官方文本用阿拉伯语和法语撰写,具有同等法律效力,自颁布之日起施行。③ 全文如下④:

以埃及国王兼苏丹国王的名义:

鉴于宪法第 41 条及国家评议会的意见,根据农业部、财政部、经济财政部及社会问题部部长提议,并得到内阁承认,临时执政评议会制定以下法令。

第一章 关于土地所有权以及将部分没收土地分配给小农的规定

第一条 任何人均不得拥有超过 200 费丹的土地。与本条款相抵触的所有契约一概无效,不得通过土地登记。

第二条 下述情况不受前述规定的限制。

(a) 公司和团体可以在法律法规许可的范围内,出于销售目的而拥有 200 费丹以上土地并进行改良。

(b) 个人可以出于改良目的而拥有超过 200 费丹的休耕地或沙漠地。

第一条规定不适用于自占有之日起不满 25 年的土地,允许在此期限届满之前处理这些土地。

---

① 唐大盾等著:《非洲社会主义:历史·理论·实践》,北京:世界知识出版社,1988 年,第 107 页。

② 1962 年 5 月 31 日《金字塔报》,转引自《亚洲、非洲、拉丁美洲民族主义者关于民族解放运动的言论》,第 168 页。

③ Thomas Stauffer, ed., "The Egyptian Land Reform Law. Explanatory Note to Accompany Land Reform Law", *Economic Development and Cultural Change*, No. 4, 1952, p. 295.

④ Thomas Stauffer, ed., "The Egyptian Land Reform Law. Explanatory Note to Accompany Land Reform Law", pp. 304 – 314. 齐世荣主编:《当代世界史资料选辑》,第三分册,第 303 – 311 页。

（c）在本法公布前业已存在的工业企业，可以占有为工业开发所必需的超过 200 费丹的土地。

瓦克夫地产也不适用前述规定。

第三条 自本法实施之日起 5 年内，政府将没收土地所有者所拥有的 200 费丹以上部分的土地，但每年没收的土地将不少于全部被没收土地的 1/5。没收将自面积最大的地产开始。在实行没收的农业期限终止之前，土地所有者对地产上的收成和作物拥有所有权。

下述情况可不适用于本法规定。

（a）土地所有者进行的处理和抵当，其日期在 1952 年 7 月 23 日以前尚未确定的。

（b）土地所有者对其后嗣，其妻子，以及其后嗣的配偶的地产转让，其完成日期未被证明在 1944 年 1 月 1 日之前的。

（c）个人所有的土地，在本法实施后，通过继承权或遗嘱进行分割时，政府将设继承税，从其继承人和受益者中，没收这些土地的超过 200 费丹的财产。

第四条 但是，自本法实施起的 5 年内，土地所有者可以按下述规定，转让未被政府没收的土地及 200 费丹以上的土地所有权。

（a）可以向子女转让人均 51 费丹以下的土地，分配给子女的土地总计不得超过 100 费丹。

（b）分配给每个拥有不足 10 费丹土地的小农、非亲属，以及非四代以内亲属的土地，不得超过 5 费丹。土地所有者若实际上不存在，那么无论采取何种方法，即使提供相反资料，也不能争得其行为的有效性。处分行为在经当地简易法院确认其区域和财产以前为无效行为。

如此处分的土地，不得依据先买权获得。

第五条 依照第一条规定，土地被政府没收者，有权获得相当于其地租价格 10 倍的补偿。此外，还附有设备、固定机械及树木的价格。地租按基本税的 7 倍核算。因土地贫瘠而未被课税，或至少是按本法实施前三年时的比率征课土地税时，地租价格将按 1939 年关于土地税的 13 号法律所规定的方式核定。如果土地所有权属于某个人，而其使用权属于另一个人，则土地所有者和土地使用者分别有权获得补偿的 2/3 和 1/3。

第六条 补偿将通过政府发放的公债支付，3 年内偿付，并附有 3% 利息。公债采取记名方式，不得处理给非埃及人。这些公债是作为政府购买休耕地的支付，作为本法实施前未曾被征课的土地税的支付，以及作为依据本法所征课的土地继承税及追加税的支付而发放的。将根据财政经济部长的要求,公布决定这些债券的偿还及流通日期的法令。

第七条 当政府没收的土地属于抵当、地役权或土地的使用权时,则将在应支付给土地所有者的款额中扣除相当于全部负债的部分。当政府不能代替债务者偿还其负债时,可以在不超过30年期限偿还的条件下,按照相同比率的利息,将其负债与政府公债交换。当其负债的利率超过3%时,则在扣除收款经费和负债的负担部分后,承担利率的差额。

第八条 各村没收的区域将受到限制。在非常必要的情况下,可没收使这些区域呈分离状态的土地,将其他土地作为补偿分配给那些土地的所有者,以此来进行调整。

第九条 在各村没收的土地,将根据土质情况,分别按2费丹以上5费丹以下的小块土地,分配给小农。

可分得被没收土地的人须具备以下条件。

(a) 过去未有不体面犯罪的成年埃及人。

(b) 职业耕作者。

(c) 占地不足5费丹的土地所有者。

优先权不考虑是否为租地人或农民。其顺序是:实际耕种土地者;在村里居住而且家庭成员最多者;最贫困者;不在村里居住者。

如此分配的土地不得根据先得权获得。

第十条 在按适宜正当开垦的方法进行分配后,分配给农业大学毕业者的、被指定作为农场的土地,不受前项规定限制。但面积不得超过20费丹,有权获地的农业大学毕业生原本占地面积也不得超过10费丹。

第十一条 实行分配的地价计算方法是,除政府为没收土地所支付的补偿额外,还应附加如下费用。

(1) 年利息3%。(2) 相当于没收土地价格15%的没收、分配等费用。总价额须于10年内按年均比例交付。

第十二条 为监督没收和分配事业,组成以农业部长为主席、由内阁会议指名任命的农业副部长、社会事业副部长、财政经济副部长、公共事业副部长等七名成员组成的高级委员会。委员会将寻求自己选择的专家及技术人员的协助(参见1952年第264号法所追加的第十二条A)

第十三条 组织小委员会,冻结、限定没收的土地,必要时将其全部分配给小农。

根据农业部长的要求,组织这些委员会,调整这些委员会与高级委员会的关系，决定没收事业的手段和形式，核定设备、固定机械及树木的价格，发布有关分配没收土地方法的政令，并进行适合没收与分配过渡期的调整。

第十四条 此种土地转让给小农时，不附带负债和租与他人的权利，并以小农的名义免税登记。土地所有者可以亲自耕种自己的土地，并做好必要的管理和保护。

第十五条 土地分配将按照高级委员会制订的计划，自本法令实施之日起，最迟于五个农业年度之内完成。按照此项计划，没收的土地将于各农业年度来进行分配。

第十六条 在向政府付清其地价款项之前，获得土地的所有者及其继承人无权处分土地。在该项支付结束之前，其土地不得被没收或抵押，除非债权人是政府、农业合作社银行或农业合作社。

但是，如果因公益事业的需要而没收其土地的一部分，则可以按照公共事业部长的命令，为公益事业而接受财产，而不受前述有关财产没收的1907年法律第5号第1条的规定限制。此命令对前述条款中规定的政令具有效力。

第十七条 违反上述条款实施的人，无论何人都将被征收其没收土地的赔偿款，并不得免除服刑。一切应服从本规定的土地所有者，故意减少其矿物，使土地贫瘠，或破坏机械装备，致使没收时影响土地开垦者，也不得免除服刑。故意触犯第四条者也必须服刑。

第二章 农业合作社

第十八条 农业合作社将根据法律的效力，由各村继承被没收土地的农民及同村中拥有5费丹以下土地的农民组成。将根据情况需要，依据社会问题部长的命令，形成单一的合作社，为一个以上的村庄服务。合作社须遵守埃及关于合作社的1944年法律第58号规定及下述诸项规定。

第十九条 合作社具有以下职能。

（a）为了合作社成员，可根据其土地的需要，接受各种形式的农业借款。

（b）向农民提供种子、肥料、家畜、农用机械以及农产品储藏、运输办法等用于开辟土地所必要的物品。

（c）通过选种和挑选收获物、消灭农业害虫、开掘运河和排水沟等有效的办法，组织土地的耕作及其开垦。

（d）代替合作社成员销售主要农产品。届时，将从农产品价款中扣除支付土地分割的部分价款、国税、农业借款及其他债款。

（e）应合作社成员的要求而提供其他所有农业服务和社会服务。

第二十条 农业合作社应在社会问题部长选派的官吏监督下履行其义务。该官吏监督一个以上合作社的活动。

第二十一条 农业合作社可以根据埃及关于合作社的1944年第58号法的规定，参加综合合作社及合作社联盟。

第二十二条 社会问题部长将根据前述规定，公布为统制前述合作社活动所必要的政令。

第三章 土地分割的限界

第二十三条 如果出现通过出售、交换、继承、遗嘱等某一方法获得土地所有权并将土地分割为5费丹以下的情况，那么当事者有义务同意土地所有权转移到应该转移者手中。如果出现不同意的情况，那么当事者一方或检察官可以就所有权的确定问题提出请求，将该案件中最有价值的土地部分委托于当地简易法院裁决。在无人支付余欠的负担费用时，法院可命令通过拍卖形式出售其土地。法院对此类要求将免费做出判决。

第二十四条 对个人的土地所有权，简易法院将给予以农业为职业者以选择权。在这方面，如果有关者条件相同，可以通过全体抽签决定。但是，所有权根据继承产生时，将把选择权给予正在从事农业劳动的继承人。在这方面，如果有关者条件相同，则优先权的顺序依次为丈夫、儿子。如有许多儿子，则通过全体抽签决定。

第四章 附加税

第二十五条 从1953年1月1日起，对超过200费丹的土地所有者，按五倍于基本税的比例征课附加税。

第二十六条 附加税根据每年1月1日向全国纳税者征课的全部土地税金核定。

纳税者因继承或其他某种原因而分担共同义务时，他所支付的一切税金，在核定附加税时将被作为个人义务中附加的共同义务，即税金的分担来看待。适应本法的规定，按照第三条规定的方法处分土地时，不扣除纳税者缴纳的附加税。

第二十七条 所有遵守本法规定的纳税者，自本法实施起两个月内，及每年的一月份，应将单独或分别所有的一切国内土地面积，同缴纳的税额一起，申报给收缴其土地税主要部分的地区征税者（参见1952年的修正法令第271号）。

第二十八条　纳税者未按指定日期进行前述的申报，或者为达到免除全部或部分附加税的目的而在申报中弄虚作假时，将会因在指定日期内未能申报或在申报中弄虚作假等原因，在其税金中追征未缴纳的税金或相当于应向国库缴纳税金五倍的罚款。是否罚款由财政经济部长组织的一个委员会决定；对其决定不得提出诉讼。

第二十九条　前条所述的附加税，将同罚款一起，于基本税的最后分付时征收。在征收附加税及罚款方面，政府将同征收基本税一样具有优先权。在滞纳的情况下，将通过行政性扣留，征收附加税及罚款。对根据法律承认的契约所处分的土地，在基本税开始分付之日以前，不征收附加税。

第三十条　对个人所有的休耕地，以及按照法律和条例，为改良和出售而由公司或团体所有的土地，不征收附加税。

第五章　土地租借人与所有者的关系

第三十一条　自本法实施后第二个农业年度初开始，土地所有者和租地人的关系应按以下规定进行调整。

第三十二条　土地由自己耕种不得外租。

第三十三条　地租不得超过已经核定的基本土地税的7倍。地租以农产品的收成为基础时，土地所有者的分成，在扣除所有经费后，不得超过土地收获物的一半。

第三十四条　土地租借人对超过前条规定最高限度的地租，有权以某种形式接受土地所有者的偿还。他必须对过量支付的事实持有充分证据。

第三十五条　土地的租借期限不得少于3年。

第三十六条　不论地租价格如何，契约须采用书面形式，一式两份，分别由所有者和租借者保存。如果没有订立契约文书，则3年中将以农作物的收成为基础缴纳地租，其中，土地所有者的分成部分为扣除所有经费后的一半。

第三十七条　根据以上规定，不论民法第598条及599条的规定如何，凡自己正在进行耕种者，不管他是租地人本人还是转租人，均不得强迫其放弃土地。如果属于后一种情况，则转租人与所有者形成直接关系（参见1952年法令第197号）（1952年9月11日，该条款被废除）。

第六章　农业工人的权利

第三十八条　不同农业地区的农业工人的工资将由下述委员会决定，该委员会每年由农业部长组织，由农务部一位高级官员任主席及农务部长选任的六名成员组成。在六名成员中,三人代表地主和租地人,另三人代表农业工人。该委员会的决定只有得到农业部长的承认方为有效。

第三十九条 农业工人为保卫其共同利益而组织工会。

第四十条 内阁成员在各自的管辖权内,负责对本法的实施。本法令自政府公报发表之日起生效。

根据临时执政评议会的命令

穆罕默德·阿卜杜·阿鲁默纳伊姆

穆罕默德·巴赫·阿鲁丁·巴拉卡德

穆罕默德·拉希德·穆罕纳

穆罕默德·纳吉布

1952年9月9日于开罗阿巴顿王宫

1952年第178号法第1、3、4章涉及土地所有权的变更,第2章涉及土改合作社,第5章和第6章分别调整农业用地的租佃关系和雇佣关系,而埃及政府此后颁布的涉及农业用地的法律以及采取的土改举措基本没有超出上述领域。以1956年1月颁布的《埃及共和国宪法》为例。《埃及共和国宪法》第二部分第12条规定:"法律规定耕地占有的最高限额,不允许实行封建制度。非埃及公民只有符合法律规定,才能拥有农地产。"第11条规定:"私人财产不可侵犯。它的社会作用将由法律规定。私人财产不可随意征用。除非用于公共事业,但也要根据法律给予适当补偿。"第13条规定:"法律规定保护小农所有权。"以上三项法律条款涉及土地所有权的变更。第14条规定"法律规定地主和佃农之间的关系"旨在保障农业租佃关系。第16条规定"国家鼓励合作事业,支持各种形式的合作计划,法律规定有关合作团结的规章"① 旨在保障农业合作社。因此,本成果拟从变革土地所有制、控制合作社、稳定租佃权与提高雇农工资等三个方面,论述纳赛尔政权土地改革的主要内容。

二、土地占有格局的演化

(一)沙漠新垦地区的土改②

在新垦地区,纳赛尔政权的激进派和保守派曾就应推行的土地制度而

---

① 齐世荣主编:《当代世界史资料选辑》,第三分册,第302页。

② Robert Springborg, "Patrimonialism and Policy Making in Egypt: Nasser and Sadat and the Tenure Policy for Reclaimed Lands", *Middle Eastern Studies*, Vol. 15, No. 1, 1979, pp. 54–62.

展开激烈斗争，国有化和私有化的冲突此起彼伏，甚至连纳赛尔本人的立场也曾发生动摇，小农土地所有制受到严重威胁。

在1952年《埃及土地改革法》公布之后，著名农学家赛义德·马瑞伊受命管理农业改革高等委员会，他在土地改革区域推动私人土地所有权和强制性农业合作社的紧密结合，并主张在位于沙漠垦荒地区的塔赫利尔省推行1952年第178号法。1954年，马格迪·哈萨内恩开始负责塔赫利尔省的垦荒工作，并于次年正式垦荒。埃及政府起初声称要在塔赫利尔省推行1952年土地改革法；但是，马格迪·哈萨内恩始终青睐以集体土地所有制和共同劳动为基础的土地制度，因此塔赫利尔省到1957年仅有少数土地被再次分配，其余土地则成为国营农场。1957年，农业学家和保守政客一致谴责马格迪·哈萨内恩在塔赫利尔省的开垦工作和国营农场经营不善。纳赛尔总统遂解除马格迪·哈萨内恩的职务，任命赛义德·马瑞伊掌管农业改革部，进而控制塔赫利尔省的土地开垦工作。赛义德·马瑞伊在控制该省土地开垦工作之后，立即打击国营农场，并于1958年7月宣布400户农民将在该省获得土地，并在之后三年重新分配其他小块土地，最后于1961年4月宣布塔赫利尔省所有国营农场将全部实现私有化。赛义德·马瑞伊在农业领域特别是在该省拥有的权力以及采取的举措，遭到阿里·萨布里、萨米·沙拉夫、阿卜杜勒·莫赫森·阿布·努尔等前自由军官组织成员的大肆攻击。他们向纳赛尔报告，说赛义德·马瑞伊本人曾经认为阿斯旺高坝只能将垦荒面积扩大4万费丹，而他们认为这一估测仅仅相当于实际上所能实现的垦荒面积的1/5，这表明赛义德·马瑞伊犯有资产阶级右倾错误。尽管纳赛尔对阿斯旺高坝在扩大垦荒面积方面的作用抱有信心，但是他尊重赛义德·马瑞伊的技术水准，起初并未将其解雇。然而，1961年棉虫泛滥导致大量棉花被毁，也导致时任农业部长的赛义德·马瑞伊被立即解职，曾经反对赛义德·马瑞伊的阿卜杜勒·莫赫森·阿布·努尔接替赛义德·马瑞伊的职务。他解除赛义德·马瑞伊的亲信所担任的该省土地开垦机构的主管职务，并先后任命一位不参与政事的农学家以及马格迪·哈萨内恩的一位密友——福阿德·阿里担任这一职务。

为了制衡鼓吹在新垦土地建立土地国有制的激进派和主张维护土地私有制的保守派，纳赛尔使左派和右派同时掌控农业部门。1961年10月至1964年3月，穆罕默德·纳吉布·哈萨德担任农业部长，此人属于保守派，与纳赛尔政权核心成员之一——保守派凯马勒丁·侯赛因过从甚密。与此同时，阿卜杜勒·莫赫森·阿布·努尔担任农业改革与土地开垦部长,他是激进派的一员,支持费尔德·马绍尔·阿卜杜勒·哈基姆·阿密尔,后来却与阿里·萨布里联络频繁。纳赛尔不仅通过人事安排制衡左右两派,而且为了防止左派过于强大而将农业政策决策权(包括新垦土地政策的决策权)赋予一个特别部长委员会。1962年1月28日,在一次内阁会议上,纳赛尔采纳时任农业部长——保守派成员穆罕默德·纳吉布·哈萨德的建议,将农业政策决策权(包括新垦土地政策的决策权)赋予一个特别部长委员会,这一特别部长委员会成员由纳赛尔亲自任命。保守派成员凯马勒丁·侯赛因担任特别部长委员会主席,委员会成员还包括凯马勒丁·侯赛因的一些亲信,如供应部长加马尔·拉姆兹·斯提诺、农业部长穆罕默德·纳吉布·哈萨德以及公共工程部长艾哈迈德·阿卜杜勒·萨拉巴斯。委员会成员也包括属于激进派的阿里·萨布里、科学研究部长兼瓦迪·那顿、此前的工程主管萨拉赫·哈达亚特以及费尔德·马绍尔·阿卜杜勒·哈基姆·阿密尔的亲信即农业改革与土地开垦部长阿卜杜勒·莫赫森·阿布·努尔。此举旨在防止土地开垦部长——激进派成员阿卜杜勒·莫赫森·阿布·努尔权力过大。由于特别部长委员会内左右两派相互制衡,因此新垦土地在其付诸耕种之后仍然没有明确所有制,导致土地开垦部在新垦土地付诸耕作之后仍然掌握其控制权。因此,这一时期埃及政府实际上在新垦地区推行土地国有制,这对激进派有利。1962年5月,前自由军官组织成员,纳赛尔下属兼进步力量大会的预备委员会成员,即梅杰·凯末尔·海纳维,撰文攻击1952年土地改革法所规定的土地制度:"经验业已表明,农业改革将土地分配给小农并将房屋分配给合作社部分成员的做法,与社会主义精神背道而驰……作为1费丹或2费丹土地的所有者,小农已经认同大地主的思维方式,而得到房屋者也开始进行剥削。"1962年7月,在行伍出身的官员推动下,塔赫利尔省土地开垦机构脱离农业改革部节制,并重新开始在该省推行土地国有制。一时间,鼓吹在新垦土地建立土地国有制的声音甚嚣尘上。

1964年3月,纳赛尔终于打破其统治核心内部的派系平衡。他改组内阁,转而重用激进派。他任命阿里·萨布里为总理,阿卜杜勒·莫赫森·阿布·努尔为副总理并且由他全面控制农业、垦荒和灌溉部门,使阿里·萨布里的亲信萨菲克·基什恩取代保守派穆罕默德·纳吉布·哈萨德的农业部长一职,并将保守派凯马勒丁·侯赛因与阿卜杜勒·拉夫提·巴赫达蒂赶出内阁。

1964年5月,赫鲁晓夫访问埃及。他参观塔赫利尔省,并鼓动纳赛尔在新垦地区建立大型国营农庄。返回苏联之后，赫鲁晓夫立即宣布苏联将为塔赫利尔省北部的10 000费丹土地的垦荒工作提供资助，苏联人将在该地区建立一个示范性国营农庄，以此诱使纳赛尔政权在处于边缘地带的新垦地区采取社会主义政策。

尽管纳赛尔在1964年之后不再大加赞赏土地私有制，但是他出于权力制衡的需要仍然不能通过鼓励在新垦地区建立土地国有制而一味扶植已经居于上风的激进派。1965年1月8日，纳赛尔的喉舌穆罕默德·哈萨内恩·海伊卡尔在《金字塔报》所发表的文章，实际上代表当时纳赛尔对新垦地区土地制度的看法："在阿斯旺大坝建成之后，耕地面积将扩大150万费丹，这是克服埃及迫在眉睫的农业困境的关键所在。为了充分利用这片土地，必须具备充足资金、技术知识、社会安排，以及与国际市场的直接联系。鉴于这一点，新增土地不应被分割为5费丹或10费丹的小块并进行再分配。对这片新增土地，我们应该采取先进的规模经营方法，并将出口农产品作为首要目标。因此，新增土地的国有性质实属必要。由于新增土地属于人民，由于新增土地将增加就业机会，由于新增土地上的劳动者将参与决策，因此社会主义将会实现。"实际上他开始主张在新垦土地推行土地国有制。

在这种情况下，以阿里·萨布里为首的激进派在苏联人，以及费尔德·马绍尔·阿卜杜勒·哈基姆·阿密尔及其亲信的支持下，摩拳擦掌跃跃欲试，企图彻底击败保守派。激进派的主要斗争对象有两个。一是农业技术人员辛迪加。1965年11月，阿里·萨布里的一名亲信即艾哈迈德·塔拉阿特·阿齐兹，公开宣布要竞选农业技术人员辛迪加主席，锋芒直指时任主席——赛义德·马瑞伊的支持者易卜拉欣·苏克里。迫于对手的强大压力，易卜拉欣·苏克里宣布放弃竞选，于是艾哈迈德·塔拉阿特·阿齐兹继任主席。接着，阿里·萨布里及其在阿拉伯社会主义联盟中的亲信控制该辛迪加，并使其蜕变为百无一用的清谈馆。二是农业性刊物，特别是著名的《合作化》和《农业杂志》。激进派成员、前自由军官组织成员兼阿拉伯社会主义联盟的社会主义思想宣传部时任部长凯末尔·利法阿特，宣布阿拉伯社会主义联盟将审查《农业杂志》，并使激进派成员苏莱曼·马扎尔取代穆罕默德·绍拜伊赫的《农业杂志》主编职务，穆罕默德·绍拜伊赫曾于1965年4月在《农业杂志》撰文抨击新垦土地的国营农场糟糕透顶。苏莱曼·马扎尔很快将《农业杂志》大块版面用于研讨改革乡村阶级关系的方法。

然而，激进派未能彻底打倒保守派。第一，阿拉伯社会主义联盟不能完全控制政府机构，因此保守派部分成员依然能够保住部分官职，利用这一地位保护部分保守派成员并抨击激进派。第二，更为重要的是，纳赛尔本人需要防止也渴望防止激进派阻挠他对政策执行和人事调动的监督，特别是保证相关信息渠道的畅通。

在1967年"六五"战争结束后，费尔德·马绍尔·阿卜杜勒·哈基姆·阿密尔死去，其派系式微；苏联继续向埃及提供武器，从而增强对埃及内政的控制，特别是支持阿里·萨布里及其在阿拉伯社会主义联盟中的亲信；纳赛尔的地位遭到削弱。上述形势迫使纳赛尔改变对新垦土地的政策。一方面，纳赛尔放弃其模糊态度，开始公开支持在新垦土地采取土地国有制，以便取悦苏联，获得更多武器，不仅用于对以色列的消耗战，而且用于增强自身地位并遏制阿里·萨布里。另一方面，纳赛尔又不能完全放任日益强大的激进派的发展，故重拾其制衡之术，即再次扶植作为保守派的技术人员以便对抗激进派。例如，使赛义德·马瑞伊和巴克尔·艾哈迈德取代阿卜杜勒·莫赫森·阿布·努尔和萨菲克·基什恩的农业改革与土地开垦部长职务。例如，赛义德·马瑞伊在返回内阁之后不到一周，就准备在塔赫利尔省南部向小农分配土地。例如，穆斯塔法·加巴里于1967年6月25日在《金字塔报》撰文抨击国营农场没有效率，管理成本太高；他还提议将新垦土地卖给或租给个人，并在某些情况下组建独立公司以便耕作土地。例如，1969年2月17日，穆罕默德·巴克尔·艾哈迈德在议会发言时宣布，已有更多新垦土地被租给私人，并声称他将提交农业改革与土地开垦部报告，以便议会决定土地国有国营、土地私有国营、土地国有私营究竟哪种制度最为高效。

阿拉伯社会主义联盟是激进派的堡垒，议会是保守派的天下，而纳赛尔则居中制衡。1969年7月，纳赛尔在阿拉伯社会主义联盟全国代表大会上讲话，最后一次公开阐明对新垦地区土地制度的立场。他力图折中保守派与激进派的观点。他说，部分土地应被分配给小农，部分土地应被租给私人或公司，而部分土地应该直接由政府经营。当时身在莫斯科的阿里·萨布里问询后极力指责纳赛尔的这一表述。因此，阿里·萨布里在回国后立即被纳赛尔以走私罪的名义逮捕，并被解除在阿拉伯社会主义联盟中的职务。但是，苏联正式要求纳赛尔将阿里·萨布里官复原职。纳赛尔被迫做出妥协。由于"六五"战争沉重打击了纳赛尔在国内外的地位，因此他被迫容忍苏联插手埃及内政，并在包括新垦地区在内的全部农地制度上向苏联支持的激进派做出妥协。于是 1970 年夏开罗谣言四起，盛传纳赛尔不仅要正式规定新垦土地全部为国有土地，而且要在其余地区实行更为严厉的新土改法，即将 1952 年以来通过三次土改所没收的全部土地国有化。1970 年 9 月，纳赛尔突然病逝，关于土地制度的争斗暂时中止。

（二）既有农作区域的土改

1. 限制大地产

针对既有耕地，纳赛尔政权极力限制大地产，这体现在没收王室地产、废除瓦克夫、赎买外国人地产和规定占地限额四个方面。

（1）没收王室地产

在穆罕默德·阿里上台之后，国家土地所有制与王室土地所有制一度界限模糊。① 在伊斯玛仪统治末期，尽管国有土地与王室土地被截然分开，统治者也无法任意占有和赐封国有地产，但王室成员凭借购买或继承等手段依旧占有大量土地。② 在 19 世纪，穆罕默德·阿里王室系占地面积最大的家族，其中伊斯玛仪占地最多。③ 在 1952 年法鲁克国王被废黜前后，埃及革命政府公布的王室地产面积为 175 282 费丹，176 337 费丹，179 157 费丹不等（不包括 3 万费丹荒地面积，但是包括王室成员捐赠的私人瓦克夫面积）。④ 迦百利·贝尔指出，1952—1953 年穆罕默德·阿里王室占地 142 181 费丹（不含私人瓦克夫地），王室成员平均占地面积达 400 费丹以上而伊斯玛仪的后裔平均占地面积更多。⑤ 1953 年 6 月，埃及革命指挥委员会取消了君主制，罢免了福阿德二世，结束了穆罕默德·阿里王朝的统治；共和国成立，纳吉布任总统兼内阁总理，纳赛尔为副总理兼内政部长。1953 年 11 月，埃及政府宣布无偿没收王室地产和前朝高官地产；⑥ 此后，农业改革高等委员会无偿没收王室地产 17.8 万费丹。⑦

（2）废除瓦克夫

---

① Gabriel Baer, *A History of Landownership in Modern Egypt 1800—1950*, p. 40.
② Gabriel Baer, *A History of Landownership in Modern Egypt 1800—1950*, p. 44.
③ Gabriel Baer, *A History of Landownership in Modern Egypt 1800—1950*, p. 39.
④ Gabriel Baer, *A History of Landownership in Modern Egypt 1800—1950*, p. 131.
⑤ Gabriel Baer, *A History of Landownership in Modern Egypt 1800—1950*, pp. 133 – 135.
⑥ Alan Richards, ed., *Food, States and Peasants: Analyses of Agrarian Question in the Middle East*, p. 81. David F Forte, "Egyptian Land Law: An Evaluation", *The American Journal of Comparative Law*, Vol. 26, No. 2, 1978, p. 275.
⑦ Saad M Gadalla, *Land Reform: In Relation to Social Development of Egypt*, p. 42.

瓦克夫专指保留安拉对人世一切财富的所有权，或留置部分具有用益价值的土地或产业，包括公益瓦克夫（又称公共瓦克夫）和私人瓦克夫，两者的区别在于土地或产业主要用于宗教慈善事业还是了孙后代享用。笔者拟对学界语焉不详的埃及瓦克夫进行考察，勾勒其千年嬗变的历史轨迹。

642 年，哈里发国家从拜占庭手中夺占埃及，埃及开始伊斯兰化，伊斯兰教地产瓦克夫开始出现。马木鲁克素丹曾将部分国有土地变成"特许瓦克夫"——所有权归国家而持有者不得变卖的地产。[①] 在奥斯曼统治时期，一些包税人将乌西叶转变为私人瓦克夫，但不得将其分割、抵押、典当、出售或没收，收益属于瓦克夫建立者的后代。[②] 19 世纪初瓦克夫约占埃及耕地面积 1/5。穆罕默德·阿里当政期间将瓦克夫纳入征税范围。1812 年阿里下令对上埃及瓦克夫征收地税，税率为统一税的一半。[③] 1814 年阿里规定私人瓦克夫持有者必须出示地契，否则政府将没收其私人瓦克夫并以年度津贴进行补偿；出示此类地契的私人瓦克夫持有者必须按统一税率的一半缴税；阿里借此没收大量私人瓦克夫。政府对公共瓦克夫依照统一税率征税。[④] 在废除包税制、对瓦克夫征税的基础上，穆罕默德·阿里重建土地国有制。1849 年阿拔斯允许地主将其地产捐赠为瓦克夫。[⑤] 1866 年伊斯玛仪允许全税地持有者随意遗赠地产，但非经赫迪威许可不得将地产转为瓦克夫。1871 年伊斯玛仪颁布《补偿法令》，规定非经赫迪威许可不得将全税地捐赠为公益瓦克夫。该法在伊斯玛仪时期多次被废又被恢复。1880 年陶菲克再次废除《补偿法令》，但承认完全执行或者部分执行《补偿法令》的土地持有者获得地权，不过土地持有者未经政府同意不得将全税地转为瓦克夫。1893 年混合法庭声称，全税地持有者可在未经赫

[①] Farhat J Ziadeh, Law of Property in Egypt: Real Rights, *The American Journal of Comparative Law*, Vol. 33, No. 1, 1985, pp. 240-243.

[②] Kenneth M Cuno, The Origins of Private Ownership of Land in Egypt: A Reappraisal, *International Journal of Middle East Studies*, Vol. 12, No. 3, 1980, pp. 247-252. Gabriel Baer, The Waqf as a Prop for the Social System, *Islamic Law and Society*, Vol. 4, No. 3, 1997, p. 289.

[③] Gabriel Baer, *Studies in the Social History of Modern Egypt*, Chicago and London: the University of Chicago Press, 1969, p. 79. F Robert Hunter, *Egypt under the Khedives*, 1805—1879, Pittsburgh: University of Pittsburgh Press, 1984, p. 14.

[④] Gabriel Baer, *A History of Landownership in Modern Egypt*, 1800—1950, London: Oxford University Press, 1962, pp. 4-5. Kenneth M Cuno, The Origins of Private Ownership of Land in Egypt: A Reappraisal, *International Journal of Middle East Studies*, Vol. 12, No. 3, 1980, p. 258.

[⑤] Mohamed N Nofal, Chronology: A Brief History of Egyptian Agriculture, 1813—1992, *Options Mediterraneennes*, 1995, p. 146.

迪威许可的情况下将全税地捐赠为瓦克夫。① 由于什一税地容易转化为捐赠的私人瓦克夫，而全税地则在1893年前未转化为私人瓦克夫，因此埃及农业地产逐渐细碎化。在伊斯玛仪与英国占领时期，统治者企图通过"瓦克夫部"控制瓦克夫的管理者即纳宰尔，进而加强对瓦克夫的管理。伊斯玛仪首次建立瓦克夫部。英国占领埃及后驻开罗总领事与赫迪威争夺对瓦克夫的控制权。1884年陶菲克废除瓦克夫部，从而引起总领事克罗默的不满。后来总领事基齐纳与阿拔斯二世达成妥协：恢复瓦克夫部；瓦克夫部保持财政和行政上的独立性；赫迪威任命瓦克夫部长并授权部长管理瓦克夫。因此，王室最终获得对瓦克夫部和瓦克夫的控制权。②

1922—1952年，埃及大地主为避免分家析产，倾向于将部分土地捐赠为瓦克夫，因此瓦克夫面积呈上升势头且以大地产为主。瓦克夫面积在1900年为30万费丹，到1914年增至35万费丹，到1918年增至40万费丹，在1927年高达611 203费丹，自1935年起政府开始统计并公布瓦克夫的相关数据，瓦克夫面积在1935—1942年不断增加，到1942年达677 555费丹。1949—1950年公共瓦克夫地产总计9.3万费丹（包含王室地产面积，其中3 000费丹服务于伊斯兰教圣地和朝觐所需），私人瓦克夫地共计592 733费丹并分属17 816名所有者。1952年瓦克夫面积回落到60万费丹。在宪政时代，埃及瓦克夫以大地产为主。据统计，1939年，全部瓦克夫占各类地产面积的11.1%，占地超过50费丹的瓦克夫面积占同一等级地产总面积的24.0%，占地不足50费丹的瓦克夫面积对应等级地产总面积的比重明显较低，其中占地30~50费丹的瓦克夫面积占同一等级地产总面积的12.4%，占地20~30费丹的瓦克夫面积占同一等级地产总面积的8.2%，占地10~20费丹的瓦克夫面积占同一等级地产总面积的5.1%，占地5~10费丹的瓦克夫面积占同一等级地产总面积的2.9%，占地1~5费丹的瓦克夫面积占同一等级地产总面积的1.2%，占地不足1费丹的瓦克夫面积占同一等级地产总面积的0.2%；到1949年，全部瓦克夫占各类地产面积的比重略降至10.0%，占地超过50费丹的瓦克夫面积占同一等级地产总面积的比重略降至22.5%，占地不足50费丹的瓦克夫面

---

① Farhat J Ziadeh, "Law of Property in Egypt: Real Rights", p. 244. Mohamed N Nofal, "Chronology: A Brief History of Egyptian Agriculture, 1813—1992", p. 147. Farhat J Ziadeh, "Law of Property in Egypt: Real Rights", p. 244. Gabriel Baer, *A History of Landownership in Modern Egypt* 1800—1950, pp. 10 – 12, p. 39.

② Gabriel Baer, *Studies in the Social History of Modern Egypt*, pp. 83 – 84.

积占对应等级地产总面积的比重也略有下降，其中占地 30~50 费丹的瓦克夫面积占同一等级地产总面积的 10.6%，占地 20~30 费丹的瓦克夫面积占同一等级地产总面积的 8.0%，占地 10~20 费丹的瓦克夫面积占同一等级地产总面积的 4.9%，占地 5~10 费丹的瓦克夫面积占同一等级地产总面积的 3.2%，占地 1~5 费丹的瓦克夫面积占同一等级地产总面积的 1.1%，占地不足 1 费丹的瓦克夫面积占同一等级地产总面积的 0.2%。①

到 1952 年七月革命前夕，埃及对待瓦克夫存在如下三种态度。一是反对任何改革。他们坚持认为瓦克夫能够有效维护土地私有权，而且可以防止外国人攫取土地；瓦克夫具有宗教依据；瓦克夫收益被用于教育、宗教和慈善方面，具有明显的社会效益。二是要求改革私人瓦克夫。他们批评私人瓦克夫弊端严重，主张将超过有效期的私人瓦克夫按其原受益者的受益份额进行分割。根据上述主张，议会于 1946 年颁布 48 号法，即明确限定各类瓦克夫的捐赠期限，规定家庭瓦克夫捐赠人的权限，并保障法定继承人权益。三是彻底废除私人瓦克夫。然而，持上述观点的人存在两个共识：必须改革而不是废除私人瓦克夫，政府不应接管公共瓦克夫。实际上公共与私人瓦克夫具有诸多共性，很难被截然分开。首先，两种瓦克夫都不能被抵押或买卖。其次，两种瓦克夫都由捐赠者设立并交由纳宰尔管理，且收益的 10% 归纳宰尔，一部分归捐赠人的男性后裔，一部分归宗教、教育和慈善机构。再次，两类瓦克夫的所有者与管理者基本脱节，多数纳宰尔对农业生产漠不关心。最后，两类瓦克夫都是大地产。多数瓦克夫本身即为大地产，一名纳宰尔往往同时管理多个瓦克夫。1952 年作为纳宰尔的瓦克夫部管理 10 万费丹瓦克夫，1953 年爱兹哈尔清真寺教长管理 32 块瓦克夫。② 瓦克夫不能进入市场流通，所以加剧了地租地价的上涨趋势，进而成为维护大地产的重要因素。

在穆罕默德·阿里王朝统治时期，瓦克夫的管理权和受益权普遍在设立者后裔之手，成为维持家族地位、固化职业分布的重要因素，因此严重阻碍土地的商品化与乡村的社会流动，进而构成地主政治优势的物质条

---

① Thomas Stauffer, ed., "The Egyptian Land Reform Law. Explanatory Note to Accompany Land Reform Law", p. 298. Gabriel Baer, *Studies in the Social History of Modern Egypt*, pp. 79–80. Gabriel Baer, *A History of Landownership in Modern Egypt*, 1800—1950, p. 153.

② Gabriel Baer, *Studies in the Social History of Modern Egypt*, pp. 80–82. Gabriel Baer, "The Waqf as a Prop for the Social System (Sixteenth–Twentieth Centuries)", p. 270, p. 287. Gabriel Baer, *A History of Landownership in Modern Egypt* 1800—1950, p. 79, p. 119.

件。针对瓦克夫的上述弊端,自1952年七月革命后纳赛尔政权推行多次土改,极力限制大地产并实行土地再分配。

1952年9月政府颁布法令宣布废除私人瓦克夫。法令第一条规定只准保留用于宗教目的的瓦克夫。第二条规定必须根据1946年48号法第41条估价和分割私人瓦克夫。第三条规定若私人瓦克夫的设立者依然健在,则由设立者本人继承地产或地产基金;如果私人瓦克夫设立者已经死亡,则地产或地产基金由诸多瓦克夫受益者按照比例分割并继承,分割与继承的比例适用1946年48号法第36~39条。第四条规定若私人瓦克夫设立者已获补偿,或被认定成为私人瓦克夫的管理者并有所有权凭证,则私人瓦克夫设立者将丧失对地产或地产基金的继承权,而由诸多瓦克夫受益者继承私人瓦克夫地产或地产基金。第五条规定将私人瓦克夫加以出售而得到的钱款,也适用本法前述条款。第六条规定对设立于私人瓦克夫之上的整体建筑或建筑一部分的所有权和使用权进行分割。由于多数埃及人憎恶私人瓦克夫且原有管理者——纳宰尔与其他受益者在本法实施之后损失很小,所以本法在执行时障碍较少,约48万费丹私人瓦克夫被转让。因此本法的实行有利于瓦解大地产,构成1952年土改法的逻辑延伸。①

早在废除私人瓦克夫前后,政府已将废除公共瓦克夫提上日程。1952年7月国王法鲁克被废黜,接着瓦克夫部宣布接管原由国王管理的公共瓦克夫。1953年5月政府进而要求所有公共瓦克夫管理者——纳宰尔须在6月内将瓦克夫管理权移交瓦克夫部(捐赠者兼任纳宰尔的公共瓦克夫例外);纳宰尔将获得补偿;瓦克夫部有权根据需要支配公共瓦克夫的全部或部分收益。瓦克夫部最终接管的公共瓦克夫约16万费丹。② 本法的施行使瓦克夫部不仅获得了公共瓦克夫的使用权,而且获得了受益权,因此这一举措实际上使公共瓦克夫成为国有地产。1956年9月至1957年8月,迦达拉对位于下埃及北部代盖赫利耶省的萨瓦、卡夫拉-赛伊克省的贝拉以及布海拉省的萨夫特·哈勒德的瓦克夫地产进行考察,发现埃及瓦克夫部已将当地瓦克夫出租给佃农耕种。③ 然而1952年178号法第13条规定,

---

① Thomas Stauffer, ed., "The Egyptian Land Reform Law. Explanatory Note to Accompany Land Reform Law", p. 298, pp. 312-314. Gabriel Baer, *Studies in the Social History of Modern Egypt*, pp. 88-91.

② Gabriel Baer, *Studies in the Social History of Modern Egypt*, pp. 89-92. Gabriel Baer, "The Waqf as a Prop for the Social System (Sixteenth - Twentieth Centuries)", p. 290.

③ Saad M Gadalla, *Land Reform*: *In Relation to Social Development of Egypt*, Missouri: Missouri University Press, 1962, p. 46.

政府应将超额地产分配给小农，而瓦克夫部出租瓦克夫的行为明显违背土改法规定，从而引起小农不满。为满足小农的愿望，政府于1957年7月颁布152号法，规定：瓦克夫部所管理的全部农用瓦克夫均应移交农业改革部以便该部进行再分配，小农将以分期付款方式向政府偿还地价；政府以三年等额本息形式向纳宰尔分期偿还地价；纳宰尔仅能获得等额本息中的利息和红利，其本金将被政府用于投资。① 显而易见，1957年152号法使政府控制原本由大地主管理的土地；政府一方面将土地分成小块给小农耕种，并让后者分期缴纳这块土地的地价、利息和手续费，从而解决小农的土地需求，并以土改合作社方式统购包销农产品、控制种植结构、强制运输农产品，由此获得间接农业税；另一方面强迫大地主放弃地权，丧失其原有政治地位，并将所获少量补偿款交由政府投资工业。1962年，政府颁布44号法，继续改革公共瓦克夫。根据1957年152号法和1962年44号法，政府获得189 049费丹公共瓦克夫，总计78 797户农民获得被没收的瓦克夫。②

经过纳赛尔政权的土地改革，私人瓦克夫彻底消失，公益瓦克夫名存实亡，埃及的伊斯兰教地产瓦克夫制度走向尽头。

埃及瓦克夫的起源，与伊斯兰教的诞生和伊斯兰国家的建立密不可分。在伊斯兰教先知穆罕默德时代，具有伊斯兰教特色的土地制度初步确立。哈里发征服埃及后，埃及开始伊斯兰化，土地制度随之发生巨变，瓦克夫的出现和演变即为明证之一。

瓦克夫地产的渐趋衰落，构成埃及现代化进程的重要内容。从穆罕默德·阿里控制埃及政权到英国承认埃及独立，埃及人主要争论如何管理瓦克夫，尚未考虑废除瓦克夫制度。在宪政时代，国有土地不断萎缩，而私有土地则持续扩张，土地私有化愈演愈烈。为避免分家析产，大地主倾向于将部分土地捐赠为瓦克夫，因此瓦克夫面积呈上升势头并以大地产为主。多数瓦克夫、王室地产与外国人地产，系宪政时代的主要大地产，进而成为地主阶级政治优势的经济条件。统治危机逐渐加深，上层埃及人开始考虑是否废除瓦克夫制度。尽管如此，在穆罕默德·阿里王朝统治时期，私人与公共瓦克夫的管理权和受益权仍在瓦克夫设立者的后裔之手，

---

① Gabriel Baer, *Studies in the Social History of Modern Egypt*, p. 91. Farhat J Ziadeh, "Law of Property in Egypt：Real Rights", p. 270.

② Mahmoud Abdel‑Fadil, *Development*，*Income Distribution and Social Change in Rural Egypt* 1952—1970, Cambridge：Cambridge University Press，1975，p. 10.

这不仅加剧地产集中并迟滞财产分割，而且成为维持家族地位、固化职业分布、加深民族隔阂的重要因素，因此严重阻碍土地的商品化与乡村的社会流动，进而构成地主阶级政治优势的经济条件。

1952年七月革命爆发之后，纳赛尔政权将瓦克夫视为地主阶级政治优势的重要支撑与中央集权的巨大障碍，因而先后没收私人瓦克夫并控制公共瓦克夫，力图强化对教界的控制，并减少教界对政治、教育和司法的影响，瓦克夫制度走向尽头。通过没收公私瓦克夫和其他土改举措，纳赛尔政权使小农土地所有制得以巩固。

总而言之，瓦克夫地产在伊斯兰传统时代是地主阶级政治优势的物质基础之一，以致后来成为现代伊斯兰诸国中央集权的明显障碍以及土地改革的重要目标，瓦克夫制度的衰落标志着埃及政治经济现代化水平的明显提高。

(3) 赎买外国人地产

在20世纪上半叶，在埃外国人地产以大地产为主，中等地产比例很小，小地产不足1%。1956年1月颁布的《埃及共和国宪法)》第二部分第12条规定："非埃及公民只有符合法律规定，才能拥有农地产。"① 这就为埃及政府通过立法手段剥夺外国人地产埋下伏笔。1963年，埃及政府颁布第15号法令，规定除巴勒斯坦人之外的外国人不得拥有埃及的农业用地（包括耕地、可耕地、荒地、沙漠地）；外国人目前占有的埃及农业用地以及建在其上的房屋和固定机械或活动机械，以及长在其上的树木，都将被埃及农业改革部没收；但是这些将被没收财产的外国人，有权在本法颁布之后11个月内将其地产售予埃及公民，埃及政府将依据1952年第178号法令规定的补偿标准，以债券形式向被没收土地的外国人进行补偿，自没收之日起15年内付清，年利率4%。② 埃及政府借此没收外国人地产30 081费丹③。

(4) 规定占地限额

纳赛尔政权还多次规定农业用地的占有限额。

在1952年第178号法颁布之前，具有浓厚宗教色彩的穆斯林兄弟会，

---

① 齐世荣主编：《当代世界史资料选辑》，第三分册，第302页。
② Mohamed N Nofal, "Chronology: A Brief History of Egyptian Agriculture, 1813—1992", p. 146. Farhat J Ziadeh, "Law of Property in Egypt: Real Rights", p. 270. David F Forte, "Egyptian Land Law: An Evaluation", p. 275.
③ Mahmoud Abdel-Fadil, *Development, Income Distribution and Social Change in Rural Egypt 1952—1970: A Study in the Political Economy of Agrarian Transition*, p. 10.

主张将个人占地限额定为 500 费丹；而世俗激进势力则强调，个人占地面积不应超过 50 费丹；自由军官组织则持折中立场。① 1952 年第 178 号法即《埃及土地改革法》第一条规定："第一条　任何人均不得拥有超过 200 费丹的土地。与本条款相抵触的所有契约一概无效，不得通过土地登记。" 1956 年 1 月颁布的《埃及共和国宪法)》第二部分第 12 条则对 1952 年第 178 号法第一条关于限制农业用地占有面积的原则加以确认。宪法规定："法律规定耕地占有的最高限额，不允许实行封建制度。"② 1961 年，埃及政府颁布的《社会主义法令》规定，凡拥有价值一万镑以上股票的资本家或占地 200 费丹土地以上的地主被称为垄断资本家和封建地主，属反动力量阵营，系剥削阶级；在此数量以下的资本家或地主被称为民族资本家和非封建地主，属劳动人民力量范畴，系非剥削阶级。③ 然而，1952 年第 178 号法第二条亦规定不适用第一条的例外情况："第二条　下述情况不受前述规定的限制：（a）公司和团体可以在法律法规许可的范围内，出于销售目的而拥有 200 费丹以上土地并进行改良。（b）个人可以出于改良目的而拥有超过 200 费丹的休耕地或沙漠地。第一条规定不适用于自占有之日起不满 25 年的土地，允许在此期限届满之前处理这些土地。（c）在本法公布前业已存在的工业企业，可以占有为工业开发所必需的超过 200 费丹的土地。瓦克夫地产也不适用前述规定。"法令第三条规定，政府将在本法实施后 5 年内没收超限地产，但是也对例外情况加以说明："第三条　自本法实施之日起 5 年内，政府将没收土地所有者所拥有的 200 费丹以上部分的土地，但每年没收的土地将不少于全部被没收土地的 1/5。没收将自面积最大的地产开始。在实行没收的农业期限终止之前，土地所有者对地产上的收成和作物拥有所有权。下述情况可不适用于本法规定：（a）土地所有者进行的处理和抵当，其日期在 1952 年 7 月 23 日以前尚未确定的。（b）土地所有者对其后嗣、其妻子，以及其后嗣的配偶的地产转让，其完成日期未被证明在 1944 年 1 月 1 日之前的。（c）个人所有的土地，在本法实施后，通过继承权或遗嘱进行分割时，政府将设继承税，从其继承人和受益者中，没收这些土地的超过 200 费丹的财产。"法令第四条指出，土地所有者可以在本法实施后 5 年内转让一定面积的超额地产。"第四条

---

① Okbazghi Yohannes, *Political Economy of an Authoritarian Modern State and Religious Nationalism in Egypt*, New York and Ontario: The Edwin Mellen Press, 2001, p. 93.
② 齐世荣主编：《当代世界史资料选辑》，第三分册，第 302 页。
③ 杨灏城、江淳：《纳赛尔和萨达特时代的埃及》，第 93 页。

但是，自本法实施起的 5 年内，土地所有者可以按下述规定，转让未被政府没收的土地及 200 费丹以上的土地所有权：(a) 可以向子女转让人均 51 费丹以下的土地，分配给子女的土地总计不得超过 100 费丹。(b) 分配给每个拥有不足 10 费丹土地的小农、非亲属，以及非四代以内亲属的土地，不得超过 5 费丹。土地所有者若实际上不存在，那么无论采取何种方法，即使提供相反资料，也不能争得其行为的有效性。处分行为在经当地简易法院确认其区域和财产以前为无效行为。如此处分的土地，不得依据先买权获得。"在 1952 年土改法颁布后，许多大地主将超额地产寄在配偶、已嫁女儿、堂兄弟姐妹和表兄弟姐妹、朋友和佃户名下，从而躲避土改法的执行。[1] 例如，在 1952 年土地改革法颁布之后，上埃及米尼亚省戴伯拉赫镇的三位占地面积在 250～450 费丹的土地所有者将其超额地产暂时转交给忠心耿耿的贫苦佃户，以便躲避土地改革。[2] 法令第五条规定，埃及政府将以相当于十倍地租（地租的数额与地税水平挂钩，一般为七倍地税）的价格赎买地主的超额地产，佃农可以获得 1/3 地价："第五条 依照第一条规定，土地被政府没收者，有权获得相当于其地租价格十倍的补偿。此外还附有设备、固定机械及树木的价格。地租按基本税的七倍核算。因土地贫瘠而未被课税，或至少是按本法实施前三年时的比率征课土地税时，地租价格将按 1939 年关于土地税的 13 号法律所规定的方式核定。如果土地所有权属于某个人，而其使用权属于另一个人，则土地所有者和土地使用者分别有权获得补偿的 2/3 和 1/3。"需要指出的是，1949 年埃及每费丹耕地的地税平均为 3 埃镑，因此每费丹土地征购价约为 200 埃镑，这仅相当于 1952 年耕地市场价的 50%。[3] 法令第六条和第七条规定，政府将以公债形式向被没收超额地产的地主支付本息："第六条 补偿将通过政府发放的公债支付，在 3 年内偿付，并附 3% 利息。公债采取记名方式，不得处理给非埃及人。这些公债是作为政府购买休耕地的支付，作为本法实施前未曾被征课的土地税的支付，以及作为依据本法所征课的土地继承税及追加税的支付而发放的。将根据财政经济部长的要求，公布决定这些债券的偿还及流通日期的法令。第七条 当政府没收的土地属于抵当、地役权或土地的使用权时，则将在应支付给土地所有者的款额中扣除相当于全部

---

[1] Richard H Adams Jr., *Development and Social Change in Rural Egypt*, p. 18.
[2] Alan Richards, ed., *Food, States and Peasants: Analyses of Agrarian Question in the Middle East*, p. 168.
[3] 杨灏城、江淳：《纳赛尔和萨达特时代的埃及》，第 115 页。

负债的部分。如果政府不能代替债务者偿还其负债,那么可以在不超过30年期限偿还的条件下,按照相同比率的利息,将其负债与政府公债交换。当其负债的利率超过3%时,则在扣除收款经费和负债的负担部分后,承担利率的差额。"法令第八条规定,为了防止村庄地的分散化,政府将调整某些土地所有者的地产位置:"第八条 各村没收的区域将受到限制。在非常必要的情况下,可没收使这些区域呈分离状态的土地,将其他土地作为补偿分配给那些土地的所有者,以此来进行调整。"法令第十七条规定,违反本法相关条款的拥有超额地产的土地所有者应受的处罚:"第十七条 违反上述条款实施的人,无论何人都将被征收其没收土地的赔偿款,并不得免除服刑。一切应服从本规定的土地所有者,故意减少其矿物,使土地贫瘠,或破坏机械装备,致使没收时影响土地开垦者,也不得免除服刑。故意触犯第四条者也必须服刑。"1952年第178号法第四章"附加税"(第二十五条至第三十条)规定,政府将从1953年元旦起对拥有超额地产的土地所有者征收相当于5倍地税的附加税,其实质在于防止拥有超额地产的土地所有者长期控制超额地产;法令也规定了一些例外情况。"第四章 附加税第二十五条 从1953年1月1日起,对超过200费丹的土地所有者,按五倍于基本税的比例征课附加税。第二十六条 附加税根据每年1月1日向全国纳税者征课的全部土地税金核定。纳税者因继承或其他某种原因而分担共同义务时,他所支付的一切税金,在核定附加税时将被作为个人义务中附加的共同义务,即税金的分担来看待。适应本法的规定,按照第三条规定的方法处分土地时,不扣除纳税者缴纳的附加税。第二十七条 所有遵守本法规定的纳税者,自本法实施起两个月内,及每年的一月份,应将单独或分别所有的一切国内土地面积,同交纳的税额一起,申报给收缴其土地税主要部分的地区征税者(参见1952年的修正法令第271号)。第二十八条 纳税者未按指定日期进行前述的申报,或者为达到免除全部或部分附加税的目的而在申报中弄虚作假时,将会因在指定日期内未能申报或在申报中弄虚作假等原因,在其税金中追征未交纳的税金或相当于应向国库交纳税金五倍的罚款。是否罚款由财政经济部长组织的一个委员会决定,对其决定不得提出诉讼。第二十九条 前条所述的附加税,将同罚款一起,于基本税的最后分付时征收。在征收附加税及罚款方面,政府将同征收基本税一样具有优先权。在滞纳的情况下,将通过行政性扣留,征收附加税及罚款。对根据法律承认的契约所处分的土地,在基本税开始分付之日以前,不征收附加税。第三十条 对个人所有的休耕地，以及按照法律和条例，为改良和出售而由公司或团体所有的土地，不征收附加税。"

1958年，埃及政府颁布第4号法，规定个人占地最多200费丹，个人与其妻子和未成年儿女占地总面积不得超过300费丹；但是，在本法实施之前通过购买而获得土地并导致占地面积超过本法规定者，不适用本法规定。①

在阿拉伯联合共和国时期，纳赛尔政权曾在叙利亚境内推行土地改革，着力限制占地面积。1959年，阿联政府在叙利亚颁布土地改革法，规定私人所占水浇地面积不得超过80公顷、私人所占雨浇地面积应少于300公顷，土地所有者务必将其超限地产按照固定价格售予政府。②

1961年7月23日，纳赛尔在亚历山大发表演说，指出乡村无地少地雇农生活贫困："如果我们想了解我们人民的生活方式，我们不应只盯着亚历山大、开罗或大马士革闪烁的灯光……我们应透过大城市耀眼的灯光看出存在的问题。应该看看乡村农民是如何生活的。他们靠为地主打工而得到的薪水生活。他们一年中有四五个月干农活，而其余时间便失业在家。他们几乎没有足够的食物来养活自己和自己的子女。那么四处打工的农工的生活又是如何呢？他只能靠最低薪水生活。5年前，我访问了考姆·奥姆波（在靠近阿斯旺的上埃及）和那里的工厂。每个工人的午饭都是干面包和一个洋葱。我想我们中的任何一个人都难以忍受这样的生活吧。""没有经济上的公正和社会的平等……只是没完没了地进行争辩，就不可能有真正的民主。"③ 与此同时，埃及政府颁布第127号法，将个人占据的农业用地限额降至100费丹，全家占据的农业用地限额保持在300费丹（包括沙漠地在内），而且禁止出租50费丹以上农业用地。④ 1972年埃及公共动员与统计中央署提供的数据显示，埃及政府根据1961年第127号法而没收的耕地面积共计100 745费丹。⑤

---

① Mohamed N Nofal, "Chronology: A Brief History of Egyptian Agriculture, 1813—1992", p. 146.

② M E Yapp, *The Near East since the First World War*, p. 257.

③ [英] 罗伯特·斯蒂文思著，王威等译：《纳赛尔传》，北京：世界知识出版社，1992年，第273 - 274页。

④ Alan Richards, *Egypt's Agricultural Development*, 1800—1980: *Technical and Social Change*, p. 177. M W Daly, ed. , *The Cambridge History of Egypt*: *Modern Egypt*, *from 1517 to the End of the Twentieth Century*, p. 345. P J Vatikiotis, *The History of Egypt*: *From Muhammad Ali to Sadat*, p. 396.

⑤ Mahmoud Abdel - Fadil, *Development*, *Income Distribution and Social Change in Rural Egypt 1952—1970*: *A Study in the Political Economy of Agrarian Transition*, p. 10.

1964年埃及政府宣布，国家与大地主在土地改革中的原有契约失效，并停付所没收的超额地产的本金与利息。①

1966年4月30日，在开罗以北50英里②的卡姆希什镇，阿拉伯社会主义联盟的活动家萨拉·侯赛因被占地广袤的菲其斯家族所雇数名歹徒杀害。事后，纳赛尔政权立即组织"清除封建主义委员会"，向"农业封建主义者"发动进攻。"清除封建主义委员会"在调查中发现，一户大地主占地2 320费丹，而另一户则占地1 200费丹；还存在其他大地主隐匿田产的违法情况。在"清除封建主义委员会"的努力下，埃及17个省的88个大地主的财产被没收；这些地主被勒令离开村庄并定居城市。罚没的非法地产约2.5万费丹。截至1966年6月，有239个村庄管理人员因勾结大地主而被撤职查办。③

在1969年第50号法令颁布之前，由于占地50～100费丹的土地所有者依然合法存在，因此纳赛尔曾发出感叹："封建主义者依旧存在……他们仇视社会主义革命……他们并未退出历史舞台（在博物馆和集中营中没有发现他们的身影）。"④ 1969年8月16日，埃及政府颁布第50号法令，再次降低农业用地占地限额。法令第一条规定：任何个人不得拥有超过50费丹的耕地、荒地和沙漠土地，任何家庭不得拥有超过100费丹的上述土地。第二条阐述第一条中的"家庭"概念：丈夫、妻子与其未成年孩子构成一个家庭，而不管其子女是否已婚；丈夫的前妻所生孩子仍然算是家庭一员；如果丈夫已故，那么这个家庭将包括其遗孀和未成年子女，除非遗孀在丈夫死后已经改嫁；在前一种情况下，已故丈夫与改嫁后的遗孀原有的那些未成年子女，将被视为已经组成新的独立家庭。第四条规定：占地超过本法规定限额的家庭，其成员有权处置超限地产，超限地产指全家占地超过100费丹的部分，每个家庭成员占地超过50费丹的部分；作为不适用本法第一条与第二条的例外情况，一位祖父有权将本人所占超过50费丹部分的地产转让给已故儿子所生的儿女，但前提是他的这些获得转让土地的孙子孙女个人占地不得超过50费丹，其所属家庭占地依旧不得超过100

---

① David F Forte, "Egyptian Land Law: An Evaluation", p. 275.
② 1英里＝1 609.344米。
③ Raymond William Baker, *Egypt's Uncertain Revolution Under Nasser and Sadat*, pp. 205 – 206. Ray Bush, "Land Reform and Counter-Revolution", in Ray Bush ed., *Counter-Revolution in Egypt's Countryside: Land and Farmers in the Era of Economic Reform*, p. 23.
④ Raymond William Baker, *Egypt's Uncertain Revolution Under Nasser and Sadat*, p. 204.

费丹。第九条和第十条规定了对那些被没收超限土地的土地所有者进行补偿的新原则：①补偿将以现金形式支付，在10年内以分期付款方式偿还完毕。②对土地所有者的赔偿将没有利息。① 然而，1969年土地改革法并未明确规定政府何时准备征购超限地产，而且遭到占地超过50费丹的地主阶层的强烈抵抗。不仅如此，一些地主仍然能够利用亲戚或佃农来隐匿超额地产。例如，在上埃及的戴伯拉赫镇，大地主安瓦尔将其超限地产寄在妻子、儿女、堂兄弟堂姐妹和表兄弟表姐妹等名下；有些地主则给予佃农某些现金，将超额地产伪托在后者名下。② 因此，埃及土地改革部长萨阿德·赫杰尔斯认为，第三次土地改革的实际影响十分有限，根据本法而再次分配的耕地面积可能不会超过3万费丹。③

1972年埃及公共动员与统计中央署提供的数据显示，1953—1969年，埃及政府所没收的耕地面积总计797 761费丹。④

2. 土地再分配

在没收王室地产、废除瓦克夫、赎买外国人地产与限制占地面积的基础上，纳赛尔政权实行土地再分配，这主要涉及政府与部分小农的关系。

1952年第178号法规定，农业改革高等委员会将在本法实施后5年内完成土地再分配："第十五条　土地分配将按照高级委员会制订的计划，自本法令实施之日起，最迟于5个农业年度之内完成。按照此项计划，没收的土地将于各农业年度来进行分配。"法令第九条规定，埃及政府将把所没收的超额地产分成2~5费丹不等的小块分配给小农耕种，这些小农必须具备获地条件且依照相应次序获得土地："第九条　在各村没收的土地，将根据土质情况，分别按2费丹以上5费丹以下的小块土地分配给小农。可分得被没收土地的人须具备以下条件：（a）过去未有不体面犯罪的成年埃及人。（b）职业耕作者。（c）占地不足5费丹的土地所有者。优先权不考虑是否为租地人或农民。其顺序是：实际耕种土地者；在村里居住而且家庭成员最多者；最贫困者；不在村里居住者。如此分配的土地不得根据先得权获得。"实际上，埃及政府在本法颁布之后，还根据获地人口的年

---

① Mahmoud Abdel - Fadil, *Development, Income Distribution and Social Change in Rural Egypt 1952—1970: A Study in the Political Economy of Agrarian Transition*, p. 124.
② Richard H Adams Jr., *Development and Social Change in Rural Egypt*, p. 88.
③ 杨灏城、江淳：《纳赛尔和萨达特时代的埃及》，第113-114页。
④ Mahmoud Abdel - Fadil, *Development, Income Distribution and Social Change in Rural Egypt 1952—1970: A Study in the Political Economy of Agrarian Transition*, p. 10.

龄差异而确定土地分配面积。不足 7 岁者获得 1/8 费丹，7~14 岁者获得 1/4 费丹，14~21 岁者获得 3/8 费丹，每位家长均可获得 5/8 费丹。① 法令第十条规定，占地不超过 10 费丹的农业大学毕业生可以获得 20 费丹以下的农用荒地："第十条 在按适宜正当开垦的方法进行分配后，对分配给农业大学毕业者的、指定作为农场的土地，不受前项规定限制。但面积不得超过 20 费丹，并且有权获地的农业大学毕业生原本占地面积也不得超过 10 费丹。"第十一条规定，获得土地者向政府偿付的地价金额与政府对超额土地的赎买价格相同，并附加 3% 年利息和相当于地价 15% 的没收分配费用即附加费；偿付方式是为期 10 年的分期付款："第十一条 实行分配的地价计算方法是，除政府为没收土地所支付的补偿额外，还应附如下费用。（1）年利息 3%。（2）相当于没收土地价格 15% 的没收、分配等费用。总价额须于 10 年内按年均比例交付。"第十四条规定，小农对政府分配给自己的地产必须亲自耕作且妥善管理，不得抵押和出租："第十四条 此种土地转让给小农时，不附带负债和租与他人的权利，并以小农的名义免税登记。土地所有者可以亲自耕种自己的土地，并做好必要的管理和保护。"第十六条规定，在向政府付清地价款项之前，获得土地者无权处分土地，其所获地产不得被没收或抵押，除非债权人是政府、农业合作社银行或农业合作社；政府也可出于公益目的而征用小农所获地产："第十六条 在向政府付清其地价款项之前获得土地的所有者及其继承人无权处分土地。在该项支付结束之前，其土地不得被没收或抵押，除非债权人是政府、农业合作社银行或农业合作社。但是，如果因公益事业的需要而没收其土地的一部分，则可以按照公共事业部长的命令，为公益事业而接受财产，而不受前述有关财产没收的 1907 年法律第 5 号第一条的规定限制。此命令对前述条款中规定的政令具有效力。" 1956 年 1 月颁布的《埃及共和国宪法》》则以国家根本大法的形式肯定埃及政府对农业用地的征用行为。宪法第二部分第 11 条规定："私人财产不可侵犯。它的社会作用将由法律规定。私人财产不可随意征用。除非用于公共事业，但也要根据法律给予适当补偿。"② 埃及政府曾于 1943 年颁布《继承法》，就伊斯兰教的法定继承（按《古兰经》规定的固定份额继承财产）作出某些修改，但该法并未涉及遗嘱继承。1946 年《埃及遗嘱处分法》是对 1943 年《继承法》的补

---

① Saad M Gadalla, *Land Reform：In Relation to Social Development of Egypt*, p. 43.
② 齐世荣主编：《当代世界史资料选辑》，第三分册，第 302 页。

充,旨在协调遗嘱继承与法定继承,使遗产处分更趋合理,以维护亡人三代直系血亲的合法权益。其中收入两项重要规定:一是确认被继承人有权以遗嘱方式将不超过其全部净资产(扣除安葬费用、清偿亡人生前所负债务后的资产)的 1/3 转让给任何人,包括直系血亲;而按照传统伊斯兰继承法,直系血亲作为份额继承人无权继承按遗嘱转让的部分财产,仅有权领取法定继承(不超过亡人全部净资产的 2/3)中各自应得的份额。另一新规定称为"义务继承"原则,即确认祖父母生前有义务为失去双亲的孙子孙女立下遗嘱,准许其以父母的身份继承各自应得份额。如被继承人生前未留遗嘱,法律上将以立过遗嘱对待。这项规定同样有悖于伊斯兰继承法的基本原则。中世纪权威教法学家们的公议认为,为直系血亲立遗嘱的"定制"(《古兰经》2∶180)后来已被经中(《古兰经》4∶11—12)提出的固定份额继承制(法定继承制)所废止。但埃及立法者以"独立判断"原则(伊智提哈德)为据,对这节经文做出新的解释。① 1952 年第 178 号法令第三章(第二十三条和第二十四条)规定,限制小农对所获农业地产的过度分割,以防经营规模细碎化;在这一前提下,本法优先照顾直接耕作者、丈夫和儿子在土地继承方面的权益:"第三章 土地分割的限界第二十三条 如果出现通过出售、交换、继承、遗嘱等某一方法获得土地所有权并将土地分割为 5 费丹以下的情况,那么当事者有义务同意土地所有权转移到应该转移者手中。如果出现不同意的情况,那么当事者一方或检察官可以就所有权的确定问题提出请求,将该案件中最有价值的土地部分委托于当地简易法院裁决。在无人支付余欠的负担费用时,法院可命令通过拍卖形式出售其土地。法院对此类要求将免费做出判决。第二十四条 对个人的土地所有权,简易法院将给予以农业为职业者以选择权。在这方面,如果有关者条件相同,可以通过全体抽签决定。但是,所有权根据继承产生时,将把选择权给予正在从事农业劳动的继承人。在这方面,如果有关者条件相同,则优先权的顺序依次为丈夫、儿子。如有许多儿子,则通过全体抽签决定。"然而,对地产分割的上述限制并未得到严格施行。1952—1970 年,农村人口增长,以及通过继承分割地产,导致许多原本不足 1 费丹的地产更加细碎化,原本超过 1 费丹的土地则被分割成不足 1 费丹的小地产,因此占地不足 1 费丹的土地所有者迅速增加。②

---

① 中国伊斯兰百科全书编辑委员会:《中国伊斯兰百科全书》,第 38 页。
② Richard H Adams Jr., *Development and Social Change in Rural Egypt*, p. 20.

为了分析1952年第178号法令对埃及乡村的影响，萨德·M·迦德拉于1956年9月至1957年8月，对位于下埃及北部代盖赫利耶省的德米拉，卡夫拉－赛伊克省的扎法兰和布海拉省的马奥尼亚的受到土地改革影响的地产进行考察；这些地产曾于1953年被政府没收，并被分配给部分佃农。① 农业改革高等委员会提供的数据显示，1953年，德米拉地区获地小农共计3033名，获得土地11 988费丹，人均获地3.95费丹；扎法兰地区获地小农共计973名，获得土地5 051费丹，人均获地5.19费丹；马奥尼亚地区获地小农共计309名，获得土地1 363费丹，人均获地4.41费丹。另据官方土地登记簿提供的数字，1953年，德米拉地区获地小农共计2 892名，获得土地9 521费丹，人均获地3.29费丹；小农在获得土地之后，其中1 272名（占44%）占地面积为2~3费丹，1 099名（占38%）占地面积为3~4费丹，521名（占18%）占地4~5费丹。1953年，扎法兰地区获地小农共计792名，获得土地2 478费丹，人均获地3.14费丹；小农在获得土地后，其中404名（占51%）占地2－3费丹，253名（占32%）占地3~4费丹，135名（占17%）占地4~5费丹。1953年，马奥尼亚地区获地小农共计236名，获得土地731费丹，人均获地3.10费丹；小农在获得土地之后，其中118名（占50%）占地2~3费丹，85名（占36%）占地3~4费丹，33名（占地14%）占地4~5费丹。② 由此可见，埃及政府依据1952年土地改革法，曾向大批农民分配小块地产。

然而，土地改革法的条文与执行之间具有显著差异，埃及政府实际征用的土地面积超过本应被征用的土地面积，也大于重新分配的土地面积。埃及政府公布的数据显示，根据1952年第178号法令而应被征用的土地面积为656 736费丹；③ 1952—1966年年底，政府实际征用的超过200费丹部分的地产共计875 000费丹；实际征用的土地面积超过本应被征用的土地面积。1952—1966年年底，政府重新分配的土地面积为671 000费丹，比实际征用的超额地产面积少204 000费丹。④ 可见，在纳赛尔政权的土地改革中，被分配土地面积约占被征用土地面积的3/4。因此，获地小农数量较少。1972年埃及公共动员与统计中央署提供的数据显示，根据1952年

---

① Saad M Gadalla, *Land Reform：In Relation to Social Development of Egypt*, p. 46.
② Saad M Gadalla, *Land Reform：In Relation to Social Development of Egypt*, p. 110, p. 112.
③ Saad M Gadalla, *Land Reform：In Relation to Social Development of Egypt*, p. 44.
④ Mahmoud Abdel－Fadil, *Development, Income Distribution and Social Change in Rural Egypt 1952—1970：A Study in the Political Economy of Agrarian Transition*, p. 24.

第 178 号法，获地农户数量仅为 146 496 户。① 而在 1950 年，埃及无地农户数目高达 1 217 000 户。② 由此可见，根据 1952 年第 178 号法而获得土地的农户数目约相当于当时无地农户数目的 12%。不仅如此，在首次土改中获得土地的农户并不完全是无地农户。因此，首次土地改革并未使多数无地农户获得土地。然而，埃及乡村的部分小农毕竟依据 1952 年第 178 号法而合法获得了小块地产。1956 年 1 月颁布的《埃及共和国宪法）》第二部分第 13 条规定"法律规定保护小农所有权"③ 则正式承认了首次土改在没收和分配土地方面的重要成果，并极力保护获地小农的切身利益。

1972 年埃及公共动员与统计中央署提供的数据显示，根据 1957 年第 152 号法和 1962 年第 44 号法，78 797 户农民获得被没收的瓦克夫地产。④

1958 年，政府颁布第 168 号法令，将土地改革中获地农民偿还地价的期限延长到 40 年，把利息率和附加税分别降至 2.5% 和 10%。⑤

1959 年，阿拉伯联合共和国政府在叙利亚颁布的土地改革法令规定，政府将所没收的超额水浇地划分为 8 公顷小块，将所没收的超额雨浇地划分为每块 30 公顷，售予占地较少的乡村居民，获地小农务必亲自耕种且不得租售所得地产。⑥

1961 年，政府颁布第 127 号法令，将地产购置者应付地价减去一半。⑦

1972 年埃及公共动员与统计中央署提供的数据显示，根据 1961 年第 127 号法令即第二次土地改革法，获地农户数量为 45 823 户。⑧

1972 年埃及公共动员与统计中央署提供的数据显示，根据 1963 年第 15 号法即剥夺外国人土地所有权的法律，获地农户数量为 14 172 户。⑨

1964 年，政府颁布第 138 号法令，规定在土地改革中的获地小农只需

---

① Mahmoud Abdel – Fadil, *Development, Income Distribution and Social Change in Rural Egypt 1952—1970: A Study in the Political Economy of Agrarian Transition*, p. 10.
② Mahmoud Abdel – Fadil, *Development, Income Distribution and Social Change in Rural Egypt 1952—1970: A Study in the Political Economy of Agrarian Transition*, p. 44.
③ 齐世荣主编：《当代世界史资料选辑》，第三分册，第 302 页。
④ Mahmoud Abdel – Fadil, *Development, Income Distribution and Social Change in Rural Egypt 1952—1970: A Study in the Political Economy of Agrarian Transition*, p. 10.
⑤ [埃] 穆罕默德·艾尼斯、赛义德·拉加卜·哈拉兹：《埃及近现代简史》，第 200 页。
⑥ M E Yapp, *The Near East since the First World War*, p. 258.
⑦ 杨灏城、江淳：《纳赛尔和萨达特时代的埃及》，第 116 页。
⑧ Mahmoud Abdel – Fadil, *Development, Income Distribution and Social Change in Rural Egypt 1952—1970: A Study in the Political Economy of Agrarian Transition*, p. 10.
⑨ Mahmoud Abdel – Fadil, *Development, Income Distribution and Social Change in Rural Egypt 1952—1970: A Study in the Political Economy of Agrarian Transition*, p. 10.

向政府交纳 1/4 地价即可，分 40 年还清，而且免纳利息；偿还钱款多于 1/4 地价的获地小农则可获得相应补偿。①

1972 年埃及公共动员与统计中央署提供的数据显示，1953—1969 年，获地农户数量共计 334 727 户。② 另据统计，1953—1970 年，政府共向 341 982 农户（占农业人口的 9%）分配耕地约 81.7 万费丹（占全部耕地面积的 12.5%）③（表 1-1）。

表 1-1　1953—1970 年在土地改革中分配给小农的土地④

年份	面积/费丹	受益农户数量/户	每户平均分到的土地面积/费丹
1953	16 426	4 784	3.4
1954	65 285	24 295	2.7
1955	66 687	31 588	2.1
1956	35 558	15 678	2.3
1957	42 067	19 701	2.1
1958	42 920	17 045	2.5
1959	5 982	2 447	2.4
1960	23 426	10 345	2.3
1961	28 381	9 291	3.0
1962	106 150	31 605	3.6
1963	90 172	107 286	2.2
1964	121 645		
1965	26 013		
1966	25 668	12 013	2.1
1967	58 107	31 298	1.9
1968	20 531	8 295	2.5
1969	22 743	9 056	2.5

① Farhat J Ziadeh, "Law of Property in Egypt: Real Rights", p. 270. 杨灏城、江淳:《纳赛尔和萨达特时代的埃及》，第 116 页。

② Mahmoud Abdel-Fadil, *Development, Income Distribution and Social Change in Rural Egypt 1952—1970: A Study in the Political Economy of Agrarian Transition*, p. 10.

③ Okbazghi Yohannes, *Political Economy of an Authoritarian Modern State and Religious Nationalism in Egypt*, p. 95.

④ Mahmoud Abdel-Fadil, *Development, Income Distribution and Social Change in Rural Egypt 1952—1970: A Study in the Political Economy of Agrarian Transition*, p. 9.

续表

年份	面积/费丹	受益农户数量/户	每户平均分到的土地面积/费丹
截至1970年11月1日	19 777	7 255	2.7
总计	817 538	341 982	2.4

资料来源：《阿拉伯联合共和国（埃及）统计年书（1952—1970年）》，开罗，1971年6月；《1969年阿拉伯联合共和国（埃及）耕地面积》，1972年11月，第88页；《1962年统计》。

（三）土地占有状况的改变

土地改革期间埃及无地农户的数量和比重。埃及无地农户（不包括从事非农产业的乡村家庭）数量从1950年的121.7万户，降至1965年的92.5万户，到1970年升至127.9万户。据马哈茂德·阿卜杜勒·法迪勒统计，埃及无地农户（不包括从事非农产业的乡村家庭）占乡村家庭总数的比重在1965年前不断下降，从1950年的40%降至1961年的30%和1965年的28%；而在1965—1970年有所反弹，到1970年达33%。另据西蒙·克蒙德提供的数字，埃及无地农户（不包括从事非农产业的乡村家庭）占乡村家庭总数的比重，从1950年的55.6%降至1961年的41.1%，继而降至1975年的15.5%。[①] 在纳赛尔时代，埃及乡村人口增长较快，与此同时土地改革涉及大片耕地。因此，土地改革关于没收和分配土地的政府举措，构成1950—1965年埃及无地农户数量减少和比重下降的重要因素。

土地改革期间埃及土地所有者的占地面积和比重。从1952年土地改革前到1965年，埃及占地不足5费丹小地产的数量比重稳定在94%；占地面积比重从35%增至57%。占地5~50费丹中等地产的数量比重稳定在5%，占地面积比重保持在30%。占地超过50费丹大地产的数量比重从0.4%降到0.3%，占地面积比重从35.2%骤降至12.6%；其中占地面积在50~200费丹的大地产数量基本不变，占地面积有所减少；占地超过200费丹的大地主不复存在（表1–2）。总之，在1952年土地改革开始之后，埃及小农的数量比重和占地面积比重有所上升；中等土地所有者和大土地所有者的数量比重有所下降，而中等土地所有者的占地面积比重上升、大土地所有者的占地面积比重急剧下降。表1–2全面而细致地反映出纳赛尔时代历次土改对埃及不同阶层农户占地面积的影响。

---

① Mahmoud Abdel–Fadil, *Development, Income Distribution and Social Change in Rural Egypt 1952—1970：A Study in the Political Economy of Agrarian Transition*, p. 44. Simon Commander, *the State and Agricultural Development in Egypt since 1973*, p. 157.

表 1-2　1952—1965 年埃及土地所有权的发展①

占地等级	分配前：1952 年法律				分配后：1952 年法律				1961 年形势*				1965 年形势*			
	地块		全部面积		地块		全部面积		地块		全部面积		地块		全部面积	
	数量/块	占比/%	数量/费丹	占比/%	数量/块	占比/%	数量/费丹	占比/%	数量/块	占比/%	数量/费丹	占比/%	数量/块	占比/%	数量/费丹	占比/%
不足 5 费丹	2 642	94.3	2 122	35.4	2 841	94.4	2 781	46.6	2 919	94.1	3 172	52.1	3 033	94.5	3 693	57.1
5~10 费丹	79	2.8	526	8.8	79	2.6	526	8.8	80	2.6	526	8.6	78	2.4	614	9.5
10~20 费丹	47	1.7	638	10.7	47	1.6	638	10.7	65	2.1	638	10.7	61#	1.9	527	8.2
20~50 费丹	22	0.8	654	10.9	30	1.0	818	13.6	26	0.8	818	13.4	29	0.9	815	12.6
50~100 费丹	6	0.2	430	7.2	6	0.2	430	7.2	6	0.2	430	7.0	6	0.2	392	6.1
100~200 费丹	3	0.1	437	7.3	3	0.1	437	7.2	5	0.5	500	8.2	4	0.1	421	6.5
超过 200 费丹	2	0.1	1 177	19.7	2	0.1	354	5.9	—	—	—	—	—	—	—	—
总计	2 801	100.0	5 984	100.0	3 008	100.0	5 984	100.0	3 101	100.0	6 084	100.0	3 211	100.0	6 462	100.0

（不足 5 费丹为小地产；5~50 费丹为中等地产；50 费丹以上为大地产）

资料来源：埃及公共动员与统计中央署：《统计年书》，1968 年 6 月版。

注释：* 在 1961 年第 127 号法律公布之后；※ 不包括政府地产；# 这一数字准确性值得怀疑，因为在这个括号中算出的平均地产面积是 8.6 费丹，这显然与占有土地面积在 10~20 费丹的数字不符。1961 年的情形同样如此。

① Mahmoud Abdel-Fadil, *Development, Income Distribution and Social Change in Rural Egypt 1952—1970: A Study in the Political Economy of Agrarian Transition*, p. 11.

土地改革以及受其推动的地产交易,是埃及乡村地权结构发生重大变化的主要原因。1952年第178号法第一条规定,在一般情况下,个人占地面积一般不得超过200费丹。实际上,在1952年第178号法令颁布实施之后,占地超过200费丹的诸多大地主将超额地产寄在配偶、已嫁女儿、堂兄弟姐妹和表兄弟姐妹、朋友与佃户名下,从而躲避土改法的执行。① 1952年第178号法第四条还规定,土地所有者可以在本法实施后5年内转让一定面积的超额地产。实际上,在五年过渡期内,大地主所转让的地产面积往往超过本法规定;在五年过渡期结束后,大地主与其他土地所有者以及无地农民关于土地的私下交易和其他交易仍然存在。然而,农业用地的私下交易和其他交易毕竟受到土地改革法的强力推动。在1952—1965年,占地超过200费丹的大土地所有者在土地改革中被征用87.5万费丹,本人通过私下交易和其他交易而出售30.2万费丹。被征用的土地面积相当于被出售土地面积的近3倍;由此可见,土地改革是导致占地超过200费丹的大土地所有者的超额地产丧失的主要原因。通过私下交易和其他交易,占地100～200费丹的大土地所有者失去1.6万费丹,占地50～100费丹的大土地所有者失去3.8万费丹土地,占地10～20费丹的中等土地所有者失去11.1万费丹土地。通过私下交易和其他交易,占地20～50费丹的中等土地所有者获得16.1万费丹土地,占地5～10费丹的中等土地所有者共获得8.8万费丹土地。在1952—1965年,占地不足5费丹的小农在土地改革中获得土地67.1万费丹,本人通过私下交易和其他交易而购买21.8万费丹。通过土改获得的土地面积相当于通过私下交易和其他交易所获土地面积的3倍有余;由此可见,土地改革是导致占地不足5费丹小农获得土地的主要原因。② 综上所述,在纳赛尔土地改革期间,占地不足5费丹的埃及小农通过政府的土地再分配或私下购买而获得大量土地,成为土地改革的主要获地者;多数占地5～50费丹的中等土地所有者通过购买大地主所售土地而获益;而占地超过50费丹特别是200费丹的大地主则受到沉重打击。

---

① Richard H Adams Jr., *Development and Social Change in Rural Egypt*, p.18.
② Mahmoud Abdel-Fadil, *Development, Income Distribution and Social Change in Rural Egypt 1952—1970: A Study in the Political Economy of Agrarian Transition*, p.24.

三、土地租佃和雇佣关系的变革

(一) 改革租佃关系

在自由主义时代的埃及,地租上涨和租佃权不稳加剧农村贫富分化,这一形势客观上要求政府采取强有力措施,保障低收入者的收入水平。然而,掌握国柄的埃及大地主仅在农村设立诊所,并未着力改善农民的物质生活;不仅如此,在地租上涨的情况下,地税与地租的比值呈下降趋势。

1952年第178号法令第五章详细规定了地主和佃农的关系。法令第31条规定,本法关于地主和佃农关系的条款从法律颁布后第二个农业年度初开始施行:"第五章 土地租借人与所有者的关系 第三十一条 自本法实施后第二个农业年度初开始,土地所有者和租地人的关系应按以下规定进行调整。"法令第32条规定,佃农不得转租土地:"第三十二条 土地由自己耕种不得外租。"法令第37条规定,转租人的存在确为非法:"第三十七条 根据以上规定,不论民法第598条及599条的规定如何,凡自己正在进行耕种者,不管他是租地人本人还是转租人,均不得迫其放弃土地。如果属于后一种情况,则转租人与所有者形成直接关系"(参见1952年法令第197号。1952年9月11日,该条款被废除)。1961年,埃及政府颁布第127号法令,禁止出租超过50费丹的地产①;显而易见,此举旨在杜绝大地产转租人的存在,防止普通佃农遭受二次剥削。1966年,埃及政府颁布第52号法,重申只有直接耕作者才有权将所耕土地租给他人。②1952年第178号法令第33条规定,货币地租不得超过7倍地税;分成地租不得超过被扣除全部费用后的一半收成:"第三十三条 地租不得超过已经核定的基本土地税的7倍。地租以农产品的收成为基础时,土地所有者的分成,在扣除所有经费后,不得超过土地收获物的1/2。"第34条规定,佃农在掌握充分证据的前提下,有权要求地主返还超过上述限制的地租:"第三十四条 土地租借人对超过前条规定最高限度的地租,有权以某种形式接受土地所有者的偿还。他必须对过量支付的事实持有充分证据。"法令第35条规定,农业用地租期不得少于3年:"第三十五条 土地的租借期限不得少于3年。"法令第36条规定,地主和佃农必须签署两

---

① Alan Richards, *Egypt's Agricultural Development*, 1800—1980: *Technical and Social Change*, p. 177. M W Daly, ed., *The Cambridge History of Egypt*: *Modern Egypt*, *from* 1517 *to the End of the Twentieth Century*, p. 345. P J Vatikiotis, *The History of Egypt*: *From Muhammad Ali to Sadat*, p. 396.

② Farhat J Ziadeh, "Law of Property in Egypt: Real Rights", pp. 270 – 271.

份书面租约，各自保存一份；如果双方没有签署书面租约，则应实行分成地租，租额不得超过被扣除全部费用后的一半收成："第三十六条 不论地租价格如何，契约须采用书面形式，一式两份，分别由所有者和租借者保存。如果没有订立契约文书，则三年中将以农作物的收成为基础缴纳地租，其中，土地所有者的分成部分为扣除所有经费后的1/2。"到1963年，埃及政府颁布第17号法令，规定地主和佃农必须在本村的农业合作社签署其租佃协议。然而，地主往往拒不执行1952年第178号法关于租佃协议形式和期限的规定。地主常常拒绝与佃农签订书面协定；租佃期限不足1年以便征收高额地租。上埃及米尼亚省戴伯拉赫镇一位佃农说："如果我抱怨我那非正式的租佃协议，会得到什么好处呢？有哪个合作社官员愿意倾听我的抱怨？将来还有哪个地主愿意把土地租给我？我们佃农人数太多。"由于租期短暂，地租高昂，许多佃农依旧缺乏改良土地和提高技术的动力。① 1952年第178号法令第37条规定，地主不得迫使直接耕作者放弃租佃权利："第三十七条 根据以上规定，不论民法第598条及第599条的规定如何，凡自己正在进行耕种者，不管他是租地人本人还是转租人，均不得强迫其放弃土地。如果属于后一种情况，则转租人与所有者形成直接关系。"（1952年9月11日，该条款被废除）。而1956年1月颁布的《埃及共和国宪法)》第二部分第14条则规定"法律规定地主和佃农之间的关系"② 旨在确认1952年第178号法关于农业租佃关系的规定。

与土地没收和分配的影响范围较小不同，1952年第178号法关于租佃关系的规定涉及绝大多数无地农户。租佃制度改革涉及全国耕地面积的48%，远远超过埃及政府所没收和分配的土地面积。③ 截至1961—1962年，1952年第178号法关于租佃关系的规定使111.4万个农户受益，占无地农户总数的68%。④

出租地产与自营地产的此消彼长

在宪政时代，地租高昂与租佃关系极不稳定，使出租土地比自营耕地更能营利，地主倾向于出租而非自营土地。大地产的自营地比重远远低于出租地比重，导致大土地所有者往往不关心、不了解农业生产，从而阻碍

---

① Richard H Adams Jr., *Development and Social Change in Rural Egypt*, pp. 89-91.
② 齐世荣主编：《当代世界史资料选辑》，第三分册，第302页。
③ Richard H Adams Jr., *Development and Social Change in Rural Egypt*, p. 89.
④ Mahmoud Abdel-Fadil, *Development, Income Distribution and Social Change in Rural Egypt 1952—1970: A Study in the Political Economy of Agrarian Transition*, p. 56.

农业技术革新。在纳赛尔政权土地改革期间，埃及农业地产的自营面积所占比重不断上升，大地产的自营倾向尤其明显。

1950 年，埃及土地所有者的自营地面积为 2 481 933 费丹，出租地面积为 3 492 640 费丹，自营和出租的土地面积分别占 41% 和 59%；1952 年，土地所有者的自营地面积降至 2 388 479 费丹，出租地面积升至 3 668 978 费丹，自营和出租的土地面积分别占 39.5% 和 60.5%。在纳赛尔政权土改期间，土地所有者的自营倾向明显增长。到 1961 年，土地所有者的自营地面积增至 2 833 680 费丹，出租地面积降至 3 142 819 费丹，自营和出租的土地面积分别占 47% 和 53%。①

1949—1950 年，埃及大地产的出租面积所占比重少则 57.2%，多则 92.0%。② 在 1961 年，大地产的自营倾向尤其明显，这主要表现在自营地产的面积比重和数量比重两个方面。

1961 年，纯粹自营、纯粹出租、自营而且出租的地产面积所占比重随着地产面积的增加而发生变化。纯粹自营的地产面积比重，在 5 费丹以下随着地产面积增加而不断降低；在 5 费丹以上随着地产面积增加而不断上升。纯粹出租的地产面积比重随着地产面积的增加而不断降低。自营兼出租的地产面积比重在 20 费丹以下随着地产面积扩大而不断升高，在 20 费丹以上随着地产面积增加而不断降低③。

1961 年，纯粹自营、纯粹出租、自营而且出租的地产数量比重随着地产面积增加而发生变化。纯粹自营的地产数量比重，在 5 费丹以下随着地产面积增加而不断降低，在 5 费丹以上则随着地产面积增加而不断升高。纯粹出租的地产数量比重随着地产面积增加而不断降低。自营而且出租的地产数量比重在 50 费丹以下随着地产面积增加而不断升高，在 50 费丹以上随着地产面积增加而不断降低④。

1950—1961 年，埃及用于出租的农业地产数量比重和面积比重大幅上升；货币地租长期构成主要的地租形态，收取货币地租的地产数量所占比

---

① Mahmoud Abdel-Fadil, *Development, Income Distribution and Social Change in Rural Egypt 1952—1970: A Study in the Political Economy of Agrarian Transition*, p. 22.

② Mahmoud Abdel-Fadil, *Development, Income Distribution and Social Change in Rural Egypt 1952—1970: A Study in the Political Economy of Agrarian Transition*, p. 7.

③ Mahmoud Abdel-Fadil, *Development, Income Distribution and Social Change in Rural Egypt 1952—1970: A Study in the Political Economy of Agrarian Transition*, p. 20.

④ Mahmoud Abdel-Fadil, *Development, Income Distribution and Social Change in Rural Egypt 1952—1970: A Study in the Political Economy of Agrarian Transition*, p. 19.

重与地产面积所占比重小幅提升；收取分成地租和其他类型地租的地产数量所占比重和地产面积所占比重有所下降。D·米德（Mead）所著《埃及经济的增长和结构变迁》（伊利诺伊州，1967年版）提供的数据显示，1950年，埃及出租地产数量共计351块，总面积192.9万费丹；其中305块收取货币地租，总面积为162.6万费丹；其余46块收取分成地租和其他类型地租，总面积为30.3万费丹。1961年埃及第4次农业普查提供的数据显示，当年出租地产数量升至1 019块，总面积升至247.1万费丹，出租地产的平均面积大幅萎缩；其中938块收取货币地租，总面积升至217.9万费丹；其余81块收取分成地租和其他类型地租，总面积降至29.2万费丹。[1] 1961年，在10费丹以下，随着土地面积的增加，收取货币地租的地产数量比重和面积比重逐渐降低；在10费丹以上，随着土地面积的增加，收取货币地租的地产数量比重和面积比重逐渐升高[2]。

在1952年土地改革前夕，上埃及戴伯拉赫镇每费丹年均地租为45～60埃镑，约占每费丹土地净收入的60%～75%；在1952年土地改革法颁布之后，戴伯拉赫镇每费丹年均地租降至22～26埃镑。[3] 埃及货币地租总额从1951年的5 800万埃镑降至1961年左右的4 700万～4 800万埃镑，到1969年为4 900万埃镑，整个60年代保持在4 800万埃镑左右；埃及农业总收入从1951年的35 200万埃镑增至1961年左右的约40 000万埃镑，持续增至1969年的约70 000万埃镑；货币地租总额占全部农业收入的比重从1951年的16%降至1961年左右的12%～13%，持续降至1969年的7%。[4] 因此，在纳赛尔政权土地改革期间，上缴货币地租的小农日益成为所租耕地的实际所有者，实际收入有所提高。从1952年到1961年或1962年，依据1952年第178号法关于租佃关系的规定，获益佃农每年从单位费丹耕地中获得的纯收入增额为10埃镑；在土地改革中获得土地的小农，每年从单位费丹耕地中获得的纯收入增额为36埃镑。[5]

---

[1] Mahmoud Abdel‐Fadil, *Development, Income Distribution and Social Change in Rural Egypt 1952—1970: A Study in the Political Economy of Agrarian Transition*, p. 21.

[2] Mahmoud Abdel‐Fadil, *Development, Income Distribution and Social Change in Rural Egypt 1952—1970: A Study in the Political Economy of Agrarian Transition*, p. 21.

[3] Richard H Adams Jr., *Development and Social Change in Rural Egypt*, p. 89.

[4] Mahmoud Abdel‐Fadil, *Development, Income Distribution and Social Change in Rural Egypt 1952—1970: A Study in the Political Economy of Agrarian Transition*, p. 64.

[5] Mahmoud Abdel‐Fadil, *Development, Income Distribution and Social Change in Rural Egypt 1952—1970: A Study in the Political Economy of Agrarian Transition*, p. 56.

(二) 保障雇农权益

在宪政时代，埃及雇农的实际工资变化不大。1952年第178号法令第六章着力提高雇农最低工资；强调农业雇工有权为了保护自身利益而成立工会："第六章　农业工人的权利第三十八条　不同农业地区的农业工人的工资将由下述委员会决定，该委员会每年由农业部长组织，由农务部一位高级官员任主席及农务部长选任的六名成员组成。六名成员中，三人代表地主和租地人，另三人代表农业工人。该委员会的决定只有得到农业部长的承认方为有效。"第三十九条则赋予农业工人组织工会的权利。

纳赛尔时代，自营地产的数量比重和面积比重上升，的确有利于占地较多的土地所有者雇佣劳力耕作，实现规模经营。1961年，据埃及第4次农业普查提供的数字，随着农地经营面积的扩大，自营农场主所使用的长期性劳力中，雇佣长工所占比重呈上升趋势，未付工资的家庭劳力和自营农场主本人所占比重逐渐降低。具体而言，占地不足5费丹的自营农场使用的长期性劳力主要是未付工资的家庭劳力与自营农场主本人，几乎不需要雇佣长工，可谓"家庭农场"；占地5~20费丹的自营农场所使用的长期性劳力主要是未付工资的家庭劳力，但是自营农场主本人所占比重开始下降，而雇佣长工所占比重逐渐提高；占地20费丹以上的自营农场主所使用的长期劳力以雇佣长工为主，对未付工资的家庭劳力依赖较少，几乎不需要自营农场主本人亲自参加劳动，此类农场可以说是典型的资本主义农场。同样依据1961年埃及第4次农业普查提供的数字，农地经营面积越大的自营农场，越倾向于使用雇佣劳力特别是雇佣长工，越不依赖未付工资的家庭劳力和自营农场主本人参加劳动。具体而言，占地不足2费丹的自营农场，主要依赖未付工资的家庭劳力与自营农场主本人参与劳动，对雇佣短工需求较少，几乎不需要雇佣长工；占地2~5费丹的自营农场，主要依靠未付工资的家庭劳力进行劳作，其次仰赖自营农场主本人和雇佣短工参与生产，较少雇佣长工；占地5~20费丹的自营农场，主要需要未付工资的家庭劳力与雇佣短工，而较少依赖雇佣长工与自营农场主本人参与劳动；占地超过20费丹的自营农场，几乎完全仰赖雇佣劳力特别是短工进行生产。[①] 到1964—1965年，面积越大的农场越倾向于雇佣劳力组织生产。在占地0.5~2费丹的农场所使用的劳力中，仅有24%为雇佣劳力且为临

[①] Mahmoud Abdel – Fadil, *Development, Income Distribution and Social Change in Rural Egypt, 1952—1970：A Study in the Political Economy of Agrarian Transition*, p. 27.

时劳力；在占地 2~5 费丹的农场所使用的劳力中，有 36% 为雇佣劳力；在占地 5~10 费丹的农场所使用的劳力中，有 53% 为雇佣劳力；在占地超过 10 费丹的农场所使用的劳力中，雇佣劳力所占比重高达 85%。① 正如哈全安所言，纳赛尔政权的土地改革导致采用封建生产方式经营地产的在外地主阶层普遍衰落，越来越多的乡村地主开始雇工耕地。② 农业资本主义迅速成长。

在纳赛尔政权土地改革前夕，埃及流动工中的成年男工、女工/童工的平均日工资分别只有 0.10 埃镑和 0.06 埃镑③。在 1952 年第 178 号法令颁布之后，成年男性雇农的最低日工资为 0.18 埃镑、妇女雇农和儿童雇农的最低日工资为 0.10 埃镑④。1950—1961 年，除大土地所有者收入锐减外，其他乡村人口的人均收入都有增长，但是无地雇农收入增长幅度最大；无地雇农家庭的人均年收入从 1950 年的 16.4 埃镑增至 1961 年的 40 埃镑。⑤ 然而，如果将农业雇工的日工资折合成当年的玉米，那么 1951 年约 6.3 千克，1953 年约为 5.7 千克，1971 年约为 6.25 千克，几乎变化不大。⑥ 因此，1952—1970 年，尽管埃及雇农的名义工资翻了一番，但是生活成本也增长一倍左右，因此实际工资变化不大。⑦ 可见，1952 年第 178 法令中关于工资数额的规定并未得到有效落实。1961 年 7 月 23 日，纳赛尔在亚历山大发表演说，指出乡村无地少地的雇农生活贫困："如果我们想了解我们人民的生活方式，我们不应只盯着亚历山大、开罗或大马士革闪烁的灯光……我们应透过大城市耀眼的灯光看出存在的问题。应该看看乡村农民是如何生活的。他们靠为地主打工而得到的薪水生活。他们一年中有四五个月干农活，而其余时间便失业在家。他们几乎没有足够的食物来养活自己和自己的子女。那么四处打工的农工的生活又是如何呢？他们只能靠最低薪水生活。5 年前，我访问了考姆·奥姆波（在靠近阿斯旺的

---

① Mahmoud Abdel-Fadil, *Development, Income Distribution and Social Change in Rural Egypt 1952—1970: A Study in the Political Economy of Agrarian Transition*, p. 28.
② 哈全安：《中东史：610—2000》，第 549 页。
③ 杨灏城、江淳：《纳赛尔和萨达特时代的埃及》，第 10 页。
④ ［埃］穆罕默德·艾尼斯、赛义德·拉加卜·哈拉兹：《埃及近现代简史》，第 198 页。
⑤ Mahmoud Abdel-Fadil, *Development, Income Distribution and Social Change in Rural Egypt, 1952—1970: A Study in the Political Economy of Agrarian Transition*, p. 58.
⑥ Mahmoud Abdel-Fadil, *Development, Income Distribution and Social Change in Rural Egypt 1952—1970: A Study in the Political Economy of Agrarian Transition*, p. 66.
⑦ Alan Richards, *Egypt's Agricultural Development, 1800—1980: Technical and Social Change*, p. 119.

上埃及）和那里的工厂。每个工人的午饭都是干面包和一个洋葱。我想我们中的任何一个人都难以忍受这样的生活吧。""没有经济上的公正和社会的平等……只是没完没了地进行争辩，就不可能有真正的民主。"① 1964年，纳赛尔指出："眼下，我们面临农村300万名农业工人问题，他们缺乏当前的工资保障，缺乏未来生活的社会保障，缺乏为他们提供的种种服务。"②

四、埃及农业合作社的百年嬗变

埃及的农业合作社始建于1910年，到2011年穆巴拉克下台时历经百年演变。作为农业乡村史的重要内容，1952—1970年纳赛尔时代的合作社引起学界关注，出现如下讨论：一是关于纳赛尔时代合作社与"阿拉伯社会主义"的关系。唐大盾与王林聪均认为，前者是后者的组成部分。③ 二是关于纳赛尔时代合作社的性质。杨灏城结合"农业信贷""征购与代销""组织生产""权力机构"四点分析并得出结论：这一时期"合作社的主要受益者不是占人口绝大多数的贫农，而是地主、富农和中农。"④ 哈全安则认为："纳赛尔时代的合作社……构成政府垄断农业生产的经济形式。……标志着国家资本主义在乡村社会和农业领域的延伸，政府与农民之间形成初步的资本主义经济关系。"⑤ 瑞·布什看法类似：纳赛尔通过派驻官员，操纵合作社管理机构即指导委员会，实现政府对乡村的控制。⑥ 三是关于纳赛尔时代合作社政策的演变。雷蒙德·贝克将其分为试点（1952—1962年）、推广（1962—1969年）和尾声（1969—1970年）三个阶段，详述政府与驻村官员、贫农和中等地主关系的演变，以及纳赛尔为遏制乡村腐败采取的举措。⑦ 四是关于纳赛尔时代与20世纪上半叶埃及合作社的异同。理查德·安通与伊利亚·海瑞克认为，两类合作社的管理机构和服务功能

---

① ［英］罗伯特·斯蒂文思著：《纳赛尔传》，第273-274页。
② 杨灏城、江淳：《纳赛尔和萨达特时代的埃及》，第142页。
③ 唐大盾等著：《非洲社会主义：历史·理论·实践》，北京：世界知识出版社，1988年，第107-109页；王林聪：《纳赛尔时期农业合作化问题初探》，《宁夏大学学报》1992年第4期。
④ 杨灏城、江淳：《纳赛尔和萨达特时代的埃及》，第126-131页。
⑤ 哈全安：《中东史：610—2000》，第549页。
⑥ Ray Bush, "Land Reform and Counter-Revolution", in Ray Bush, ed., *Counter-Revolution in Egypt's Countryside: Land and Farmers in the Era of Economic Reform*, London: Zed Books Ltd., 2002, p. 10.
⑦ Raymond William Baker, *Egypt's Uncertain Revolution Under Nasser and Sadat*, Cambridge: Harvard University Press, 1978, pp. 200-216.

基本相同，但贷款担保和财产不同且产品销售自由度迥异。① 雷蒙德·贝克认为，两类合作社的结构和功能存在差异：结构方面，社员是否自愿加入，社员的土地私有权是否受到国家权力的制约，合作社事务处理权是在土改部指派的监督官员之手还是受到合作社指导委员会的直接控制；功能方面，是否局限于提供贷款、种子、化肥、农机、牲畜、仓储和运输设备等生产资料和解决销售问题，是否干预播种结构以及选种防虫和灌溉等生产活动。② 学界的研究成果既为笔者提供观点启迪，又存在不足之处，特别是对 1910—1952 年及 1970—2011 年的埃及合作社着墨甚少，且尚未比较同期中国与埃及农业合作社的土地制度与主要职能。因此，笔者拟从埃及农业合作社百年演进的三个阶段入手，着力探讨纳赛尔政权土改前后合作社的特点，简要概括纳赛尔时代与毛泽东时代两国农业合作社的异同。

（一）1910—1952 年埃及的农业合作社

1. 农业合作社的私人创建（1910—1922 年）

19 世纪末至 1922 年英国占领时期，系埃及农业合作社的创建阶段。1898 年埃及王子侯赛因·凯米勒建立首个农协——"赫迪威农业协会"，400 名会员均为大地主，旨在改善生产条件并举办产品展览。王子的行动引起国民的效仿。1910 年绍布拉-娜姆拉村的奥马尔·鲁提夫在凯米勒王子帮助下建立首家农业合作社，试图向农民提供生产性贷款，购买并以合理价格销售农资，促进产品销售，并向社员提供某些社会服务。同年，奥马尔·鲁提夫建立合作社金融公司，向农业辛迪加提供贷款，年利率在 6%~7%。③ 某农业专家委员会建议政府成立专项资金向农民贷款，并呼吁为合作社立法，但遭到拒绝。尽管如此，到 1911 年埃及已建 17 家合作社，并出现协调合作化的机构"中央总辛迪加"。④ "一战"时期，埃及出现更多合作社。1920 年埃及银行成立，负责向合作社提供贷款。⑤

2. 规范合作社的政府立法（1923—1952 年）

1923 年埃及经济出现动荡，小农生活困苦，合作社的避险优势显现出

---

① Richard Antoun and Iliya Harik, ed., *Rural Politics and Social Change in the Middle East*, Bloomington: Indiana University Press, 1972, pp. 295-296.

② Raymond William Baker, *Egypt's Uncertain Revolution Under Nasser and Sadat*, p. 202.

③ Mohamed N Nofal, "Chronology: A Brief History of Egyptian Agriculture, 1813—1992", *Options Mediterraneennes*, 1995, p. 149.

④ Alan Richards, *Egypt's Agricultural Development, 1800—1980: Technical and Social Change*, Boulder: Westview Press, 1982, p. 89.

⑤ Mohamed N Nofal, "Chronology: A Brief History of Egyptian Agriculture, 1813—1992", p. 150.

来。1923年27号法的出台,标志着政府开始支持合作社。27号法规定,满十位农民可成立合作社,社员选举代表组成管理机构"监督委员会"和"指导委员会";在农业部下设合作社署,统筹合作社事务。此后合作化迅速开展,到1925年合作社达135个。但此时加入合作社的门槛较高,贫农很难参与。① 1929年35号法规定,政府建立"农业储备金"向农民贷款;储备金主要来自财政拨款和棉花收益,向个人与合作社的贷款利率分别为5%和4%。② 同年世界经济危机爆发,埃及棉花出口受阻,大量小农负债增加,亟须获得贷款。在此情况下,1931年农业信贷银行建立并向合作社和"小农"发放贷款和生产资料;"小农"原指占地不足50费丹的村民,后来竟指占地不足200费丹的村民;依据1930年50号法规定,农业信贷银行向个人与合作社的贷款利率分别为7%和5%;农业信贷银行1/5以上业务通过合作社进行。③

1939年埃及社会事务部成立,指定"特别委员会"管理合作社事务,在本部下设"合作社办事机构",监督合作社的职责从农业部转归社会事务部。"二战"期间,政府开始通过合作社分配生产资料。尽管此时村民依然出于自愿原则加入合作社,但1944年58号法试图强化政府对合作社事务的监督。该法规定,允许议员和参与合作社的私人担任特别委员会成员;在各省成立咨询委员会,作为合作社与社会事务部"合作社办事机构"的中介;合作社在各类贸易中免交印花税和增值税;禁止外国人加入农业合作社;鼓励合作社向社员贷款,并将农业信贷银行改称"农业合作社银行";允许合作社组织辛迪加,以便监督所属合作社的工作;合作社须在社会事务部注册,社会事务部指示的效力高于合作社指导委员会命令的效力,合作社账目须由政府官员过目;社员可分期偿付资本份额;合作社在与非社员的贸易中应将所得利润的一部分用于提供社会服务;等等。④ 合作社的自发色彩和松散倾向开始淡化,政府影响和强制倾向随之增强。

---

① Raymond William Baker, *Egypt's Uncertain Revolution Under Nasser and Sadat*, pp. 200 - 201.
② Mohamed N Nofal, "Chronology: A Brief History of Egyptian Agriculture, 1813—1992", p. 150.
③ Gabriel Baer, *A History of Landownership in Modern Egypt* 1800—1950, London: Oxford University Press, 1962, p. 88. Mohamed N Nofal, "Chronology: A Brief History of Egyptian Agriculture, 1813—1992", p. 150. [埃]拉西德·阿里·巴拉维、穆罕默德·哈姆查·乌列士:《近代埃及的经济发展》,枢原、中威译,上海:三联书店,1957年,第248 - 249页。杨灏城、江淳:《纳赛尔和萨达特时代的埃及》,第124 - 125页。
④ P J Vatikiotis, *The History of Egypt: From Muhammad Ali to Sadat*, Frome and London: Butler and Tanner Ltd, 1980, p. 335.

到1949年合作社银行改称合作信贷银行，资金增额高达200万美元，增额由政府和合作社指导委员会成员平等注资。该行发放的低息贷款，成为农民加入合作社的刺激因素。到1952年，合作社增至2 103个，社员增至746 836人。① 另据埃及公共动员与统计中央署《统计年书》提供的数据显示，在1952年，合作社共1 727个，社员计50万人。② 数据虽有出入，但增幅的确明显。

3. 革命之前合作社的弊端（1910—1952年）

在1952年七月革命前，合作社主要负责发放短期生产信贷，而很少提供非生产性贷款与长期生产信贷；同时小农生活贫困，再生产能力差，急需非生产性贷款与长期生产信贷，于是，乡村高利贷大行其道，广大小农备受刻剥："尽管合作社为当时的农业开支提供短期贷款，但它们却不能除掉压在农民肩头沉重的长期贷款负担，这一事实使合作社无法成功取代高利贷者。埃及农村盛行的欢度节庆和迎宾仪式习俗，使个体农民力不能支、捉襟见肘，造成的债务负担常伴农民左右。由于合作社不能提供消费贷款，小农总是硬着头皮求助高利贷者，后者往往利用贷款大肆压榨。"③

综上所述，1910年埃及出现私人创建的首家农业合作社，1923年27号法第一次规定合作社的成立条件与管理机构，自下而上的私人活动与自上而下的政府规定促使合作社普遍建立。1944年58号法试图削弱合作社的民间色彩和独立倾向，官方色彩与依附倾向初露端倪。然而，在1952年七月革命前，合作社通常由村民自发成立，仅发放短期信贷，基本不受政府操纵，政府与合作社对乡村农业领域影响甚微。1910—1952年，由于合作社的上述特点，生活贫困的埃及小农难以获得农业贷款，进而无力购置耕地以及其他生产资料，导致丰富的劳力供给难以与应得的生产资料紧密结合，农业劳动生产率与乡村社会生产力受阻，小农的财富积累几近奢望，乡村阶层的社会流动趋于停滞。贫富差距呈现扩大之势，阶级矛盾不断加剧激化，心怀不满的小农逐渐成为1952年七月革命的重要动力。

---

① Raymond William Baker, *Egypt's Uncertain Revolution Under Nasser and Sadat*, pp. 200 – 201.
② Mahmoud Abdel-Fadil, *Development, Income Distribution and Social Change in Rural Egypt 1952—1970*, Cambridge: Cambridge University Press, 1975, p. 85.
③ Klaus-Peter Treydte and Wolfgang Ule, ed., *Agriculture in the Near East: Organizational Patterns and Socio-Economic Development*, Bonn – Bad Godesberg: Verlag Neue Gesellschaft, 1973, p. 10.

(二) 1952—1970 年纳赛尔时代的农业合作社

1. 纳赛尔时代合作社的广泛建立

1952 年以纳赛尔为首的自由军官发动七月革命,控制埃及政权。同年 9 月政府出台 178 号法即土改法。① 该法第二章"农业合作社"重申 1944 年 58 号法继续有效,规定获地小农和占地不足 5 费丹的农民须加入政府新建的合作社,合作社事务由社会事务部长委任官员进行监督。1956 年政府设立"农业改革和土地开垦部"作为控制合作社、没收和分配土地与管理垦荒工作的专门机构。② 到 1956 年 6 月,在土改地区已建 198 个合作社,包括 51 898 名社员、183 560 埃镑资金。③ 不过,在 50 年代,政府强制建立的合作社仅限于土改地区,涉及区域非常狭小,习惯上称土改合作社;自 60 年代初以后,土改合作社才在全国推行。1961 年政府建立"农业合作社共同体",强化对合作社的控制。④ 1962 年政府向土地和牲畜所有者发放"农业持有卡",由合作社记录所有者信息与交易情况。⑤ 到 1965 年共有 575 个土改合作社,包括 292 600 名受地农民;常规合作社即贷款合作社的数量在 1965 年达 3120 个,比 1953 年增加 180%,而社员总数达 2 371 100 名,比 1953 年增加 475%。⑥ 1966—1970 年两类合作社从 4 879 增至 5 013 个,社员从 240 万人增至 310 万人。⑦ 到 1970 年纳赛尔去世时,无论是土改合作社还是常规合作社,均受到政府的严密控制,其主要职能并无明显差异。

---

① 1952 年 178 号法即《埃及土地改革法》全文参见 Thomas Stauffer, ed. , "The Egyptian Land Reform Law", *Economic Development and Cultural Change*, Vol. 1, No. 4, 1952, pp. 304 – 314; 齐世荣主编:《当代世界史资料选辑》第三分册, 北京: 首都师范大学出版社, 1996 年, 第 303 – 311 页。

② Richard Antoun and Iliya Harik, ed. , *Rural Politics and Social Change in the Middle East*, p. 294. P J Vatikiotis, *Nasser and His Generation*, London: Billing and Sons Ltd, 1978, p. 206.

③ Saad M Gadalla, *Land Reform: In Relation to Social Development of Egypt*, Missouri: Missouri University Press, 1962, p. 45.

④ Klaus-Peter Treydte and Wolfgang Ule, ed. , *Agriculture in the Near East: Organizational Patterns and Socio-Economic Development*, p. 12.

⑤ Mohamed N Nofal, "Chronology: A Brief History of Egyptian Agriculture, 1813—1992", p. 152.

⑥ Richard Antoun and Iliya Harik, ed. , *Rural Politics and Social Change in the Middle East*, pp. 295 – 296.

⑦ Mahmoud Abdel-Fadil, *Development, Income Distribution and Social Change in Rural Egypt 1952—1970*, p. 85.

2. 纳赛尔时代合作社的主要职能

1952 年 178 号法第 19 条规定，合作社职能广泛，主要包括：向社员提供各种形式的农业贷款，提供种子、化肥、家畜、农机等生产资料和储运设施，组织社员灭虫、垦荒、挑选收获物，以及修建灌溉和排水渠道，代替社员销售农产品并从出售所得的钱款中扣除赎买土地的费用、土地税、农业贷款和其他债务，以及提供其他农业服务和社会服务。农业合作社职能广泛，有助于克服小农经济分散弱小等内在缺陷。不过合作社受到纳赛尔政权的强力控制和严密监督。

以农业贷款为例。纳赛尔时代，合作社成为政府向小农提供低息贷款的中介机构。1952 年 178 号法规定，合作社可"接受各种形式的农业借款"。1953 年农业合作信贷银行允许土地所有者以收成作为贷款抵押（此前只能以土地作为抵押），将贷款利率降至 4.5%。1957 年，依据 1956 年 317 号法和 1956—1961 年五年计划，农业合作信贷银行断绝与个人的业务往来，仅向合作社提供贷款，合作社成为农业贷款的唯一来源。1962 年政府重申，农业合作信贷银行断绝与个人的业务往来，仅向合作社提供货币和实物信贷。1964 年农业合作信贷银行改称农业合作信贷组织，在农业部监督下负责规划和实施乡村信贷业务以及农产品销售。① 然而，政府通过合作社向小农提供的贷款弊端明显。

一是贷款总额较少。从表面上看，1952—1970 年农业合作信贷银行与农业合作信贷组织发放的贷款增长 8 倍，放贷利息较低，且在某些年份不收利息。② 但若考虑物价因素，以 1959—1960 年价格计算，合作社向社员提供的贷款仅从 1959—1960 年的 3 660 万埃镑增至 1969—1970 年的 7 410 埃镑。农业贷款不足，是由于政府提供贷款的目的在于控制农业并榨取剩余，所以不向农民提供消费贷款；政府主要向棉花、大米、甘蔗、水果等出口农产品而非小麦和玉米提供生产贷款；政府规定，佃农所获贷款不得超过自耕农所获贷款的一半；政府规定，欲获得贷款者必须将农作物作为抵押，所以无地雇农无法获得贷款。政府通过合作社向小农提供的贷款不足，导致小农必须向亲友和商人借钱。③

---

① Mohamed N Nofal, "Chronology: A Brief History of Egyptian Agriculture, 1813—1992", pp. 151-152.

② P J Vatikiotis, *Nasser and His Generation*, p. 206.

③ Richard H Adams Jr., *Development and Social Change in Rural Egypt*, New York: Syracuse University Press, 1986, pp. 56-58.

二是短期贷款居多。1952—1966 年农业合作信贷银行与合作信贷组织发放的贷款总额不断增加,但长期贷款几乎没有,中期贷款很少,短期贷款总额超过 94%。① 这主要是由于短期贷款数额小,还款期只有一个生长季,且前提是小农须将收获物通过合作社按官价卖给政府。这种贷款结构大大削弱了小农的资本积累能力,不利于他们通过追加投资来发展高附加值农业。研究表明,小农若可获中长期贷款,就能用抽水机取代水牛,使水牛从提供畜力转向供应乳肉。②

三是贷款偏向地主。1963—1964 年,占地不足 5 费丹土地的所有者所获贷款为 2 540 万埃镑,占全部农业贷款的 50.1%;占地 5～25 费丹土地的所有者所获贷款为 1 560 万埃镑,所占比重为 30.7%;占地超过 25 费丹土地的所有者所获贷款为 970 万埃镑,所占比重为 19.1%。1968 年,在获得农业贷款的村民中,占地超过 25 费丹的地主人数仅 2.5%,却占据全部 8 000 万埃镑(1.84 亿美元)中的 6 000 万埃镑(1.38 亿美元),约占 75%。在某村所得 4.6 万美元贷款中,一半由占地共 492 费丹的五个大地主获取,其余 2.3 万美元由占地共 800 费丹的 795 名土地所有者所占;多数农民没有获得贷款,被迫求助于高利贷者,利息高达 10%。合作社乐意为占地较多的土地所有者提供贷款,其原因在于:政府倾向于向棉花、甘蔗、水果等出口农产品的生产者提供贷款;而占地 5～50 费丹的中小土地所有者是棉花和甘蔗的主要生产者,占地超过 50 费丹的大地主则是果树的主要种植者。占地不足 5 费丹的小农则很少种植甘蔗和水果。一方面,小农不愿生产上述出口导向的农产品。甘蔗生长期长达 12 个月,果树则长达 3～5 年;因此,小农一旦种植甘蔗和水果,将无法实行两年轮作制,也就不能种植粮食作物。另外,种植甘蔗和水果需要较多资金。所以,小农必须种植粮食作物,以便尽快回收利润。另一方面,多数小农不敢违反合作社关于种植结构的规定。③

四是欠款现象严重。农业与合作信贷组织提供的数据显示,占地超过 10 费丹的土地所有者,人数仅占土地所有者总数的 7%,在该组织所发放

---

① Mahmoud Abdel-Fadil, *Development, Income Distribution and Social Change in Rural Egypt* 1952—1970, p. 145

② Richard H Adams Jr., *Development and Social Change in Rural Egypt*, pp. 57-59.

③ Raymond William Baker, *Egypt's Uncertain Revolution Under Nasser and Sadat*, pp. 209-212. Richard H Adams Jr., *Development and Social Change in Rural Egypt*, pp. 59-60. Mahmoud Abdel-Fadil, *Development, Income Distribution and Social Change in Rural Egypt*, 1952—1970, p. 36.

的农业贷款的欠款总额中所占比重高达36.6%；占地不足5费丹的小土地所有者，人数占土地所有者总数的80%，所欠贷款占该组织农业贷款欠款总额的45.4%。① 截至1973年合作社累计欠款达6 200万埃镑，计8 800万美元。②

再以统购政策为例。1967—1968年，政府以平均每艾尔达卜③ 4埃镑强行购买小麦（与之形成鲜明对照的是，1969—1970年印度北部的小麦售价已经涨至每艾尔达卜5埃镑），以每达里卜④ 20埃镑（由于品质不同而价格迥异）强行购买大米，以每吨11埃镑强行购买洋葱；而同期自由市场上的小麦交易价格为每艾尔达卜5.1埃镑，大米交易价格为每达里卜40埃镑，洋葱交易价格为每吨16.5埃镑。纳赛尔政权主要通过合作社强行购买并销售农产品。埃及公共动员和统计中央署提供的数据显示，在20世纪60年代末，通过合作社出口国外的农产品占总产量的比重，马铃薯为18%，洋葱为30%左右，大米在50%左右，花生为55%左右，亚麻超过60%，芝麻高达70%。⑤ 纳赛尔政权通过统购政策，隐蔽地向合作社征收高额间接税，使农业剩余顺利流向城市和工业领域。

3. 纳赛尔时代合作社的管理问题

依据1952年178号法第20条规定，纳赛尔政权通过派驻合作社的一名官员来操纵由村民选举产生的"合作社指导委员会"，进而控制合作社各项事务。"这名官员控制着由会计、农学家、技工、仓库管理员和工头组成的一个管理班子；他并非合作社指导委员会成员，却可以将本人并不认可的合作社决议通报给高等委员会；合作社指导委员会只是消极地执行他的指令。"⑥ 指导委员会权力很小。在20世纪50年代前期，合作社指导委员会书记每年仅召集两次全体会议并做会议记录；指导委员会财务员须与高等委员会派驻合作社的官员一起在现金传票上

---

① Mohamed N Nofal, "Chronology: A Brief History of Egyptian Agriculture, 1813—1992", p. 152.
② Richard H Adams Jr., *Development and Social Change in Rural Egypt*, pp. 59–60.
③ 1艾尔达卜等于198升。
④ 1达里卜等于945千克。
⑤ Mahmoud Abdel-Fadil, *Development, Income Distribution and Social Change in Rural Egypt, 1952—1970*, pp. 87–89.
⑥ Doreen Warriner, *Land Reform and Development in the Middle East*, Oxford: Oxford University Press, 1957, p. 42. Ray Bush, "Land Reform and Counter-Revolution", in Ray Bush edited, *Counter-Revolution in Egypt's Countryside: Land and Farmers in the Era of Economic Reform*, p. 10.

署名。①

然而，合作社在强化政府对乡村和农业的控制之时，也在滋生腐败。指导委员会诸多成员利用职权，非法挪用合作社所得利润，用于经商牟利。1968年，约300名指导委员会成员因"滥用职权和挪用物资在黑市出卖"而被农业部解职。在曼努非亚省米特-哈拉夫村，合作社事务被其中一位官员所操纵。这名官员在合作社安插5名亲属，其中3人为监工，1人为技工，1人为会计。在曼努非亚省米特-马苏斯村，指导委员会某成员不经合作社同意就非法挪用1 570美元，用于投资商业。当合作社要求其返还这笔款项时，他拖延数月不交。类似事情在卡夫拉-巴塔努恩村和米特-哈坎村的合作社时有发生，合作社资金分别被挪用415美元和460美元。在曼努非亚省进行的一项调查显示，指导委员会成员非法挪用1.15万美元用于经商、购买牲畜和其他行业，或将农药贩卖到黑市，然后私吞利润，接着将稀释后的农药施在田地。② 20世纪60年代，上埃及米尼亚省戴伯拉赫镇某地主在担任合作社指导委员会主席期间，利用职务之便窃取价值7 000埃镑的化肥、农药和贷款，但其他委员不敢揭露。③

政府深知富农在乡村的优势地位，并因此将其视为腐败的主要来源而加以防范。1962年政府规定，"农民"系占地不超过25费丹的村民；占地不足5费丹的农民在合作社指导委员会成员中必须占4/5；占地不足10费丹的农民和工人应该占据阿拉伯社会主义联盟和民族大会的半数席位。④这主要是由于，纳赛尔认为，占地不足5费丹的小农能够削弱富农的政治优势，进而减少富农的腐败行径。然而，政府的这一幻想最终破灭，富农依旧维持着对乡村的控制。这是因为：

第一，地主处心积虑分散地产，使自身地产规模降至5~25费丹，借此挤入合作社指导委员会的1/5限额，通过合作社控制乡村。阿齐兹雅赫村行政委员会的10名成员中，多数为贫农，但实权被操在占地18费丹的指导委员会主席与占地超过5费丹的指导委员会书记之手。在塔哈-比斯村，占地11费丹的委员会主席掌控合作社实权。在米特-苏威村，占地

---

① Saad M Gadalla, *Land Reform: In Relation to Social Development of Egypt*, pp. 56-57.
② Raymond William Baker, *Egypt's Uncertain Revolution Under Nasser and Sadat*, p. 206.
③ Richard H Adams Jr., *Development and Social Change in Rural Egypt*, pp. 85-86.
④ Richard Antoun and Iliya Harik, ed., *Rural Politics and Social Change in the Middle East*, p. 306.

18 费丹的委员会主席掌握合作社实权。

第二,占合作社指导委员会成员 4/5 的小农成员没有足够发言权。首先是富农委员的阻挠。指导委员会的小农成员很少被"邀请"参加由富农成员主导的指导委员会会议;只有在富农成员需要这些小农成员为报告签名或者盖章时,他们每隔一月甚至数月才能参加此类会议。其次是小农委员的懈怠。这些小农往往专注于土里刨食,很难有时间有兴趣主动参加会议;即便主动参加,也只是参加涉及化肥和农药分配的会议。最后,小农委员有求于富农委员。小农委员往往租种富农委员的土地,或是后者的雇工。

因此,富农继续维持对乡村的控制。例如,某村一个富农家庭占据城市行政、阿拉伯社会主义联盟、村庄委员会与合作社中的诸多职位。富农对乡村的控制导致大量腐败现象。然而,指导委员会中的小农也不甘寂寞,利用职权优先占有合作社的资金、饲料、农药、化肥。既然富农和小农都不可靠,政府就必须派遣忠诚的干部才能克服农村腐败。然而,政府的愿望再次落空。政府派驻农业合作社的干部大多缺乏有效培训和正规教育,普遍素质低下;多数干部不愿亲身体验生产劳动,刻意保持与农民的距离,无法与农民打成一片,缺乏号召力;许多干部深陷腐败泥潭中而无法自拔。

以农业专家为例。一项调查显示,在被调查的 140 名农业专家中只有 75 人具有政治敏感性且业务素质好,有 45 人待在室内办公和保存记录但没有政治敏感性,有 20 人既无知又腐败。以合作社监察员为例。合作社监察员大多在富农家中开会,甚至仅认识指导委员会的秘书和主席。调查显示,3 240 名银行信贷职员中,有 966 人不能胜任现有工作,另有 346 人声名狼藉;然而,在那些银行信贷职员被勒令离职时,与之勾结的合作社指导委员会往往出示报告,论证这些职员的诚实和能干;于是,被派到农村去的银行信贷职员与合作社指导委员会盘根错节,毒化农村的政治空气。纳赛尔希望通过提供无息贷款促进农业发展,但大地主把持合作社指导委员会而占有大部分贷款,并将贷款用于经商且拖延还款;相比之下,多数小农却能够按时还款。①

1969 年 8 月政府颁布 51 号法,力图强化政府对合作社事务的控制,

---

① Raymond William Baker, *Egypt's Uncertain Revolution Under Nasser and Sadat*, pp. 207 – 212. Mohamed N Nofal, "Chronology: A Brief History of Egyptian Agriculture, 1813—1992", p. 152.

同时遏制合作社内部的腐败现象。第 29 条规定，合作社财产应被视为公共财产，而合作社管理者指导委员会成员则被视为公共雇员。第 31 条规定，合作社指导委员会必须从政府指派的人中选择一位作为责任管理者；至于这位管理者与指导委员会的关系，法律未作明确界定。其他条款的主要内容是："农民"指占地不足 10 费丹的村民，"农民"在合作社指导委员会成员中应占 4/5，比 1962 年的规定有所放宽，这反映政府对占地不足 5 费丹小农的失望之情。指导委员会成员必须完全偿付银行贷款与欠合作社的债务；不得在合作社内部经营牟利，不得经营与合作社利益相悖的企业；不得与市长、保安和警察机关的领导及其直属人员等行政人员过从甚密，不得受雇于行政机关、监察机构、金融机构，以及为合作社提供农资的机构；不得涉足与合作社签有合同的销售和租赁等机构，不得与合作社签署协议；四代以内的旁系血亲或者同一家庭成员不得同时任职于同一指导委员会。为减少腐败现象，政府将向合作社指导委员会委员支付薪金，薪金总额不超过每财年结余的十分之一。但是，这部法律并未得到执行。①

综上所述，1952—1970 年纳赛尔政权在土改中强制建立合作社，通过派驻官员来操纵合作社各项事务；合作社具有强制设立、职能广泛和政府主导的鲜明特点，成为农业生产和乡村秩序的核心。

（三）1970—2011 年萨达特和穆巴拉克时代的农业合作社

1. 萨达特时代农业合作社的迅速衰落（1970—1981 年）

在萨达特时代，合作社指导委员会依然缺乏实权。一方面，指导委员会与小农关系冷淡。萨达特时代，人口和劳动力供给增长过快，私有经济发展缓慢，加之政府包办毕业生的工作分配，导致官僚机构人浮于事；政府派驻农业合作社的官员也人满为患，甚至连办公室和办公桌都供应不足，因此这些公务人员百无聊赖，只能签名填表喝茶看报，偶尔在村里走走，经常在上班时间擅离职守。例如政府派驻上埃及戴伯拉赫镇穆特合作社的官员沙米尔仅负责填表和签名。沙米尔曾抱怨道："表格，表格，表格——那是政府想从我们这里得到的全部东西。但这些表格全是虚词。看这里所列的穆特合作社棉花产量，高得令人难以置信。"沙米尔出身无地农户，在中学毕业后被政府派驻合作社，不熟悉也不屑于下地监督和指导农业生产。其他官员大抵如此。上埃及戴伯拉赫镇穆特合作社某官员说：

---

① Raymond William Baker, *Egypt's Uncertain Revolution Under Nasser and Sadat*, pp. 212 – 214.

"我怎能像一个农民那样在地里干活？我的家人和朋友会怎么说我？我可无法忍受他们的嘲笑。"这是由于合作社官员像20世纪30年代的市民一样，对农民的歧视根深蒂固。在20世纪30年代市民视农民为粗鲁下流愚昧之人，并将"农民"一词作为下流愚昧的代名词而嘲笑别人；到70年代末80年代初，上埃及戴伯拉赫镇穆特合作社某官员也视农民为"自满的蠢驴"。① 小农同样对合作社指导委员会缺乏好感。如果委员让一位小农去清淤，后者往往回答："这关你什么事？我可以随心所欲。"② 另一方面，就政府派驻的官员与指导委员会的关系而言，后者本应定期改选并监督前者，然而上埃及戴伯拉赫镇穆特合作社指导委员会很少改选，且未能监督合作社官员。这是由于，仅能签名的文盲小农是指导委员会的主要成员，而他们忙于农活，无暇参加指导委员会的讨论。穆特合作社某官员说："现在这里的合作社委员会仅是我们行动的橡皮图章。委员们会在我们提交的所有文件上签名。瓦利德（委员会主席）才是唯一对我们的行动发表异议的委员，那是因为他有文化而且总待在这里。"③

在合作社中，地主尽管人数较少却是中坚力量，时常与政府派驻合作社的官员争权夺利。在土改前，村庄头人多由大地主充任，不仅维持社会秩序而且提供各种服务；在土改后，村庄头人往往由占地不多的中等地主充任，仅协助警察维持秩序。尽管如此，村庄头人还是受到小农信任。

上埃及戴伯拉赫镇一位村民说："这里的农民都害怕警察，而且不晓得如何与他们打交道。因此，在不得不与这些人打交道时，他们往往让一些'地位较高'者代表自己去和警察交涉。"这些"地位较高"的人一般是村庄头人。他们通过为小农代言并提供服务而发挥重大影响。④ 在上埃及戴伯拉赫镇，头人安瓦尔占地约120费丹；其余地主的占地面积均不及其1/3，且多数地主与安瓦尔有亲缘关系。此人的祖父、父亲、兄长都曾担任头人。他被称为村中"唯一真正的男人"，当他在村中徜徉时村妇会低头并亲吻其手。一位合作社官员说："安瓦尔拥有的土地面积或许不及其父，但是他依旧炙手可热。这里可能有90%的小农由于安瓦尔吝啬酗酒而蔑视他。但是小农噤若寒蝉，因为他们不得不参加工作并从别人那里获

---

① Richard H Adams Jr., *Development and Social Change in Rural Egypt*, pp. 36–45.
② Richard H Adams Jr., *Development and Social Change in Rural Egypt*, p. 115.
③ Richard H Adams Jr., *Development and Social Change in Rural Egypt*, pp. 38–39.
④ Richard H Adams Jr., *Development and Social Change in Rural Egypt*, pp. 147–149.

得贷款。"① 村中没有其他大地主,因此,安瓦尔尽管品性恶劣也会受到村民求助,向其求助的小农要么接受苛刻条件,要么忍饥挨饿。一位无地农民说:"没错,安瓦尔很吝啬。但是我还有其他选择吗?我不能忍饥挨饿。而且,由于交通费用和伙食开支太高,我在非农忙时节不能前往别的地方找到农活。"安瓦尔控制着村中小农,导致他在与政府驻合作社官员沙米尔的斗争中占据上风。安瓦尔曾被迫放弃指导委员会主席一职,但他很快安插一位占地不足2费丹的亲信,使其经过"选举"而担任指导委员会主席。在安瓦尔指使下,此人强迫合作社官员沙米尔向安瓦尔提供更多化肥和农药,但遭到拒绝。于是安瓦尔指使心腹向上级打报告,抱怨沙米尔"漠视小农利益"并请上级将其撤换。与此同时,安瓦尔示意指导委员会其他委员在抱怨书上签字。村民感叹:"安瓦尔控制着全村事务。"②

政府原本希望通过合作社加强对乡村的控制,但它难以控制派驻合作社的官员,也无法驾驭地主。一方面,政府难以驾驭地主。占地不足的小农缺乏足够就业机会和贷款,但政府无法提供足够的就业机会,它主要向地主提供贷款,而地主则能向小农提供就业机会和贷款。因此,农民转而向地主求助,进而在政治上依附于地主。下埃及兹伊尔镇某贫农说:"我们贫农管他什么政治和政党呢!只要我们有足够的工作和食物,我们就会心满意足。"上埃及戴伯拉赫镇只有5%的村民知晓民族民主党,其他小农居然认为这是该村一处体育设施或医疗机构。③ 另一方面,政府派驻的官员因工资低微而以权谋私。他们或侵吞欠税小农补交的税收,或将农产品盗出仓库卖到黑市谋利。④

萨达特上台之初,温和派和激进派曾就如何评价农业合作社展开激烈的辩论。两派均承认合作社存在政治腐败等诸多问题,但双方在问题起因和解决方法上分歧明显。激进派认为,上述问题的存在是由于政府政策不够激进,故主张进一步向左转。温和派则认为,合作社仅给农村带来了官僚主义和政治强制,例如众多会议、冗长文件、无用印章等,却削弱了价值规律的作用,从而迟滞农业发展;政府此前的政策过于激进,故须放松对合作社的控制。双方斗争以温和派的胜出宣告结束。⑤

---

① Richard H Adams Jr. , *Development and Social Change in Rural Egypt*, p. 93.
② Richard H Adams Jr. , *Development and Social Change in Rural Egypt*, pp. 83 – 85.
③ Richard H Adams Jr. , *Development and Social Change in Rural Egypt*, pp. 162 – 163.
④ Richard H Adams Jr. , *Development and Social Change in Rural Egypt*, pp. 46 – 49.
⑤ Raymond William Baker, *Egypt's Uncertain Revolution Under Nasser and Sadat*, pp. 214 – 215.

1971年埃及宪法规定："国家将根据现代科学方法努力巩固农业合作社。"① 但法律条文与客观现实并不吻合。1974年萨达特在"十月文件"中强调埃及经济包括公共、私人与合作社三部门，但他对合作社并不在意："他用冗长和细致的语言讨论第一个部门，用详尽和乐观的语调表示对第二个部门的憧憬，却只用一个短句概括他对第三个部门的看法：'农业和手工业合作社也需要强有力的推动，以便适应发展需要'。接着，他断言：'解决日益增长的数千万人的吃饭问题，主要希望在于埃及出口工业品并换取所需粮食的能力。'"② 1980年122号法取消合作社的贷款职能。③ 同时政府决定由国家开发与农业信贷银行向农业公司提供新型农业贷款，即"投资贷款"。萨达特对合作社的不屑一顾，导致合作社对农业生产的影响骤然降低。

2. 穆巴拉克时代农业合作社的名存实亡（1981—2011年）

在1981—2011年穆巴拉克时代，埃及国家开发与农业信贷银行在80年代取代农业合作社而成为农业信贷的主要控制机构，然而该机构自90年代初起亦逐渐衰落；农业自由化成为大势所趋。农业公司从国家开发与农业信贷央行及其设在各省的支行所获"投资贷款"占该行及其支行所发放农业贷款的比重，在1980—1981年为43%，在1985—1986年为73%，在1989—1990年为66%；家禽家畜饲养公司所获短期"农业投资贷款"占上述公司所获同类农业贷款总额的比重，在1980—1981年为80%，到1989—1990年升至84.9%；上述贷款需要财产作为抵押，因此获得贷款的主要是大中地主。④ 到20世纪90年代96%的农业贷款由国家开发与农业信贷银行提供，年贷款利率低于市场上的贷款利率，根据农户的占地面积决定是否发放贷款、发放金额和偿还期限。因此，小农很难获得用以购买上述生产资料的农业贷款。在1997—1998年小麦生长季期间，只有24%的麦农能够获得贷款；贷款数额很少，平均只有3 454埃镑；还款期较短，平均仅有302天。与小麦农相比，大麦农不仅很容易申请到农业贷款，而

---

① "The Egyptian Constitution", *Arab Law Quarterly*, Vol. 7, No. 4, 1993, p. 253.
② Raymond William Baker, *Egypt's Uncertain Revolution Under Nasser and Sadat*, p. 216.
③ Mohamed N Nofal, "Chronology: A Brief History of Egyptian Agriculture, 1813—1992", p. 153.
④ Mohamed N Nofal, "Chronology: A Brief History of Egyptian Agriculture, 1813—1992", p. 153.

且贷款金额较大，还款期较长。① 在这种情况下国家开发与农业信贷银行的农业贷款多被地主垄断，而多数小农难以获得低息贷款，被迫接受高利贷剥削。

从 20 世纪 80 年代中期开始，穆巴拉克政权开始进行农业改革；到 90 年代初农业改革进入高潮。穆巴拉克时代农业改革的核心在于减少政府干预，增大市场力量；两大主题分别是农产品、农业生产资料和农业贷款的供销市场化，以及促进高附加值、低热量的食品特别是园艺产品向欧盟和其他阿拉伯国家出口。美国国际开发署、世界银行与国际货币基金组织则是推动上述改革的主要外部力量。为了削弱埃及国家开发与农业信贷银行的作用，在 1986—1996 年，美国国际开发署共耗资 2.89 亿美元帮助埃及实施"农业生产和信贷工程"，主要强调市场机制在提供农资、提供农业信贷和农产品价格形成过程中的作用；在 1996 年之后，"农业生产和信贷工程"被"农业政策和改革规划"所取代，该规划的耗资从 1999 年的 7.75 亿美元降至 2009 年的 4.10 亿美元，主要强调发展美国式的资本密集型农业，进而扩大园艺产品等农产品的出口量。② 到 2011 年初穆巴拉克下台之时，农业合作社已名存实亡。

综上所述，1970—2011 年萨达特和穆巴拉克政权对合作社的控制力度迅速下降，合作社的主要职能亦大不如前，农业生产自由化与乡村秩序民主化成为大势所趋。

（四）横向观察与纵向比较

1. 横向观察：纳赛尔时代与毛泽东时代两国农业合作社的异同

农业合作化系 20 世纪 50 年代前中期中国乡村的普遍现象，是"过渡时期总路线"的重要内容。毛泽东主要依据共同劳动的程度高低和土地制度的属性不同，将农业合作化分成初级互助组、常年互助组、初级农业生产合作社、高级农业生产合作社等从低到高的几个阶段，鼓励村民共同劳动并实现土地公有。1953 年 3 月 24 日毛泽东在审阅《中共中央关于农业生产互助合作的决议》时加写和修改："初级互助组的组员，他们的生产资料是完全私有的，但也带了共同劳动的性质，这就是社会主义的萌芽。常年互助组则使这种萌芽进一步生长起来了。"（初级）农业生产合作社，

---

① Hans Lofgern, ed., *Food, Agriculture and Economic Policy in the Middle East and North Africa*, Vol. 5, Oxford: Elsevier Science Ltd, 2003, pp. 143 – 144.

② Ray Bush, "Land Reform and Counter-Revolution", in Ray Bush, ed., *Counter-Revolution in Egypt's Countryside: Land and Farmers in the Era of Economic Reform*, pp. 13 – 15.

同样保留农民对土地等生产资料的私有权,"它保存着私有的性质",但"就其在农民以土地入股后得以统一使用土地……共同劳动……条件来说,它就比常年互助组具有更多的社会主义的因素。"3月26日《人民日报》刊出这份决议。高级农业生产合作社,则以土地集体所有制为基础。10月15日毛泽东对陈伯达和廖鲁言讲:"个体所有制必须过渡到集体所有制,过渡到社会主义。""合作社有低级的,土地入股;有高级的,土地归公,归合作社之公。"10月31日毛泽东写道:互助组"带有社会主义萌芽性质";初级社是"半社会主义"性质;高级社有"完全社会主义性质","就是集体农场";"互助组比单干强,合作社比互助组强,走一步就能使生产发展一步,生活提高一步。"11月4日毛泽东再次对陈伯达和廖鲁言讲:"我们所采取的步骤是稳的,由社会主义萌芽的互助组,进到半社会主义的合作社,再进到完全社会主义的合作社(将来也叫农业生产合作社,不要叫集体农庄。"[1] 在毛泽东的推动下,农业合作化到1956年基本完成,多数乡村建立高级社,农村土地所有制从个体所有变为集体所有。

土改系20世纪中期阿拉伯世界的普遍现象,农业合作社的设立则是上述国家土改期间的共同举措。1952—1970年纳赛尔时代的埃及,1958—1961年埃叙合并期间的叙利亚即"阿拉伯联合共和国北区",1958—1963年噶西姆治下的伊拉克,1962—1971年巴列维国王君临时期的伊朗,都曾发动土改并强制设立农业合作社,其土地制度和主要职能基本相同。1952年七月革命后埃及的农业合作社,就其主要职能和土地制度而言,类似中国乡村出现的互助组与初级社,却与高级社迥异。

2. 纵向比较:1952年七月革命前后埃及农业合作社的异同

一方面,与1952年七月革命前的合作社相比,七月革命后埃及的合作社同样建立在土地私有制基础上。1959年7月22日纳赛尔在埃及"革命节"前夕的演讲中指出,土改合作社延续土地等财产的私人占有制:"所有制还是个人的。每一个人对自己的所有制负责。"[2] 1962年5月22日公布的《阿拉伯联合共和国"全国行动宪章"草案》强调,合作社旨在巩固小农土地私有制:"阿拉伯社会主义不主张实现土地国有化,不使土地变为公有制……我们主张在不允许封建制度存在的范围内实行土地私有制。

---

[1] 中共中央文献研究室编:《毛泽东年谱(1949—1976)》第2卷,北京:中央文献出版社,2013年,第67-68页,第178页,第187-188页,第189-190页。

[2]《亚洲、非洲、拉丁美洲民族主义者关于民族解放运动的言论》,北京:人民出版社,1964年,第129页。

农业问题的正确解决办法不是使土地转变为公有制，而是要求保留土地私有制，并且通过给大多数雇农占有土地的权利来扩大这种所有制。在土地改革的过程中，通过农业合作化来巩固这种所有制。"① 1962年5月30日纳赛尔在全国人民力量代表大会上发言："我们没有规定土地国有化，我们相信在合作社范围内的土地私人所有制。……我们把所有制分成剥削的所有制和非剥削的所有制，我们相信私有制，但是我们不相信剥削的所有制。我们说过，我们正在消灭剥削的所有制。"②

另一方面，七月革命前后，埃及的农业合作社均负责向社员提供贷款和生产资料，并帮助社员销售农产品。1959年7月22日纳赛尔在埃及"革命节"前夕的演讲中指出，政府建立合作社的必要性在于克服小农经济力量弱小的缺陷："小农经济自然是一种力量薄弱的经济，它经常使国民经济遭到危险和衰落。"因此"对农业来说，我认为未来需要我们依靠一种比现有的不稳定的小农经济或小私有经济更为稳固的经济。自然我们要用建立合作社来解决这个问题"。"合作社可以进行共同耕作，搞一部拖拉机，搞一部犁地机，大家合起来干，合起来抵御天灾"。所以"农业则是建立在强大基础上的一种合作化农业"③。合作社进而成为推动乡村发展的核心机构："在埃及，合作社被视为新的经济秩序、政治秩序和计划型社会的核心……政府将农业发展方面几乎所有的职能均移交给合作社……"④

但是，1952年七月革命前后埃及的农业合作社存在诸多差异。首先是社员是否自愿加入。七月革命前，小农依据自愿原则进退合作社；七月革命后，获地小农与占地不足5费丹的小农必须加入合作社。其次，社员的地权是否受到权力的强力制约。七月革命前，合作社的土地所有者对土地及农产品拥有充分的经营权、转让权和用益权，因而拥有完整地权；七月革命后，获地农民无法任意继承和转让地产，不能从地产中获取应得收益，没有生产和销售自主权，因此他们的地权并不充分；表现在贷款担保方面，革命前的社员多以土地作为贷款担保，但革命后的社员只能以农产品作为贷款抵押。再次，合作社事务管理权究竟受制于政府派驻的官员，还是掌握在社员之手。最后，两个时期的合作社性质不同。七月革命前的

---

① 唐大盾等著：《非洲社会主义：历史·理论·实践》，第107页。
② 《亚洲、非洲、拉丁美洲民族主义者关于民族解放运动的言论》，第168页。
③ 《亚洲、非洲、拉丁美洲民族主义者关于民族解放运动的言论》，第128－129页。
④ Klaus-Peter Treydte and Wolfgang Ule, ed., *Agriculture in the Near East: Organizational Patterns and Socio-Economic Development*, p. 12.

合作社属于村民自发建立的独立组织，主要提供贷款、生产资料和促进产品销售；政府借助立法手段来规范合作社事务，很少干预合作社的生产过程以及产品供销，与社员没有直接经济往来。七月革命后特别是纳赛尔时代，合作社是政府强行建立的依附政府的严密组织，负责提供贷款、生产资料和促进产品销售，小土地所有者通过合作社而与政府形成国家资本主义关系。合作社不仅在经济事务方面听命于政府派驻的官员，而且具有强大的政治功能和社会功用。

总之，1910 年埃及出现农业合作社，1923 年 27 号法规定其成立条件与管理机构，自下而上的私人创建与自上而下的制度设计促使合作社普遍建立。1944 年 58 号法颁布后，合作社的官方色彩与依附倾向初露端倪。但在七月革命前，合作社由村民自发成立，仅发放短期信贷，不受政府操纵，对农业领域影响甚微。纳赛尔在土改中建立合作社，通过派驻官员来操纵合作社事务；合作社具有强制设立、职能广泛和政府主导的特点，成为农业生产的核心。萨达特和穆巴拉克对合作社的控制松弛，合作社职能收缩，农业生产趋向自由化。总之，七月革命前后埃及合作社的土地制度与主要职能，与同期中国的初级社和高级社，以及叙利亚、伊拉克和伊朗的合作社，既有共性也有差异。

小　结

纳赛尔本人及其下属声称，土地改革旨在确保包括受地农民在内的全体农民的自由平等自尊并改善其物质生活。纳赛尔在一次土地分配仪式上阐述 1952 年土地改革法案受地农民的重大意义："土地不仅标志着而且象征了你们的自由、你们儿孙的自由。分配给你们的这块宝贵土地，不仅是改善你们物质生活条件的手段，而且在精神和道德上提升你们，使每个个体都充满尊严感、自由感和平等感。"① 1961 年 7 月 23 日，纳赛尔在亚历山大发表演说，指出乡村无地少地农民生活贫困，接着强调 1961 年第二次土地改革法旨在进一步促进"经济上的公正和社会的平等"，进而确立"真正的民主"。② 由农业改革高等委员会出版部门公布的一份报告声称："土地改革意味着废除曾经主宰我们农业生活的封建专制制度，并赋予那

---

① Saad M Gadalla, *Land Reform: In Relation to Social Development of Egypt*, p. 10.
② ［英］罗伯特·斯蒂文思著：《纳赛尔传》，第 273－274 页。

些长期被剥夺政治和民事权利的农民以充分权利……以前在我们的被封建制度统治的农村实行的所有改革尝试都徒劳无功。但是在埃及实行新的军事统治之后,整个社会被唤醒。随着土地改革方案的实施,曾经是庸碌无为之人的农民,在一个赋予他们作为公民而拥有的生存权利的社会之中,开始拥有一种安全感。"农业改革高等委员会在答复关于埃及农业改革举措的联合国调查表时,鼓吹土地改革是一项"不仅考虑眼前而且顾及长远,不仅有利于获得土地所有权的人而且有助于增进全体农业人口福祉"的全方位运动。① 纳赛尔政权还声称,土地改革旨在促进农业投资向工业部门转移,从而提高国家的工业化水平。纳赛尔政权对1952年首次土改法案的"说明"指出,土改的目的之一在于促进农业投资向工业部门转移,从而推进工业化:"土地改革计划的一个主要目的,是使新的投资用于垦荒、采矿和建立工商企业等方面。在通常情况下,手头有游资的人必定要寻找新的投资场所。投资一增加,工人的工资和消费能力就能普遍提高,对埃及商品的需求量也就会增加,从而刺激投资的再增长。这样循环发展,一直到国家的经济得到全面发展,国民的生活水平达到经济上先进国家的标准。"纳赛尔本人也曾在阐述工业法目标时说,"如果说革命通过土地改革为农民服务的话,那么,它同样也为过去束缚于土地上的埃及资本服务。"② 埃及财政部长埃梅里的提法则较为全面。他在解释土地改革目标时,强调农业改革法案目标具有多样性,兼有经济的、社会的和政治的目标。经济目标旨在加快经济发展,进而提高生活水平;社会目标旨在废除由不平等的农业财富分配所导致的社会顽疾;政治目标则隐含在经济和社会的目标之中。③

然而,宣传口号大多与实际政策大相径庭;真实目的往往蕴含在政策执行之中。诸多学者认为,纳赛尔政权土地改革的目的在于:发展小农经济,提高农业产量④;通过没收王室地产、公私瓦克夫和剥夺超限地产,削弱以穆罕默德·阿里王室为首的地主阶级的经济基础,打击地主阶级的

---

① Saad M Gadalla, *Land Reform*: *In Relation to Social Development of Egypt*, p. 10.
② [埃]穆罕默德·艾尼斯·赛义德·拉加卜·哈拉兹:《埃及近现代简史》,第199页。
③ Saad M Gadalla, *Land Reform*: *In Relation to Social Development of Egypt*, p. 37.
④ 持上述观点的有 Ray Bush, "Land Reform and Counter-Revolution", in Ray Bush, ed., *Counter-Revolution in Egypt's Countryside*: *Land and Farmers in the Era of Economic Reform*, pp. 4 – 5. Kirk J Beattie, *Egypt During the Nasser Years*: *Ideology*, *Politics*, *and Civil Society*, pp. 141 – 142.

政治优势，排斥在外地主的政治参与①；确立政府对农民和农业的直接控制②；通过控制合作社、收取农民购地款并停付在外地主征地费，获取充足的税收和工业资金，并迫使大地主投资工业③；确保农村中产阶级即中小地主的中立④；通过土地再分配、稳定租佃关系和提高雇农工资，改善农民的物质生活，缓解贫富对立，避免农村动荡并扩大新政权的统治基础⑤。笔者认为，从纳赛尔政权颁布的历次土改法令以及没收瓦克夫和外国人地产等实际举措来看，土地改革目的还应包括：通过没收外国人地

---

① 持上述观点的有：哈全安：《中东史：610—2000》，第 548 页。[美] C·E·布莱克著：《现代化的动力》，第 99 – 113 页。Gabriel Baer, *A History of Landownership in Modern Egypt 1800—1950*, pp. 220 – 221. Elie Podeh and Onn Winckler, ed., *Rethinking Nasserism: Revolution and Historical Memory in Modern Egypt*, p. 274. Ray Bush, "Land Reform and Counter-Revolution", in Ray Bush, ed., *Counter-Revolution in Egypt's Countryside: Land and Farmers in the Era of Economic Reform*, pp. 4 – 5. P J Vatikiotis, *Nasser and His Generation*, p. 205. Kirk J Beattie, *Egypt During the Nasser Years: Ideology, Politics, and Civil Society*, pp. 141 – 142. Alan Richards and John Waterbury, *A Political Economy of the Middle East*, p. 152. Alfred Bonne, *State and Economics in the Middle East: A Society in Transision*, p. 152.

② 持上述观点的有：哈全安：《中东史：610—2000》，第 548 页。Alfred Bonne, *State and Economics in the Middle East: A Society in Transision*, p. 152. Doreen Warriner, *Land Reform and Development in the Middle East, A Study of Egypt, Syria and Iraq*, pp. 12 – 13. Alan Richards and John Waterbury, *A Political Economy of the Middle East*, p. 152.

③ 持上述观点的有：哈全安：《中东史：610—2000》，第 548 页。彭树智主编：《二十世纪中东史》，第 151 页。[美] C·E·布莱克著：《现代化的动力》，第 99 – 113 页。Gabriel Baer, *A History of Landownership in Modern Egypt, 1800—1950*, pp. 220 – 221. Alfred Bonne, *State and Economics in the Middle East: A Society in Transision*, p. 152. Doreen Warriner, *Land Reform and Development in the Middle East, A Study of Egypt, Syria and Iraq*, 1957, p. 32, p. 41. Elie Podeh and Onn Winckler, ed., *Rethinking Nasserism: Revolution and Historical Memory in Modern Egypt*, p. 274. Kirk J Beattie, *Egypt During the Nasser Years: Ideology, Politics, and Civil Society*, pp. 141 – 142. Alan Richards and Joh Waterbury, *A Political Economy of the Middle East*, p. 152.

④ 持上述观点的有 Alfred Bonne, *State and Economics in the Middle East: A Society in Transision*, p. 152 Kirk J Beattie, *Egypt During the Nasser Years: Ideology, Politics, and Civil Society*, pp. 141 – 142. Alan Richards and John Waterbury, *A Political Economy of the Middle East*, p. 152.

⑤ 持上述观点的有：哈全安：《中东史：610—2000》，第 548 页。[美] 塞缪尔·亨廷顿著：《变化社会中的政治秩序》，第 344 – 348 页。Alan Richards and John Waterbury, *A Political Economy of the Middle East*, p. 152. AlanRichards, *Egypt's Agricultural Development*, 1800—1980, p. 176. Alfred Bonne, *State and Economics in the Middle East: A Society in Transision*, p. 152. Doreen Warriner, *Land Reform and Development in the Middle East, A Study of Egypt, Syria and Iraq*, pp. 12 – 13, p. 24. Ray Bush, "Land Reform and Counter-Revolution", in Ray Bush, ed., *Counter-Revolution in Egypt's Countryside: Land and Farmers in the Era of Economic Reform*, pp. 4 – 5. Klaus-Peter Treydte and Wolfgang Ule, ed., *Agriculture in the Near East: Organizational Patterns and Socio-Economic Development*, p. 42. P J Vatikiotis, *Nasser and His Generation*, p. 205. Kirk J Beattie, *Egypt During the Nasser Years: Ideology, Politics, and Civil Society*, pp. 141 – 142. M E Yapp, *The Near East since the First World War*, pp. 215 – 217.

产，进而打击英、法在埃及的殖民势力，维护民族独立；通过没收公私瓦克夫，加强对教界的控制，并减少教界对政治、教育和司法的影响。

纳赛尔政权使土地私有化和兼并趋势一度受到遏制，沉重打击了以埃及王室为首的地主阶层，再度实现了乡村社会的稳定发展，并且奠定了政府在乡村的社会基础——获地小农、永佃农、雇农和中小地主，进而强化了国家的权力。

总体而言，纳赛尔政权的土地改革可谓埃及版阿拉伯社会主义的私有原则和平等理念在乡村农业领域的交叉实施，其中包含诸多矛盾之处，特别是在保障土地私有权的同时还要力图缩小贫富差距，在增加农民福祉的同时还要强化政府对乡村的控制，从而导致纳赛尔政权在土地问题和农民问题上首尾不能相顾，土改效果亦大打折扣。实际上，完整的土地产权包括流转权自由、受益权独享和使用权排他三个方面。然而，纳赛尔时代的获地农民无法任意继承和转让地产，不能从地产中获取应得的收益，没有生产销售自主权，因此他们的地权并不充分，而政府恰恰通过控制土改合作社而限制获地农民的产权。由此可见，纳赛尔时代的小农土地所有制，在私有的外壳之下包裹着国有的内核，从而构成土地国有制的扭曲形式与工业国有化的逻辑延伸。纳赛尔本人关于土地制度的重要讲话以及纳赛尔政权的土地改革，分别体现阿拉伯社会主义关于小农土地所有制的理论和实践。埃及版阿拉伯社会主义在理论层面强调通过土地再分配保护小农土地私有制，在实践环节则侧重利用国家权力来限制小农土地私有权。私有原则和平等理念之间的冲突、理论层面和实践环节的龃龉，构成埃及版阿拉伯社会主义乃至整个阿拉伯社会主义的显著特征。

20世纪中叶，埃及尼罗河流域、土耳其安纳托利亚高原、伊朗高原、新月地带的叙利亚和伊拉克，普遍出现土改。战后中东诸国的土改政策限制私有地产规模，规定由政府征购超额土地并售予小农，基本维持土地私有制。没收还是征购超额地产、免费还是有偿给予小农土地、最终是否实施土地集体化，构成新中国与中东诸国土改政策的主要差别。

第二章　阿拉伯埃及共和国的土地制度（下）

第一节　1970—1992年埃及政府与执政党的土改试探

一、1970—1981年萨达特时代土地政策的发展趋向

1970年纳赛尔鞠躬尽瘁死在任上，副总统萨达特继承其位。萨达特早年考入开罗军事学院，毕业后参与创建"自由军官"组织并担任领导人，在1952年"七月革命"后对多疑善妒的纳赛尔言听计从，被时人蔑称为"纳赛尔的卷毛狗"。萨达特在就任总统之后显露真容，发起针对纳赛尔主义者的"纠偏运动"，刻意削弱萨布里和毛希丁等前自由军官的军政权力，力图浅化政权的军事色彩。例如，四位文人曾经担任总理职务，部长中军人出身者所占比重明显下降。萨达特在执政后期开创多党制，削弱政坛要人及普通民众对纳赛尔的个人崇拜，进而培植本人的统治基础。但1971年萨达特政权出台正式宪法，再度确认总统拥有统率军队等广泛权力，总统还有权颁布紧急状态法，内阁和议会依然孱弱不堪，萨达特甚至自称现代法老。萨达特政权仍然以军人为核心。总统、副总统、国防部长、内政部长和许多省长依旧出身行伍。总体来看，萨达特当政期间，自由军官的政治影响明显下降，多党制启动，然而总统大权仍然不可撼动。萨达特发动第四次中东战争却在几年之后实现埃以媾和，因此遭到绝大多数阿拉伯国家唾弃；埃苏交恶，埃美结盟。萨达特启动私有化并开始修正纳赛尔时代的土改举措，开始容忍贫富分化。

(一) 地权政策与耕地占有格局

1. 埃及政府的地权政策

(1) 政府在新垦地区采取的地权政策

1971年5月15日，萨达特在关键性政治斗争中击败以阿里·萨布里为首的激进派。阿里·萨布里及其部分亲信，例如阿卜杜勒·莫赫森·阿布·努尔以及阿卜杜勒·侯赛因·伊兹等锒铛入狱；其他亲信则被解除职务。激进派的政治权力一落千丈，其对新垦地区土地政策的影响随之急剧下降。萨达特政权继续分配新垦土地，以此作为巩固统治基础的重要手段。在萨达特时代，行伍出身的其他官员的经济、政治地位依旧显赫，对新垦地区土地制度影响巨大。这是由于，早在纳赛尔时代，在费尔德·马绍尔·阿卜杜勒·哈基姆·阿密尔扶植下，他们已在新垦地区占据政府机关和国有部门要津；到萨达特时代，他们凭借自身与萨达特及其亲信的私人交情而继续维持现有地位。如何处理新垦土地呢？农业技术人员众说纷纭。根据新垦土地的不同受益对象，可将这些观点分为三种：第一，将新垦土地拍卖给地主；第二，将新垦土地出售、出租或赠予小农；第三，将新垦土地出售或出租给外商独资企业，以及外国与埃及的合资企业。根据新垦土地的不同大小和位置，可将这些观点分为两种：第一，对于交通便利的大片新垦农地，最好在独立国营企业的监督下，组建私人农业公司，兼营农业生产和农产品加工；第二，对于交通闭塞的小块新垦农地，最好将其出租10年或15年，如果承租人经营得法，则可延续租约。农业技术人员普遍认为，上述做法有助于防止地权细碎化、提高农业产量、使政府免除原有的生产费用和行政开支。农业技术人员通过三种渠道影响政府对新垦地区的土地政策。首先，组建农业技术人员辛迪加。该组织反复要求废除新垦地区的土地国有制。为了赢得政府的支持，该组织多次派遣本组织管理人员前去议会的相关委员会陈述己见，并邀请历任土地开垦与农业部长前去演讲。由于坚持不懈，他们在萨达特时代取得一定战绩。其次，充当议会的咨询专家。最后，直接担任行政官员或者充当行政官员的顾问。议会中的保守地主议员影响巨大，他们或主张将新垦土地拍卖给出价最高的个人或公司，实际上倾向于将大块新垦土地拍卖给地主；或建议把新垦土地通过低息优惠贷款卖给无地小农甚至赠予小农；或者声称将新垦土地赠予新近成立的若干国营公司，使他们能够在市场上公开竞争。总之，他们均出于"提高效率"与"提高产量"的考虑而反对在新垦地区建立土地国有制。赛义德·马瑞伊及其支持者仍然主张贯彻1952年土地改革法，即将新垦土地划分为小块分配给小农，获地小农必须加入土改合作社。萨达特本人属于中间派，反对在新垦地区建立土地国有制。由此可见，在萨达特时代，多数农业技术人员、地主出身的议员，以及萨达特总统，均反对在新垦地区建立土地国有制。尽管如此，萨达特仍然力图实现各派的权力均等与利益平衡。尽管农业部在1971年10月宣布将把完全负责新垦土地耕作事务的机构即"开发和利用新垦地区总署"分割为11个独立公司，而且这一提议还被写入1972—1982年的国家十年计划之中，但是执行情况并非如此。在农业部做出这一决定4年多之后，"开发和利用新垦地区总署"不仅仍然存在，而且依旧管理付诸耕种的一半新垦土地；不仅如此，农业部提出要组建的11家公司，仅有3家成立。其他社会阶层都有所收获。农业技术人员在塔赫利尔省南部和马里乌特省的约10万费丹土地依照农业技术辛迪加这一组织的意见进行处理。部分新垦土地被拍卖给出价最高的保守地主。若干大块新垦土地被分为3~5费丹的小块分配给小农，后者则必须加入合作社之中，从而满足赛义德·马瑞伊及其支持者的要求。1973年战争中的英雄及其家属共计获得1万费丹新垦土地。新谷地的绿洲居民与纳图伦谷地的定居者，以及行伍出身的其他官员也获利较多。① 然而，石油价格上涨使土地开垦成本提高②，加之政府在垦荒地区管理不善效率低下，因而萨达特政权对垦荒的兴趣明显不如其前任。关于国营新垦土地，埃及政府已经公布若干数据，但是这些数据相互冲突。③ 根据奥斯特·K·柏斯沃斯提供的较为客观的数字，在萨达特时代，埃及新垦土地面积总计74.77万费丹，主要集中于尼罗河三角洲西半部，其中1972—1978年毫无进展。④

（2）政府在其他地区推行的地权政策

1970年年底，上台伊始的萨达特宣布返还被没收的法鲁克时期19位高官的地产；埃及政府宣布，对在1961年被纳赛尔没收财产的美国人进行赔偿，总额1 000万美元。⑤ 1971年颁布的埃及新宪法第32条规定："私

---

① Robert Springborg, "Patrimonialism and Policy Making in Egypt: Nasser and Sadat and the Tenure Policy for Reclaimed Lands", pp. 62 – 66.

② Alan Richards, ed., *Food, States and Peasants: Analyses of Agrarian Question in the Middle East*, p. 179, pp. 210 – 212.

③ Robert Springborg, "Patrimonialism and Policy Making in Egypt: Nasser and Sadat and the Tenure Policy for Reclaimed Lands", pp. 65 – 66.

④ Asit K Biswas, "Land Resources for Sustainable Agricultural Development in Egypt", p. 559.

⑤ David F Forte, "Egyptian Land Law: An Evaluation", pp. 276 – 277.

人所有权应表现为非剥削的资本。法律在发展规划的框架内确保私人所有权的社会功能为国民经济服务。私人所有权就其用途而言可能并不会与大众福祉相悖。"第34条规定:"私人所有权应受到保障而且不应被没收,但是法律规定的特殊情况和依法判决的除外。除非为了公共利益并依法给予合理补偿,私人财产不应被征用。(法律)保障私有财产的继承权。"第35条规定:"除非为了确保公益并依法给予补偿,国有化不得实行。"第36条规定:"严禁大规模没收资金。非经司法程序不得没收私人财产。"① 1972年,埃及某议会委员会建议政府对那些在纳赛尔政权土地改革中被没收地产的人进行补偿。但是在1974年之前,上述建议尚未得到执行。1974年,埃及最高法院——国家委员会宣布,纳赛尔没收地产的命令属于非法行为,要求政府返还所没收的地产。1974年,埃及政府公布第69号法令,宣布返还纳赛尔政权征购的私人土地,主要补偿方式是返还资金和承认产权。一方面,埃及政府按照每人最高5万美元、每户至多10万美元的标准进行赔偿。结果,20%的被没收或征购地产的家庭获得补偿。② 另一方面,埃及政府宣布承认地主拥有完整地权,但地主在获得产权后一年内必须处理掉超额地产(依据1969年第50号法令的规定,即每人最多占地50费丹,每户最多占地100费丹)。③ 但是,地主依然可以通过多种途径逃避这一规定。例如,地主将土地所有权寄在亲属名下却实际占有这些地产;行贿官员、高利贷者在小农无力偿还债务时便侵吞其作为贷款抵押的地产。结果,400名地主通过这一途径暂时获得1万费丹土地。④ 1981年,埃及政府颁布第141号法令,再次宣布返还纳赛尔政权征购的私人土地。然而,萨达特很快遇刺身亡,萨达特政权返还被征购地产的举措遂不了了之。

2. 农业用地的占有结构

在纳赛尔政权土地改革期间,埃及乡村的无地农户(不包括从事非农产业的乡村家庭)数量在1965年前持续下降,自1965年后一度上升。埃及无地农户(不包括从事非农产业的乡村家庭)数量从1950年的121.7万户,降至1965年的92.5万户,到1970年升至127.9万户。据马哈茂

---

① "The Egyptian Constitution", p. 253.
② David F Forte, "Egyptian Land Law: An Evaluation", pp. 276-277.
③ David F Forte, "Egyptian Land Law: An Evaluation", pp. 276-277. 1971年埃及宪法第37条规定:"为了保护自耕农和佃农免受剥削并确保劳动人民在乡村的权威,法律应规定土地所有权的最高限额。"参见"The Egyptian Constitution", p. 253.
④ David F Forte, "Egyptian Land Law: An Evaluation", pp. 276-277.

德·阿卜杜勒·法迪勒统计，埃及无地农户（不包括从事非农产业的乡村家庭）占乡村家庭总数的比重在 1965 年前不断下降，从 1950 年的 40% 降至 1961 年的 30% 和 1965 年的 28%；而在 1965—1970 年有所反弹，到 1970 年达 33%。另据西蒙·克蒙德提供的数字，埃及无地农户（不包括从事非农产业的乡村家庭）占乡村家庭总数的比重，从 1950 年的 55.6% 降至 1961 年的 41.1%，继而降至 1975 年的 15.5%。① 到 1975 年，埃及农业用地共计 264.2 万费丹；乡村家庭共计 409.4 万户（包括 81.9 万户非农业家庭），无地农户（不包括从事非农产业的乡村家庭）为 63.3 万户，无地农户占乡村家庭总数的 15.5%。② 因此，1975 年埃及无地农户所占数量比重低于纳赛尔时代，无地农业家庭数量占乡村家庭总数的比重也低于纳赛尔时代。到 1979 年，埃及农村人口共计 2 352.6 万人，男性村民 1 199.8 万人，20 周岁以上的男性村民 551.9 万人，男性农业人口 419.5 万人，无地男性农业人口占男性农业人口总数的 24%，无地男性农业人口约占 20 周岁以上男性村民总数的 18.3%，无地农户占乡村家庭总数的比重可能高于 1975 年。③

从 1952 年土地改革前到 1965 年，埃及占地不足 5 费丹小地产的数量比重稳定在 94%；占地面积比重从 35% 增至 57%。占地 5～50 费丹中等地产的数量比重稳定在 5%，占地面积比重保持在 30%。占地超过 50 费丹大地产的数量比重从 0.4% 降到 0.3%，占地面积比重从 35.2% 骤降至 12.6%；其中占地面积 50～200 费丹的大地产数量基本不变，占地面积有所减少；占地超过 200 费丹的大地主不复存在。④ 总之，在 1952 年土地改革开始之后，埃及小农的数量比重和占地面积比重有所上升；中等土地所有者和大土地所有者的数量比重有所下降，而中等土地所有者的占地面积比重上升、大土地所有者的占地比重急剧下降。到 1975 年，占地 0.01～0.99 费丹的农户数量占拥有土地的农户总数（即不包括无地农业家庭和非农业家庭）的 39.40%，占地 1～2.99 费丹的农户数量占 40.67%，占地 3～4.99 费丹的农户数量占 12.44%，占地不足 5 费丹的农户数量占

---

① Mahmoud Abdel-Fadil, *Development, Income Distribution and Social Change in Rural Egypt 1952—1970: A Study in the Political Economy of Agrarian Transition*, p. 44. Simon Commander, *the State and Agricultural Development in Egypt since 1973*, p. 157.

② Simon Commander, *the State and Agricultural Development in Egypt since 1973*, p. 157.

③ Richard H Adams Jr., *Development and Social Change in Rural Egypt*, p. 132.

④ Mahmoud Abdel-Fadil, *Development, Income Distribution and Social Change in Rural Egypt, 1952—1970: A Study in the Political Economy of Agrarian Transition*, p. 11.

92.51%，占地 5~9.99 费丹的农户数量占 5.20%，占地 10~49.99 费丹的农户数量占 2.28%，占地 5~50 费丹的农户数量占拥有土地的农户总数的 7.48%，占地超过 50 费丹的农户数量占 0.004%。① 因此，在 1965—1975 年，埃及占地不足 5 费丹的农业家庭数量占乡村家庭总数的比重有所降低，占地 5~50 费丹的农业家庭数量占乡村家庭总数的比重略微上升，占地 50 费丹以上的农业家庭占乡村家庭总数的比重大幅下降。

综上所述，在萨达特执政初期，埃及无地农业家庭数量有所减少，无地农业家庭占乡村家庭总数的比重大幅降低；占地不足 5 费丹的农业家庭与占地超过 50 费丹的农业家庭的数量比重均有所降低，而占地 5~50 费丹的农业家庭的数量比重有所上升，因此，农业用地的占有格局在 1965—1975 年有所优化。

然而，从 1975 年到 80 年代初，埃及地权集中现象有所加剧。1977 年，埃及农村 20% 的农地为购买所得，其中出售者多为小农，其所出售的土地面积约有 45% 流向占地较多的土地所有者。② 关于 1979 年上埃及戴伯拉赫镇与穆萨镇的地产分布，详见表 2-1~表 2-2。

表 2-1　1979 年上埃及戴伯拉赫镇的地产分布③

项目	戴伯拉赫镇（包括 29 个农业合作社），1979 年			
	地产数量/块	数量比重/%	土地面积/费丹	面积比重/%
几乎无地者（不足 1 费丹）	7 334	41.0	2 922	9.7
小农	7 353	41.1	9 489	31.5
中农	2 737	15.3	10 122	33.6
富农	466	2.6	7 591	25.2
总计	17 890	100.0	30 124	100.0

---

① Nicholas S Hopkins, *Agrarian Transformation in Egypt*, p. 63.
② Robert Springborg, "Agrarian Bourgeoisie, Semiproletarians, and the Egyptian State: Lessons for Liberalization", p. 462.
③ Alan Richards, ed., *Food, States and Peasants: Analyses of Agrarian Question in the Middle East*, p. 182.

表 2-2 1979 年上埃及穆萨镇的地产分布①

面积/费丹	地产数量/块	数量比重/%	土地面积/费丹	面积比重/%
0.01~0.99	201	14.2	118.46	2.5
1~1.99	425	30.1	558.63	11.7
2~2.99	293	20.1	665.92	14.0
3~3.99	164	11.6	513.75	10.8
4~4.99	113	8.0	474.75	10.0
（总计）0.01~4.99	1196	84.7	2 331.50	48.9
5~5.99	73	5.2		
6~6.99	19	1.3		
7~7.99	11	0.8		
8~8.99	17	1.2		
9~9.99	12	0.8		
（总计）5~9.99	132	9.3	817.79	17.2
10~14.99	32		361.71	7.6
15~19.99	22		367.13	7.7
20~24.99	15		316.17	6.6
25~34.99	5		148.00	3.1
35~50	10		423.00	8.9
（总计）10~50	84	5.9	1 616.01	33.9
（总计）0.01~50	1 412		4 765.31	

资料来源：1979 年穆萨镇的合作社记录。

1981—1982 年，埃及农业用地普查数据显示，埃及 3/4 的土地所有者占地不足 3 费丹，其全部占地面积占埃及农地总面积的 1/3；1% 的土地所有者占地超过 20 费丹，但其全部占地面积超过埃及农地总面积的 1/4；0.2% 的土地所有者占地超过 50 费丹，但是其全部占地面积约占埃及农地总面积的 13%。②

---

① Nicholas S Hopkins, *Agrarian Transformation in Egypt*, p. 62.
② Robert Springborg, "Agrarian Bourgeoisie, Semiproletarians, and the Egyptian State: Lessons for Liberalization", p. 457.

(二) 农业用地的雇佣关系和租佃制度

1. 农业用地的雇佣关系

在纳赛尔政权土地改革之后，埃及占地面积越大的农场越倾向于雇用劳力组织生产。1964—1965 年，在占地 0.5～2 费丹的农场所使用的劳力中，仅有 24% 为雇佣劳力且为短工；在占地 2～5 费丹的农场所使用的劳力中，有 36% 为雇佣劳力；在占地 5～10 费丹的农场所使用的劳力中，有 53% 为雇佣劳力；在占地超过 10 费丹的农场所使用的劳力中，雇佣劳力所占比重高达 85%。[1] 到 1976—1977 年，在占地不足 1 费丹的农场所使用的劳力中，仅有 23% 为雇佣劳力且为短工；在占地 1～3 费丹的农场所使用的劳力中，有 30% 为雇佣劳力；在占地 3～5 费丹的农场所使用的劳力中，有 41% 为雇佣劳力；在占地 5～10 费丹的农场所使用的劳力中，有 45% 为雇佣劳力；在占地超过 10 费丹的农场所使用的劳力中，雇佣劳力所占比重高达 47%。到 1984 年，雇佣劳力所占比重依然随着农场面积的扩大而提高，并且各占地等级农场的雇佣劳力所占比重均高于 1976—1977 年的相关数字。在占地 0～1 费丹的农场所使用的劳力中，42.5% 为雇佣劳力且为短工；在占地 1～3 费丹的农场所使用的劳力中，有 61.4% 为雇佣劳力；在 3～5 费丹的农场所使用的劳力中，有 75.6% 为雇佣劳力；在占地 5～10 费丹的农场所使用的劳力中，有 88.5% 为雇佣劳力；在占地超过 10 费丹的农场所使用的劳力中，雇佣劳力所占比重高达 99%。[2] 以农田灌溉为例。1984 年，埃及乡村本家成年男性劳力在灌溉中的劳动时间占全部劳力在灌溉中投入的劳动时间的比重，在 0～1 费丹地产上为 73.3%，在 1～3 费丹地产上为 69.1%，在 3～5 费丹地产上为 63.5%，在 5～10 费丹地产上为 27.5%；本家成年女性劳力在灌溉中的劳动时间占全部劳力在灌溉中投入的劳动时间的比重，在 0～1 费丹地产上为 11.8%，在 1～3 费丹地产上为 8.3%，在 5～10 费丹地产上为 2.4%；本家童工在灌溉中的劳动时间占全部劳力在灌溉中投入的劳动时间的比重，在 0～1 费丹地产上为 4.0%，在 1～3 费丹地产上为 3.1%，在 3～5 费丹地产上为 3.2%，在 5～10 费丹地产上为 3.5%，在 10 费丹以上地产上为 1.1%；雇佣成年男性劳力在灌溉中的劳动时间占全部劳力在灌溉中投入的劳动时间的比重，在 0～1 费丹地

---

[1] Mahmoud Abdel-Fadil, *Development, Income Distribution and Social Change in Rural Egypt 1952—1970: A Study in the Political Economy of Agrarian Transition*, p. 28.

[2] Simon Commander, *the State and Agricultural Development in Egypt since 1973*, p. 74.

产上为10.9%，在1~3费丹地产上为18.2%，在3~5费丹地产上为30.1%，在5~10费丹地产上为66.6%，在10费丹以上地产上为98.9%。① 由此可见，随着地产面积的上升，本家的男女成年和儿童劳力在灌溉中投入的劳动时间占全部劳力在灌溉中投入的劳动时间的比重逐渐下降，而雇佣男性劳力在灌溉中投入的劳动时间占全部劳力在灌溉中投入的劳动时间的比重逐渐上升。5费丹是重要分水岭。不足5费丹的地产以本家男性劳力的投入为主，占地超过5费丹的地产以雇佣男性劳力的投入为主。因此，在1984年，随着地产面积的扩大，劳动力成本占全部成本的比重越来越高；劳动力成本占棉花全部成本的比重最高，在57%~88%；而劳动力成本占短牧草全部成本的比重最低，在18%~52%；劳动力成本占小麦、玉米、大米、长牧草全部成本的比重则居中。② 综上所述，到穆巴拉克统治初期，埃及超过5费丹的农场成为农业资本主义的主要载体，而占地超过5费丹的土地所有者或租佃者大都演变为资本主义农场主。

1970—1973年，埃及农业实际工资变化不大。③ 然而，从1973年到80年代初，埃及农业工资普遍迅速上涨。埃及农业部提供的数据显示，1973—1981年，埃及成年男性雇农的名义工资上涨5.35倍，男性童工的名义工资上涨5.08倍；1973—1986年，埃及成年男性雇农的名义工资上涨15.74倍，男性童工的名义工资上涨16.85倍。1973—1981年，埃及乡村的消费价格指数上涨1.73倍；1973—1986年，埃及乡村的消费价格指数上涨5.39倍。因此，1973—1981年，埃及成年男性雇农的实际工资上涨1.33倍，男性童工的实际工资上涨1.23倍；1973—1986年，埃及成年男性雇农的实际工资上涨2.11倍，男性童工的实际工资上涨2.31倍。④ 随着农业工资的迅速上涨，农业工资在棉花、小麦、水稻和玉米等农产品生产成本中的比重亦呈上升趋势。埃及农业部提供的数据显示，从1973/1974年到1984/1985年，埃及农业工资占小麦生产成本的比重从17.0%升至41.1%，农业工资占水稻生产成本的比重从27.9%增至48.6%，农业工资占玉米生产成本的比重从26.7%升至47.9%，农业工资占棉花生产成

---

① Simon Commander, *the State and Agricultural Development in Egypt since* 1973, p. 298.
② Simon Commander, *the State and Agricultural Development in Egypt since* 1973, p. 291.
③ Alan Richards, *Egypt's Agricultural Development*, 1800—1980: *Technical and Social Change*, p. 119.
④ Simon Commander, *the State and Agricultural Development in Egypt since* 1973, p. 92.

本的比重从35.6%增至60.0%。① 由于占地面积越多的农场越倾向于雇用劳力组织生产，因而农业工资在农业生产成本中的比重亦随土地面积的扩大而提高。农村劳力进城或出国务工是萨达特时代农业工资上涨的原因之一，但是或许存在其他原因，尚难做出定论。

2. 农业用地的租佃制度

萨达特政权试图活化租佃关系。埃及政府撤销支持佃农的农业关系仲裁委员会。萨达特政权还试图改变农业用地的地租形态。在萨达特时代，随着农产品价格呈现上升势头，固定货币地租在农业毛收入中的比重持续下降，因此诸多地主渴望将货币地租改为实物地租；在上述形势下，议会于1975年允许土地所有者将货币地租改为实物地租。萨达特政权还一度提高地租数额。1975年议会提高地税标准，并将货币地租从不超过7倍地税改为不超过10倍地税。② 然而地租数额的增长速度远远不及农业工资和农产品价格的增速，导致地租数额在主要农产品生产成本中的比重迅速下降。从1972/1973年到1981/1982年，地租数额在棉花、小麦、水稻、玉米等农作物生产成本中所占比重却迅速下降：棉花从33.0%降至17.2%，小麦从36.8%降至29.9%，水稻从23.4%降至14.0%，玉米从27.9%降至17.3%。③

二、1981—1992年穆巴拉克及民族民主党的土改诉求

1981年萨达特在如日中天之时遇刺身亡，凶手则是厌恶萨达特内外政策的少数军人。副总统穆巴拉克继任总统。穆巴拉克早年考入空军学校学习，后来历任埃及空军学院教官和院长、轰炸机中队长、埃及空军参谋长、空军司令、国防部副部长等职，曾在第三次中东战争中指挥空战并因此先后荣升空军中将和上将，此后穆巴拉克在政坛青云直上，在萨达特遇刺之前即已担任副总统与执政党民族民主党副主席。穆巴拉克时代，中央政府的军事色彩继续淡化，然而各省省长中仍只有一半左右为文人。民族民主党一党独大的多党制度得以发展，穆巴拉克长期实施《国家紧急状态安全法》以打击穆斯林兄弟会等反对党并控制政治参与，民主化进程曲折。美埃同盟强化，埃及与其他阿拉伯国家关系改善，埃以建交但关系冷

---

① Simon Commander, *The State and Agricultural Development in Egypt since* 1973, p. 290.
② Raymond A Hinnebusch, "Class, State and Reversal of Egypt's Agrarian Reform", *Middle East Report*, No. 184, 1993, p. 21.
③ Simon Commander, *The State and Agricultural Development in Egypt since* 1973, p. 290.

淡。私有化进程加快，贫富分化严重。

1992年6月，在执政党民族民主党推动下，埃及议会通过96号法即地主与佃农关系法，大幅提高地租标准并废止原有租佃契约。1997年10月1日，96号法全面实施。在96号法出台及实施后十余年间，埃及乡村出现激烈冲突。2011年2月11日与2013年7月3日，在大规模反政府示威游行的压力下，穆巴拉克和穆尔西总统先后黯然离职。在此期间，广大小农对穆巴拉克和穆尔西政权存亡与否几乎无动于衷。然而，穆巴拉克政权的垮台绝不仅仅是城市运动的结果，也与丧失乡村小农的支持密切相关。所以，论述1992年96号法的出台始末、实施过程及其对乡村农业和政治发展的深远影响，对于解读穆巴拉克政权的垮台乃至埃及的未来走向具有重要的现实意义与学术价值。迄今国内学界对1992年96号法着墨甚少，且多数语焉不详。① 笔者试从1992年96号法出台的历史背景、表决通过及引发的政治斗争、对政治发展的深刻影响等方面阐述96号法在埃及农业乡村史和政治发展史上的意义，并兼论该法与穆巴拉克与穆尔西政权垮台和阿拉伯埃及共和国"三农"问题之间的密切关联。

1992年96号法着重调整农地租佃关系，并由议会表决通过。因此，宪政时代与纳赛尔、萨达特时代埃及的土地制度特别是农地租佃关系，以及穆巴拉克执政初期官方媒体和诸多政党的推动，构成1992年96号法出台的主要历史背景。

总体而言，1922—1952年宪政时代，埃及土地私有化和土地兼并愈演愈烈，土地高度集中，佃农被迫上缴高额地租，租佃权也极不稳定。备受压迫的多数佃农和小自耕农对穆罕默德·阿里王朝心怀不满。1952—1970年纳赛尔政权着力推行土地改革，土地集中现象有所缓解，佃农上缴的实际地租数额呈现下降趋势，众多佃农获得永佃权，佃农逐渐成为佃耕地的实际所有者，地主的政治优势不复存在，包括佃农在内的广大小农构成阿拉伯埃及共和国在乡村的主要统治基础。1970—1981年萨达特时期以及1981—1992年穆巴拉克执政初期，农地租佃关系尚未发生实质变化，但穆巴拉克政权及执政党民族民主党准备择机颠覆1952年178号法关于农地租

---

① 除作者的相关学术论文之外，国内论及埃及1992年96号法的著述有：毕健康：《埃及现代化与政治稳定》，北京：社会科学文献出版社，2005年，第300-302页。温铁军：《埃及农村地权冲突调查分析》，载《世界农业》2007年第6期，第1-4页。上述论著发表于2011年年初穆巴拉克下台以前，因此并未涉及96号法与穆巴拉克政权垮台的内在关联，而且没有详述96号法出台始末以及佃农的反应。

佃关系的相关规定,新一轮的土地改革蓄势待发,埃及政府在乡村的统治基础即将发生重大变化。

在宪政时代,埃及农地地价高位运行,佃农被迫上缴高额地租。货币地租、分成地租、实物地租,抑或货币兼实物地租尽管在缴纳时间、次数、形态、灵活程度等方面各不相同,但是对佃农而言均是沉重负担。宪政时代农业用地的租佃关系也极不稳定:租佃期限往往较短;地主往往有权随时终止租佃契约;租佃协议类型以及租佃协议达成方式对佃农不利。① 人均耕地面积持续下降与农业用地高度集中,显然构成农业用地租佃关系不稳的经济背景。地租高昂、租佃权不稳与耕地面积狭小使佃农几乎丧失生产积极性。

1952年9月,纳赛尔政权出台178号法,除规定占地面积和建立土改合作社之外,还着力限制地租数额并稳定租佃关系。178号法规定,货币地租不得超过7倍地税,分成地租不得超过被扣除全部费用后的一半收成;佃农在掌握充分证据的前提下有权要求地主返还超额地租;农业用地租期不得少于3年,地主和佃农必须签署两份书面租约,各自保存一份;如果双方没有签署书面租约,则应实行分成地租,租额不得超过被扣除全部费用后的一半收成;佃农不得转租土地。1952年178号法对租佃关系的改革影响很大,涉及全国耕地面积的48%,② 到1962年已使111.4万农户受益(占无地农户总数的68%)。③ 纳赛尔曾多次强调1952年178号法对小农的重要意义,他在一次土地分配仪式上讲:"土地不仅标志着而且象征了你们的自由、你们的子孙们的自由。分配给你们的这块宝贵土地,不仅是改善你们物质生活条件的手段,而且在精神和道德上提升你们,使每个个体都充满尊严感、自由感和平等感。"④ 1961年政府禁止出租超过50费丹的地产,旨在禁绝大地产转租人存在、防止普通佃农遭受二次剥削。1963年政府规定地主和佃农必须在本村合作社签署租佃协议。1966年政府重申只

---

① Hassan Aly Dawood, "Some Characteristics of Agricultural Land Leasing in Egypt", *Journal of Farm Economics*, Vol. 32, No. 3, 1950, pp. 490–495.

② Richard H Adams Jr., *Development and Social Change in Rural Egypt*, New York: Syracuse University Press, 1986, p. 89.

③ Mahmoud Abdel-Fadil, *Development, Income Distribution and Social Change in Rural Egypt 1952—1970: A Study in the Political Economy of Agrarian Transition*, Cambridge: Cambridge University Press, 1980, p. 56.

④ Saad M Gadalla, *Land Reform: In Relation to Social Development of Egypt*, Missouri: Missouri University Press, 1962, p. 10.

有直接耕作者才有权出租土地。在土改期间，未能获地的佃农生活水平普遍有所提高。因此，纳赛尔时代的租佃法被包括佃农在内的小农视为阿拉伯埃及共和国的立国之本，而小农则构成纳赛尔政权在乡村的统治基石。

伴随着土地制度的演变，埃及农村的政治秩序也在悄然变化。在宪政时代，政府往往与大地主勾结起来欺压小农并控制乡村。纳赛尔则反其道而行之，开始支持小农对抗地主。在1952年土改之前，下埃及兹伊尔镇的王室地产面积很大，王室成员派驻该村的管家勾结当地警察，对不驯服的小农肆意鞭打和罚款，并征发小农修建或维护水渠；在1952年土地改革之后，政府派驻兹伊尔镇合作社的官员一般无权鞭笞违法小农，仅能处以罚款，但小农可以给予警察一些小恩小惠从而免受罚款。当地某大地主曾抱怨："在1952年前，像我这样的人在政府中享有特权。如果我们的佃农或雇农偷盗，我们就能前去警署述说原委，接着警察会痛打小偷。然而现在，我们这些富裕村民也不得不先拿出证据，然后警察才能采取行动。由于我们是地主，警察便不再信任我们。"他还说："纳赛尔总统在60年代指责地主都是罪犯，这一说教是在纵容贫农，使他们相信自己与别人同样优秀。"①

在萨达特时代与穆巴拉克执政初期，埃及农地租佃关系尚未发生实质变化。到20世纪80年代末90年代初，随着穆巴拉克政权推行自由化改革，埃及政府与民族民主党准备彻底改革农地租佃关系。1985年，民族民主党农业委员会最早向内阁提出废除现行租佃法，要求提高地租并允许地主出售佃耕地，理由是此时每费丹地价已超过2万埃镑，而地租却只有80埃镑，地主如果能将佃农赶走，并且以市场价租售地产或雇用劳力驯养牲畜栽培花卉，每年从每费丹地产中可多赚数千埃镑。自1986年起政府多次表态要重新立法。然而，埃及政府和司法部门在此后几年既面临着地主压力又很担忧农民反抗，左右摇摆、意见分歧。到80年代末90年代初，埃及经济面临困境，提供经济援助的国际货币基金组织要求埃及实现自由化；东欧发生剧变并开始私有化；美国赞赏埃及在海湾战争中的立场，并减免埃及债务。至此，穆巴拉克坚信，应地主要求而废除农地永佃权的时机业已成熟。因此，官方媒体开始造势，主要政党也开始推动农村土地制度变革。

---

① Richard H Adams Jr., *Development and Social Change in Rural Egypt*, pp. 91 – 92, p. 112.

第二节　1992年96号法表决通过及引发的政治斗争（1992—1997年）

一、提案内容掀起的政党博弈与媒体论争

20世纪80年代末90年代初，埃及官方媒体多次造势，鼓吹迅速修改甚至废除1952年178号法关于农地租佃关系的规定。埃及媒体几乎一边倒地贬斥佃农并美化地主。御用记者声称佃农从不断上涨的农产品价格中牟取暴利，而地主却是不折不扣的穷光蛋；力图将地主阶级描绘成贫困潦倒、受到压制、值得尊重的可怜人群。与之形成鲜明对比的是，在媒体的描绘中，埃及佃农非常懒惰，常看电视；收入较高，往往出国旅游并购买奢侈品，贪婪、残忍。

1988年9月，一篇题为《农民：他是被压迫者还是压迫者？》的文章宣称：纳赛尔政权出台的土地改革法规定佃农获得永佃权而且地租很低，因此佃农即便在极其懒惰、不致力于提高农业产量的情况下也能维持租佃权并牟取暴利；目前，佃农子弟在村里泡咖啡馆，夜间经常在地下放映室观看禁片、白天则酣然入睡。1992年5月5日，《金字塔报》刊登的最高司法机构国家委员会前副主席的一篇文章声称：1952年土地改革法体现1952年"七·二三"革命的目的，旨在废除"大地主的封建主义"；然而时过境迁，迄今埃及已经充满"佃农封建主义"，佃农政治地位高、收入不菲，地主则受到政府压制，仅能获得农业剩余的残羹冷炙，这种现象同样不公，必须加以纠正。同日《金字塔报》社论声称，纳赛尔时代的土改法已经不合时宜，必须尽快废除。1992年6月17日，《华夫脱报》刊登上诉法庭某位前任委员的言论：佃农非常富裕，甚至买田购车，地主却贫困潦倒；这违反伊斯兰教法"沙里亚"，不利于社会公平；为了纠正这一现状，穆巴拉克总统定会在近期废除过时的1952年土改法。

在官方媒体鼓吹土改的同时，在执政党民族民主党推动下，新华夫脱党、社会主义工人党、自由党，甚至原本比较重视保护小农利益的民族联盟进步党和穆斯林兄弟会，也开始赞同政府发起新一轮土改。1992年2月民族民主党总书记、农业部长兼代总理尤素夫·瓦利宣

布，民族民主党已经起草完毕新的租佃法案，并将提交议会讨论和表决。①在将草案提交议会表决前，民族民主党于3月18日主持召开由执政党与在野党共同参加的联席会议；自由党、民族联盟进步党和社会主义工人党参加谈判，而新华夫脱党代表因"身体不适"未能与会。② 穆斯林兄弟会则被排除在外。

这时诸多在野党开始表明己方立场。右翼的自由党原本就赞同土改。在联席会议召开前后，1983年重建的新华夫脱党通过其他途径发表看法，提议把地租提高20倍并取消永佃权。左翼的社会主义工人党尽管主张政府用新垦土地补偿被赶走的佃农，却认为佃农获利过多，不应再继承租佃权。需要重点关注的是民族联盟进步党。民族联盟进步党起初与其他各党的政治立场差异很大。该党指出，90%的土地所有者非常富有而且大多定居城市，如果恢复他们对农业剩余的控制权，则只能使其增加消费而非投资。③ 因此，民族联盟进步党尽管承认现行租佃法对地主不公，却坚决反对政府废除永佃权，主张政府拨付专款作为支持佃农购买佃耕地的基金，政府将贷款一次性支付地主，佃农则向政府分期付款，这样地主和佃农将会双赢，地主实现土地所有权，农民则维持土地耕作权。

总体而言，在1992年的联席会议上，尽管与会各党存在诸多分歧，但是仍然在口头上达成若干原则，并同意将这些原则纳入96号法案之中，这些基本原则包括：将农地地租从7倍地税迅速增至22倍地税；倾向于出售地产的地主有权驱逐佃农，但是佃户有权拒绝一次此类出售计划；如果地主执意出售地产，佃户或以七五折购买这块土地，或可在获得1/4地价作为补偿后被赶走。在政党联席会议结束后，埃及总理、民族民主党党员阿特夫·希德基于3月22日向议会提交96号法提案，并在议会声称政府已经接受各党联席会议达成的基本原则。

实际上，民族民主党并未将与会各党口头约定的基本原则完全纳入1992年96号法提案之中。民族联盟进步党起初痛感受骗，后来却在执政党的压力之下迅速改变立场。1992年4月1日民族联盟进步党总书记哈立德·毛希丁在回答记者提问时声称，"诸多政党立场一致"才能保证该法

---

① Reem Saad, "Egyptian Politics and Tenancy Law", in Ray Bush, ed., *Counter-Revolution in Egypt's Countryside: Land and Farmers in the Era of Economic Reform*, London and New York: Zed Books Ltd., 2002, p. 111.

② Reem Saad, "Egyptian Politics and Tenancy Law", p. 111.

③ Raymond A Hinnebusch, "Class, State and Reversal of Egypt's Agrarian Reform", pp. 20 - 21.

的顺利执行,而该法的顺利实施有助于保护各方利益,从而在事实上放弃原来支持佃农的立场。民族联盟进步党在农地永佃权问题上的立场转变,引发广大选民甚至党员的强烈不满。1992年4月29日民族联盟进步党著名党员阿布·伊兹·哈里认为,本党立场反复,真是奇耻大辱。①

穆斯林兄弟会主流派别曾在1984年议会选举中获得9个议席,在1987年议会选举中获得38个议席,政治势力明显上升。然而,在1992年上半年,穆斯林兄弟会主流派别与政府关系融洽,因而在土地改革问题上异常沉默,几乎对新租佃法案不予置评,被时人普遍视为此次土地改革的支持者。②

由此可见,在官方媒体和主要政党的推动下,1992年96号法即将出台,地主与佃农在世纪末将展开新的博弈。然而博弈尚未正式开始,佃农已注定落败,政治权力再次显示它在土地制度问题上的发言权。

在1992年96号法讨论过程中,埃及地主与议会和政府形成强大的政治同盟,或者是议会和政府支持地主,或者地主本人就是议员和高级官僚;而议会和政府却并不代表佃农利益。上埃及基纳省某佃农称:"我们是贫穷的佃农。没有人在人民议会中为我们代言……我感觉他们正在致力于瓦解小农阶层。"③阿斯旺省一位佃农的妻子无奈地说:"如果政府站在地主一边,我们能向谁诉苦?这是企图碾碎穷人的一个政府。"④

二、1992年96号法获得通过及条文分析

经过官方媒体宣传与主要政党协调,穆巴拉克政权认为将新土改法案提交议会通过的时机已经成熟。1992年6月21日,埃及内阁将新租佃法案提交议会讨论和表决。在议会表决之前,议长、民族民主党议员法特海·绍罗乌尔在发言时指出,议会将要表决的96号法案能够深化经济改革,并实现地主和佃农之间的公平;接着长篇累牍列举各类专家委员会,它们曾经参与讨论法案内容,并声称他已邀请宗教领袖、权威学者和部分高官在6月17日早上举行会议,讨论该法的方方面面;最后阐述1992年

---

① Reem Saad, "Egyptian Politics and Tenancy Law", pp. 111 – 113, 122.
② Raymond A Hinnebusch, "Class, State and Reversal of Egypt's Agrarian Reform", pp. 20 – 21.
③ Mohamed H. Abdel Aal, "Agrarian Reform and Tenancy in Upper Egypt", in Ray Bush, ed., *Counter-Revolution in Egypt's Countryside: Land and Farmers in the Era of Economic Reform*, London and New York: Zed Books Ltd., 2002, p. 154.
④ Reem Saad, "Egyptian Politics and Tenancy Law", p. 122.

96 号法的基本点在于纠正已经不合时宜的纳赛尔土改法；法案符合伊斯兰教法"沙里亚"。

从 6 月 21 日起，议会讨论 96 号提案。起初议会着重讨论地主和佃农的具体关系，争论相当激烈。这时，几乎所有民族民主党议员均在口头上肯定 1952 年七月革命的地位，以此作为立法合法性的主要来源；继而声称 1952 年土改法起初体现后来却违背了七月革命精神，因此理应修正。由于民族民主党议员在议会中占多数，议会争论逐渐趋于平息。到 6 月 24 日，经过 3 天的辩论，议会最终表决通过由内阁提交、经议会中"农业和灌溉委员会"重新表述的 96 号法——地主与佃农关系法，只有纳赛尔主义者和民族联盟进步党议员投出仅有的 10 张反对票。①

1992 年 96 号法规定：将固定货币地租增至 22 倍地税（地税约为 25 埃镑），并允许实行五五分成制地租使地主获得更多利润。1997 年 10 月 1 日后原有租佃契约均被终止，由地主和佃农谈判决定租佃关系的废除或延续；但地主有权随时出售地产。如果地产买家并非佃农，则佃农必须获得地主的补偿，但是补偿佃农的相关规定难以实施，形同具文。1992 年 96 号法原稿曾将补偿数额定为 200 倍地税（不考虑契约尚未到期前的年数）；但是，在颁布该法之前，埃及议会将补偿数额确定为在契约到期前每年补偿 40 倍地税，根据租约到期前年份的不同，佃农可以获得每费丹 1 000～5 000 埃镑的补偿；由于地价持续上涨，这一补偿数额很可能只相当于地价的 2%～10%。政府将为已在耕地上建有住所的佃户提供新的房屋，而被驱赶的佃农则可优先获得新垦沙漠土地，但是相关承诺难以执行。一方面，沙漠新垦土地面积有限。土地人权中心（Land Center for Human Rights）研究人员马哈茂德·嘎比日讽刺道："为了补偿所有佃农，我们所需的新垦土地面积相当于自 50 年代以来的垦荒工程开始后已垦土地面积的两倍。"② 另一方面，在 1992 年第 96 号法颁布之后的数年中，埃及政府仅提供了 3 330 万美元，用于为丧失租佃权小农购置新垦沙漠土地，而 1997 年每英亩耕地市场价约为 3.5 万美元，佃农至少需要数十亿美元才能渡过难关。因此，丧失租佃权的小农很难获得政府提供的新垦沙漠土地。据美国国际开发署估计，1999 年努巴拉亚地区共有 5 万名丧失租佃权的小农申

---

① Reem Saad, "Egyptian Politics and Tenancy Law", pp. 113－115.
② Karim El-Gawhary, "Nothing More to Lose: Landowners, Tenants and Economic Liberalization in Egypt", p. 48.

请获得新垦沙漠土地,然而其中仅有1.2万名小农获得政府提供的新垦沙漠土地,这不仅是因为新垦沙漠土地面积以及埃及政府提供的购地资金太少,而且是由于以下原因:①租佃权和私人地产问题。在申请沙漠新垦土地之时,小农必须证明自己已经丧失租佃权,而且几乎没有占有任何地产;但是,许多地主拒绝向丧失租佃权小农提供已经丧失租佃权的证据,而许多佃农在丧失租佃权的同时却通过继承或购买而占有小块地产。②申请期限问题。政府规定,申请获地的最后期限为1998年5月25日;但是许多佃农信息闭塞,并不知晓政府规定的最后申请期限。即便佃农知晓这一最后期限,但许多佃农(例如种植甘蔗的佃农)往往为了收获农产品而被迫延长之前的租佃期限,因而丧失申请资格。③佃农不得强行维护或动员其他佃农维护租佃权,否则将无法获得新垦土地。不仅如此,侥幸获得新垦沙漠土地的诸多佃农,后来被迫放弃这些耕地。例如,在1999年获得新垦沙漠土地的1.2万名努巴拉亚佃农中,有4000人后来放弃这些耕地。原因在于沙漠土地的投资回报期长达5~7年;每位佃农仅获2.5费丹耕地,难以供养全家;缺乏学校、医院、集市和基础设施;房屋拥挤;缺乏治理沙漠的技术;需要较多贷款,然而佃农缺乏贷款抵押品,很难获得贷款。①

关于1992年96号法所涉耕地面积以及佃农数量,埃及政界和学界提供的多种数据差异巨大。关于佃耕面积所占比重,有13%说(1989—1990年埃及农业部普查)、20%说(《民族联盟进步党党报》)与24%说(1992年6月4—10日《金字塔报》的相关报道),等等。关于佃农数量,有28.6万人说(涉及100万个家庭成员)、50万人说(涉及300多万个家庭成员),140多万人说(涉及500多万个家庭成员),等等。② 尽管相关数据并不一致,但是确定无疑的是1992年96号法涉及大片耕地和大量村民。

在1992年96号法颁布前夕,埃及农村盛行自耕地产、雇工自营和租佃土地(其中又分为分成制和固定制,货币和实物制)三类农业经营方

---

① Ray Bush, "More Losers than Winners in Egypt's Countryside: The Impact of Changes in Land Tenure", in Ray Bush, ed., *Counter-Revolution in Egypt's Countryside: Land and Farmers in the Era of Economic Reform*, pp. 188 – 189. Ray Bush, "Land Reform and Counter-Revolution", in Ray Bush, ed., *Counter-Revolution in Egypt's Countryside: Land and Farmers in the Era of Economic Reform*, p. 19. Karim El-Gawhary, "Nothing More to Lose: Landowners, Tenants and Economic Liberalization in Egypt", p. 48.

② Mohamed H Abdel Aal, "Agrarian Reform and Tenancy in Upper Egypt", pp. 139 – 140.

式，多数土地所有者往往同时采用两种以上经营方式①（表2-3~表2-4）。

表2-3 根据土地利用类型和地块大小划分的土地分配②

土地利用类型	（不足）1费丹/%	1~（不足）3费丹/%	3~（不足）5费丹/%	5费丹以上/%	平均面积/费丹
完全自营的所有者	38.7	39.5	12.2	9.6	2.5
采用分成实物租的所有者	45.0	20.0	15.0	20.0	2.8
采用固定货币租的所有者	50.0	25.0	0	25.0	（不足）1
自营并按照固定货币租出租的所有者	6.6	31.9	18.7	42.9	6.3
按照固定货币和分成实物租出租的所有者	12.5	50.0	0	37.5	（不足）1
兼有自营、分成和固定出租的土地所有者	0	21.1	15.8	63.2	（不足）1
单纯缴纳固定货币租的佃农	32.1	46.7	16.8	4.4	2.1
单纯缴纳分成实物租的佃农	38.5	61.5	0	0	1.4
同时缴纳固定货币和分成实物租的佃农	5.6	61.1	16.7	16.7	（不足）1
既自营又按照固定货币租租入土地的所有者	13.9	46.0	19.8	20.4	3.7
既自营又按照分成实物租租入土地的所有者	17.1	50.0	20.7	12.2	3.0
同时按照固定货币地租出租和租入土地的所有者	50.0	50.0	0	0	（不足）1
既自营又按照分成实物租出租还按照固定货币租租入土地的所有者	0	33.3	0	66.7	（不足）1
既自营又按照固定货币租出租和租入土地的所有者	1.6	21.3	14.8	62.3	8.3

---

① Mohamed H Abdel Aal, "Agrarian Reform and Tenancy in Upper Egypt", pp. 143-149.
② Mohamed H Abdel Aal, "Agrarian Reform and Tenancy in Upper Egypt", p. 147.

续表

土地利用类型	（不足）1费丹/%	1~（不足）3费丹/%	3~（不足）5费丹/%	5费丹以上/%	平均面积/费丹
既按照分成实物租出租又按照固定货币租租入土地的所有者	0	0	0	100.0	不足1
既自营又按照分成实物租出租和租入土地的所有者	0	25.0	0	75.0	不足1
既自营又按照固定货币租出租又按照分成实物租租入土地的所有者	0	0	50.0	50.0	不足1
贷款合作社内的土改（原文如此，笔者注）	22.0	56.1	11.0	11.0	3.3
3种以上的利用方式	4.9	37.0	23.4	37.7	5.4

表2-4 根据土地利用类型和地产细碎化划分的土地分配① %

土地利用类型	1~2块	3~5块	5块以上
完全自营的所有者	55.6	34.0	10.5
采用分成实物租的所有者	70.0	20.0	10.0
采用固定货币租的所有者	50.0	0	50.0
自营并按照固定货币租出租的所有者	9.9	40.7	49.5
按照固定货币和分成实物租出租的所有者	25.0	37.5	37.5
兼有自营、分成和固定出租的土地所有者	0	10.0	89.5
单纯缴纳固定货币租的佃农	73.0	18.2	8.8
单纯缴纳分成实物租的佃农	76.9	11.5	11.5
同时缴纳固定货币和分成实物租的佃农	38.9	61.1	0
既自营又按照固定货币租租入土地的所有者	21.5	35.4	43.1
既自营又按照分成实物租租入土地的所有者	28.0	42.7	29.3
同时按照固定货币地租出租和租入土地的所有者	50.0	0	50.0
既自营又按照分成实物租出租还按照固定货币租租入土地的所有者	0	22.2	77.8

---

① Mohamed H Abdel Aal, "Agrarian Reform and Tenancy in Upper Egypt", p. 149.

续表

土地利用类型	1~2块	3~5块	5块以上
既自营又按照固定货币租出租和租入土地的所有者	0	16.4	83.6
既按照分成实物租出租又按照固定货币租租入土地的所有者	0	0	100.0
既自营又按照分成实物租出租和租入土地的所有者	0	0	100.0
既自营又按照固定货币租出租又按照分成实物租租入土地的所有者	0	0	100.0
贷款合作社内的土改（原文如此，笔者注）	81.1	9.8	9.1
3种以上的利用方式	13.6	36.6	49.8

三、法令公布引发的小农抗议和政府打压

笔者认为，萨达特和穆巴拉克时代埃及土地政策的变更，不仅与政府和地主的权力对比紧密相关，而且成为政府统治基础剧变的直接后果。萨达特和穆巴拉克承认纳赛尔时代的获地小农权益并放宽价格控制，从而给予土地所有者完整产权；然而，他们又取消对地产面积的限制，并颠覆纳赛尔时代的租佃关系。这是由于共和国的统治基础已经悄然发生变化。纳赛尔的政敌是占地广袤的埃及王室、外国公司和宗教机构（他们恰恰是宪政时代埃及政府的主要统治基础）、为数不多的大资本家、强大的英法殖民势力与以色列，所以埃及政府需要在农村通过土地改革扶持小农和富农，在城市通过国有化和食品补贴取悦工人和城市贫民，免费教育和低价医疗则是动员广大城乡劳动者并获取其支持的有效途径。在萨达特上台前后，大地主已被打倒，受到国家扶持的中等地主与合作社领袖则已成为政府新兴的阶级基础；国有化进程业已完成，原有大资产者力量削弱，而官僚资本家则羽翼丰满；在1973年"十月战争"结束特别是在1979年《戴维营和约》签署之后，埃及与西方国家和以色列的矛盾有所缓和，无须对下层民众进行大规模政治动员；所以，此时的埃及政府无须取悦城乡劳动者。与此同时，经济困境迫使政府获取城乡有产者和西方富国的资金投入，所以埃及政府在农村开始取消永佃制度、推动地权私有、放松价格控制，使农业剩余控制权很快从政府转移到地主手中；在城市则试图降低食品补贴并酿成1977年和1984年市民的"大饼动荡"。然而，在萨达特和

穆巴拉克时代，埃及城乡劳动者依旧具有不同地位。工人组织严密能力较强，接近统治重心，还有诸多政党表达其利益诉求，所以政府在缩减食品补贴方面迟迟未能开展大动作而且时有反复；特别是在1992年第96号法令颁布之后，佃农已对政府充满敌意，焦头烂额的穆巴拉克政权更加倚重工人的支持。例如，穆巴拉克政权和议会原本企图废除城市的固定廉租房制度，以便促进"市场自由化"；但是，城市廉租房的受益者多为城市中产阶级和农村在外地主，而且城市廉租房住户集中，容易团结起来表示抗议从而造成城市动荡，因此政府和议会被迫暂停改革城市廉租房制度。①佃农却不具备工人的上述优势，政治地位异常低下，难以有效维权。

然而，对于96号法即将激起的巨大冲突，已经改变执政基础的民族民主党似乎缺乏足够的心理准备。1992年6月24日，总理阿特夫·西德基在议会闭幕式上为96号法辩护："我希望某些人不要认为本法的目的就是给予地主一把刺入佃农颈项的利剑，因为本法将逐渐实现这两个群体之间的均衡和公正。我们不应忘记我们是一个充满同情心的和互助性的社会，不应认为地主仅仅因为本法公布就会驱逐佃农。"96号法颁布不久，埃及劳工部前副部长在《金字塔报》撰文声称，96号法非常公允，有助于改变此前地主和佃农的不平等状态。②

事实并非如此。在96号法颁布前，佃农曾从电视辩论中听到有人谴责他们靠侵吞地主利益而变得富有，此时他们简直不敢相信自己的耳朵。佃农获悉96号法的内容后非常忧惧。以卡姆希什镇为例。该镇位于尼罗河三角洲北端，与开罗相距不远，常住居民2.5万人，在1992年96号法颁布时共有500户佃农。一名佃农发出感慨："真主已经使我们地位悬殊——你们富裕，而我贫穷，但是你们怎能夺走我所拥有的那一点面包呢？"该村佃农阿卜杜勒·拉苏尔，膝下有六位子女，全家和牲口一起栖身于一处茅屋，他说："我该去哪里呢？除了这块半费丹土地之外我一无所有，而这么多年我也没有积攒一分一厘，难道我应该让我的孩儿们去当小偷吗？"③一位老佃农绝望地说："如果我在这五年过渡期结束前非常幸运地离开，我可能获得6 000~12 000埃镑，但这些钱还不够我两年之用。现在有的日工每天可以赚10埃镑，但是以我的这一把老骨头，怎么还有力气打

---

① Reem Saad, "Egyptian Politics and Tenancy Law", pp. 122 – 123.
② Reem Saad, "Egyptian Politics and Tenancy Law", pp. 103, 107 – 111.
③ Karim El-Gawhary, "Nothing More to Lose: Landowners, Tenants and Economic Liberalization in Egypt", *Middle East Report*, No. 204, 1997, pp. 41 – 42.

一枪换一个地方？我还能去哪里？到沙漠的新垦土地上吗？到那以后我很快就会一命呜呼。我在这儿待了大半辈子，一无所有……如果我走了，老伴怎么办？"①

然而，在1992年6月至1997年9月即过渡期内，绝大多数佃农和政治观察家不相信96号法能够真正付诸实施，他们普遍对穆巴拉克心存幻想。一位老佃农说："我们的确不能相信，江河还会倒流！"在96号法草拟、讨论和执行的整个过程中，穆巴拉克总统刻意保持低调，因此佃农和政治家依然对他抱以极大好感和期望。许多佃农希望，在1992年96号法全面实施之前的最后一刻，穆巴拉克总统能出现在电视屏幕上，宣布推迟该法的实施甚至废除这一不得民心的法律，因为类似事情之前也曾发生过。吉萨和代盖赫利耶省农民坚信，穆巴拉克绝不会容许这一法律全面实施。在1997年10月96号法付诸实施前夕，纳赛尔主义者、民族联盟进步党呼吁政府和总统将暂缓实施该法的时间再延长5年，即延长至2002年。

1992年96号法的反对者之所以对政府心存幻想，除了对穆巴拉克存在期望之外，还在于他们坚信政府绝不容许广大乡村陷入动荡之中，而96号法的全面推行显然将导致农村局势动荡不安。1997年夏，担任吉萨省农民联合委员会主席的一位佃农说："这一形势类似巴勒斯坦局势，土地换和平。如果政府希望和平，我们就必须保有土地。"② 另外，广大佃农一直将1952年土改法视为共和国的立国之本，不相信政府会抛弃共和国的这一基石。

随着1997年10月1日96号法实施期限的临近，政府不顾民众的反对一再表示将坚定执行该法令；在1996—1997年，农业合作社、乡村银行和制糖厂正式终止与佃农的交易，这明白无误地表明穆巴拉克政权决心按照既定计划全面推行1992年96号法。在96号法付诸实施前夕，穆巴拉克总统在一次新闻发布会上充满信心地宣布："这一问题的92%已经得到解决，而其余问题将在10月之前全部解决。"③

---

① Raymond A Hinnebusch, "Class, State and Reversal of Egypt's Agrarian Reform", p. 22.

② Karim El-Gawhary, "Nothing More to Lose: Landowners, Tenants and Economic Liberalization in Egypt", *Middle East Report*, No. 204, 1997, p. 42. Reem Saad, "Egyptian Politics and Tenancy Law", pp. 115 – 116.

③ Karim El-Gawhary, "Nothing More to Lose: Landowners, Tenants and Economic Liberalization in Egypt", p. 42. Reem Saad, "Egyptian Politics and Tenancy Law", pp. 115 – 116. Ray Bush, "Land Reform and Counter-Revolution", in Ray Bush, ed., *Counter-Revolution in Egypt's Countryside: Land and Farmers in the Era of Economic Reform*, p. 18.

至此，多数佃农开始对穆巴拉克政权丧失信心。在1997年10月1992年96号法全面实施前夕，卡姆希什镇许多佃农斩钉截铁地说："我们宁可死去，也不愿被赶出我们的土地。"一名佃农慷慨激昂地表示抵抗："如果警察真要来夺我们的土地……我即便被捕入狱也在所不惜。"该镇一名佃农发出警告："山崩一旦发生，将很难停息。接着，埃及大地就将陷入战乱之中。"于是，埃及佃农与地主和政府之间开始爆发激烈冲突。在1992年96号法即将付诸实施前夕，由部分律师以及研究人员自愿组成一个捍卫佃农利益的非政府组织——土地人权中心（Land Center for Human Rights），其负责人卡拉姆·萨伯里一针见血地指出："坚信佃农会放弃其土地，这简直是痴人说梦……尽管佃农的举动迄今仅仅是上书请愿或者集体签名，但是随着10月最后期限的临近，他们的情绪越发极端。"①

事实的确如此。在该法全面实施前，为数众多的佃农多次举行群众集会。佃农经常在乡村举行小型集会；为防警察包围和冲击，佃农的应对措施是："我们仅在集会之前数小时才公布消息，这样的话防暴警察就来不及采取行动。"② 1997年4月，约7 000名农民还在开罗举行集会，抗议96号法。③ 拒绝放弃租佃权或参加集会的佃农，往往遭到地主所雇流氓打手的肆意恐吓和残酷殴打，以及警察和安全部队的强行驱逐、非法拘禁与严刑拷打。96号法规定，如果政府未能替佃农在原居住地附近提供合适居所，则该佃农不应被地主赶走。事实上警察和地主多次恐吓不愿离开土地的佃农，并拆除其所建房屋，或强迫佃农购买其在地主土地所建房屋。埃及民法规定，未经法庭授权，任何人在其地产之上不得被驱离；96号法规定，未经法庭授权或佃农和地主协商一致，原来的租佃协议不得废除，经协商一致而丧失租佃权的小农应获得合理补偿。然而在1997年10月后，地主和警察则肆意破坏上述规定。例如，埃及警察为了阻止佃农延续租佃关系或获得合理补偿，常常对佃农滥用刑罚、严刑拷打。④

---

① Karim El-Gawhary, "Nothing More to Lose: Landowners, Tenants and Economic Liberalization in Egypt", p. 42.
② Karim El-Gawhary, "Nothing More to Lose: Landowners, Tenants and Economic Liberalization in Egypt", p. 48.
③ Ray Bush, "More Losers than Winners in Egypt's Countryside: The Impact of Changes in Land Tenure", in Ray Bush, ed., *Counter-Revolution in Egypt's Countryside: Land and Farmers in the Era of Economic Reform*, p. 190.
④ Land Centre for Human Rights, "Farmer Struggle Against Law 96 of 1992", pp. 128 – 132, pp. 136 – 137.

从 1992 年 6 月 96 号法颁布到 1997 年 10 月该法全面推行，政府刻意隐瞒佃农多次小规模抗议的事实，并矢口否认对佃农的迫害；不仅如此，政府还极力美化佃农被赶走的过程，声称多数佃农是在调解委员会劝说之下自愿离开的，整个过程异常平静。例如，1997 年 10 月总理凯麦勒·贾特鲁里声称调解委员会的调解成功率高达 95%。①

事实上，地主和警察的粗暴行动，促使佃农的反抗继续升级，许多地区发生佃农报复地主、围堵警察、冲击机关的恶性事件。1997 年 7 月初，数百名佃农在米尼亚省的两座村庄发起游行示威，焚毁地主的房屋，在公路和铁道上设置路障，并焚毁一辆公共汽车。示威人群与警察发生冲突，其中示威者死 3 人伤 20 人。第二天，尼罗河三角洲地区阿塔夫村的佃农，将农业部驻该村机构付之一炬，力图破坏登记地权的官方记录，160 多名佃农因此被捕入狱。1997 年 7 月 28 日，开罗东北方向的卡玛鲁纳，一名老佃农及其老伴因拒绝缴纳地租增额而被地主及其子殴打致死。②

在上埃及乡村，矛盾更加尖锐，这是由于地主往往是科普特人而佃农往往是穆斯林，于是地权争夺便与宗教冲突纠缠在一起；不仅如此，上埃及还存在家族仇杀等历史宿怨，而 96 号法再次揭开家族仇杀的盖子。例如，上埃及卡夫拉·黛米安村有 1 000 名科普特人和 3 000 名穆斯林。1996 年该村数百名穆斯林袭击科普特人住所，杀死牲畜并焚毁马厩。尽管袭击的直接原因是谣传科普特人企图非法建立基督教堂，但地权争夺似乎构成主要原因。③

针对佃农的频繁集会和激烈反抗，官方媒体和埃及政府频频指责佃农的此类举动系非法的"恐怖主义行径"，穆巴拉克政权借机打压乡村小农、敌对政党，以及持异见者，巩固民族民主党一党独大的政治地位。

一方面，穆巴拉克重点攻击同情小农的伊斯兰劳工党与穆斯林兄弟会。1997 年 7 月，安全部队和政府的发言人声称，不法分子意欲破坏稳定局势，唆使佃农起身反抗 1992 年 96 号法。1997 年 7 月底，巴尼·苏瓦夫省一处农业合作社被烧成灰烬，政府遂将矛头对准伊斯兰劳工党，指责伊

---

① Reem Saad, "Egyptian Politics and Tenancy Law", pp. 118 – 121.
② Karim El-Gawhary, "Nothing More to Lose: Landowners, Tenants and Economic Liberalization in Egypt", p. 42.
③ Karim El-Gawhary, "Nothing More to Lose: Landowners, Tenants and Economic Liberalization in Egypt", p. 48.

斯兰激进组织成员是佃农暴动的根源。① 民族民主党等诸多政党还纷纷指责穆斯林兄弟会是1992年96号法颁布后乡村骚乱的策划者和组织者。② 因此，穆斯林兄弟会在90年代前期也成为穆巴拉克政权借故打压的重要对象。1994年政府禁止穆斯林兄弟会活动，指责其支持恐怖组织，进而实施侵犯人权的高压政策。在1995年议会选举前夕，穆斯林兄弟会总部被政府关闭，81名穆斯林兄弟会重要成员遭到逮捕，其中5人被判处5年监禁，49人被判处3年监禁。受此影响，穆斯林兄弟会在议会选举中仅获1个议席，而民族民主党则获得417个议席。③ 民族民主党的执政地位得到强化。

另一方面，具有同情心的知识分子也遭到政府迫害。1997年6月中旬，一名新闻工作者、一位兽医和两名律师被捕入狱，理由是警察在搜查他们的住所时发现存在抨击1992年96号法的文字材料；警察据此认为，这些人曾组织反对1992年96号法的集会、开展签名活动并致信总统，因此，这些人被指控威胁公共安全，犯有煽动罪。尽管国内外诸多人权组织发出多次呼吁，但是4人在9月25日未经审判的情况下仍被判处45天监禁。④

1997年10月1日，1992年96号法全面施行，埃及乡村开始发生剧变。原本享有永佃权并交纳少量地租的佃农，普遍失去永佃权，或继续充当佃农并上交高额地租，或充当雇农，或流向城市，不复成为阿拉伯埃及共和国的统治基础，穆巴拉克政权在乡村的统治基石从小农转为地主，在缓解经济困难的同时也埋下了执政不稳的祸根。

第三节　1992年96号法全面施行与新世纪初的两次"倒穆"（1997—2013年）

2011年年初和2013年夏，埃及出现两次"倒穆"运动，军人出身的穆巴拉克与虔诚海归穆尔西两位总统先后下台，政治局势发展之快震惊整个世界，军方逼宫动作之频尤其令人瞠目。如果说在第一次倒穆运动中，

---

① Ray Bush, "An Agricultural Strategy Without Farmers: Egypt's Countryside in the New Millennium", *Review of African Political Economy*, Vol. 27, No. 84, 2000, pp. 239–242.

② Reem Saad, "Egyptian Politics and Tenancy Law", p. 119.

③ 哈全安著：《中东史：610—2000》，第575页。

④ Karim El-Gawhary, "Nothing More to Lose: Landowners, Tenants and Economic Liberalization in Egypt", p. 42.

受强人总统长期卵翼的埃及军方在干政之际尚显稚嫩,暗含千呼万唤始出来、犹抱琵琶半遮面的"羞涩";那么到第二次倒穆运动时,被孱弱总统几番激怒的埃及军方则第一时间亮出红牌,似乎充满"宜将剩勇追穷寇"的"豪情"。这究竟是为什么?

军方的果敢源自总统的孤立。1992年穆巴拉克政权出台96号法,放松对地产面积的限制并废除纳赛尔时代的永佃制度。1997年10月1日,96号法全面实施,导致佃农生活水平急剧下降,乡村地权冲突长期存在,佃农死伤之众触目惊心,广大佃农不再成为现政权的积极支持者,在2011年年初和2013年夏城市政治风波发生后实际充当倾向政治革新的"沉默大多数"。换言之,2011—2013年穆巴拉克和穆尔西政权的相继垮台,不仅源于城市民众的反抗,而且由于丧失乡村小农的支持。

一、96号法的全面施行与2011年穆巴拉克总统辞职

1997年10月1日,1992年96号法开始全面施行。对土地所有者和有财力租种地主土地的富裕村民而言,1992年96号法的确是一个福音。地租地价大幅上涨,地主租售地产就能获得更多利润。对佃农的货币补偿微乎其微,而政府也承担为佃农提供住所和耕地的责任。租佃关系自由,而埃及人均耕地又在不断减少,供求关系决定他们可以占据更为有利的租佃地位,或者雇用农业工人自营地产。从理论上讲,这是一场在市场驱动和立法支持下以暴力剥夺佃农租佃权的新圈地运动。然而,英国圈地运动与埃及穆巴拉克时代的"新土改"不可同日而语。前者基本上在农业时代进行,当时地广人稀,领主主要侵吞共有农地,有助于建立自由劳动力市场、资本主义性质的大型农场并促进农业资本积累;后者在工业时代开展,人多地少,城市吸纳农业剩余劳力的能力有限,回收的地产很可能被用作建筑用地,地主所获资本不一定投入农业领域甚至不一定投向生产领域。1998年以来,埃及政府提供优惠贷款、修建基础设施和免收多年地税,积极鼓励农业投资;但是获得暴利的地主并未对农业进行有效投资。

但是对佃农来说,96号法无异于一次残酷的压榨。佃农哀叹"封建主义开始卷土重来","地主说,要把我们重新变为奴隶。"[①] 佃农普遍丧失永佃权,被迫上缴高额地租、充当雇工或流向城市,生活水平急剧下降。某佃农抱怨道,在1992年96号法颁布前,农地地租较低,1费丹土地就能

---

① Reem Saad, "Egyptian Politics and Tenancy Law", p.121.

维持全家生计；他在冬天将0.5费丹用来种植牧草，在其余0.5费丹耕地上种小麦；在夏天全部种植用来食用的玉米；所以对市场的依赖程度很低。在96号法颁布之后，农地地租大幅上涨，因此他无法再种植价格低廉的玉米，被迫种植用于出售的大豆，并去村庄面包房购买受到政府补贴的粗制面包。米尼亚省一位被赶走的女佃农说，自从丧失1费丹土地的租佃权后，她与家人被迫出售水牛，因此至今未饮用牛奶，也没有食用奶酪，仰赖邻人和其他好心人的接济，而且子女也被迫退学。该法全面实施之后，许多丧失租佃权的小农无钱用电，被迫使用煤油灯。农村偷盗现象也开始蔓延。①

1992年96号法全面实施后，埃及农村出现更多地权冲突，大量小农死于非命，身体受伤或被捕入狱。1997—1998年，约87人死亡、545人受伤、798人被捕。1998年1月—2000年12月，96号法和相关土地冲突导致埃及死亡119人、受伤846人、被捕1 409人②（表2-5）。

表2-5 1998年1月—2000年12月埃及农村由96号法和相关
土地冲突导致的死亡、受伤和被捕记录③   人

省份	死亡者	受伤者	被捕者
吉萨省	12	116	169
阿斯犹特省	24	92	157
东部省	10	122	243
米尼亚省	8	69	61
达卡利亚省	6	21	36
扫哈格省	15	70	79
迪米耶塔省	—	—	42
法犹姆省	6	44	103
苏伊士省	—	—	7
曼努非亚省	1	35	84

---

① Mohamed H. Abdel Aal, "Agrarian Reform and Tenancy in Upper Egypt", pp. 139, 156.

② Ray Bush, "An Agricultural Strategy Without Farmers: Egypt's Countryside in the New Millennium", pp. 239-242. Land Centre for Human Rights, "Farmer Struggle Against Law 96 of 1992", in Ray Bush, ed., *Counter-Revolution in Egypt's Countryside: Land and Farmers in the Era of Economic Reform*, pp. 126-138.

③ Land Centre for Human Rights, "Farmer Struggle Against Law 96 of 1992", p. 127.

续表

省份	死亡者	受伤者	被捕者
噶柳比亚省	4	34	46
西部省	5	58	123
基纳省	13	53	66
布海拉省	4	39	74
阿斯旺省	1	8	3
巴尼·苏瓦夫省	9	27	46
塞得港	—	25	30
卡夫拉-赛伊克省	1	27	31
伊斯梅利亚省	0	6	9
总计	119	846	1 409

进入21世纪，始于20世纪90年代的埃及地权斗争仍有余响并波及土地制度的其他方面，农村的动荡冲突在局部地区甚至延续至今。

地主和政府开始废除佃农在国有土地的耕作权。埃及政府曾于1978年1月17日规定淤积土地归属国家；而到1992年96号法全面实施之后，埃及地主勾结警察局等国家机关伪造地契，清除小农的地权凭证和地权档案，蓄意占有淤积土地。2000年年初农业部宣布废除18 450费丹国有土地上约1.5万佃农（涉及10万个家庭成员）的租佃权，以便出售国有地产。①

地主在政府支持下甚至企图抢夺曾被纳赛尔政权没收的超额私有土地。1992年96号法原本并未涉及在纳赛尔政权下的土改期没收并分配的土地。但在1992年96号法颁布后特别是在1997年10月全面实施后，在纳赛尔政权土改中被没收超限土地的地主或其后裔勾结警察、合作社干部和村民委员会，无视农民已经为所获地产分期付款或正在付款的事实，企图迫使在纳赛尔时代获得土地的小农放弃土地所有权。2007年1月，中国"三农"问题研究专家温铁军前往开罗迪克纳斯镇调查，他吃惊地发现"过去负责土改的农业改革署如今已然成了帮助地主夺地的官僚机构……法院得以'依法'判决农民必须交出土地，甚至连同……农宅也得无偿交出"②。例如，2007年，下埃及达卡利亚省的梅尔萨克村，曾在50年代中

---

① Land Centre for Human Rights, "Farmer Struggle Against Law 96 of 1992", pp. 134–136.
② 温铁军：《埃及农村地权冲突调查分析》，第3页。

期被纳赛尔政权没收 100 费丹耕地的地主后裔,雇用暴徒并收买警察,强行赶走已经购得上述超额地产并耕种半个世纪之久的 50 户村民,由此引发一场严重的地权斗争。①

伴随着地权冲突加剧、佃农死伤增多与生活水平下降,埃及小农对政府和民族民主党充满愤恨,穆巴拉克政权在乡村的执政基础空前狭窄,其中蕴含着极其严重的统治危机。塞缪尔·亨廷顿曾经这样写道:"农村人口占大多数和城市人口的增长这两个条件结合在一起,就给处于现代化之中的国家造成了一种特殊的政治格局。城市和乡村之间在政治态度和政治行为方面就形成了一种差距。城市变成了反对派的中心,不断起来反对现存政治制度,而政府的稳定则依赖于它能动员起农村的支持。""在处于现代化之中的国家里,城市不单是动荡的场所,而且也是政府反对派的大本营。一个政府要想享几天太平,就必须以农村为坚强后盾。如果政府不能赢得农村的支持,那就国无宁日。"②

正如亨廷顿所言,"政府的稳定则依赖于它能动员起农村的支持","如果政府不能赢得农村的支持,那就国无宁日"。故事要从 2010 年年底的议会选举说起。当时穆巴拉克政权操纵议会选举,导致执政党民族民主党大获全胜,反对派仅获得区区十几个议席,其中穆斯林兄弟会一票未得,穆巴拉克的执政地位貌似固若金汤,关于其子贾麦勒即将子承父业的传言越发挑战民众的心理底线。然而,令人作呕的操纵选举这一卑劣做法在满足老总统虚荣心的同时,也在升级和聚合反对派的愤慨。原本风平浪静的政治表面开始出现阵阵涟漪,埃及局势终于失控。

2011 年 1 月底,开罗等大中城市爆发了声势浩大的反政府示威游行,反对派再也无法容忍强人政治,纷纷效仿突尼斯民众走上街头,强烈要求操纵国柄三十年的老耄总统穆巴拉克立即下台,步本·阿里的后尘。久经战阵贪恋权位的穆巴拉克在游行示威面前泰然自若,不为所动,起初只是不疼不痒地表示将继续推进改革并放弃连任机会。然而,总统没有料到,一贯驯顺的军方居然开始附和反对派的政治诉求,军方干政使政治局势发生了戏剧性变化。起初,埃及军方力挺穆巴拉克,派出飞机和军车监视示威民众;接着,军方公开表示忠于人民并且拒绝动武,同时强调服从"英

---

① Ray Bush, "Politics, Power and Poverty: Twenty Years of Agricultural Reform and Market Liberalisation in Egypt", *Third World Quarterly*, Vol. 28, No. 8, 2007, p. 1607.

② [美]塞缪尔·亨廷顿著:《变化社会中的政治秩序》,王冠华等译,上海:三联书店,1989 年,第 266 - 281 页,第 401 - 411 页。

雄""统帅""父亲"——穆巴拉克总统,显示出不偏不倚的骑墙立场;最后,面对毫不服软的示威民众和赖着不走的老耄总统,埃及军队内部出现分裂,失去耐心的高级将领考虑逼宫,政治天平开始倾向示威民众一方。

2月11日,四面楚歌的穆巴拉克总统宣布辞职并将国家权力移交武装部队最高委员会,貌似坚如磐石的穆巴拉克政权骤然坍塌,持续30年之久的"穆巴拉克时代"正式终结,埃及示威民众的民主运动取得阶段性胜利。回顾起来,如果没有埃及军方临阵倒戈注入正能量,穆巴拉克能否辞职还很难说。同年4月16日,经军方允许,操纵埃及政府和议会长达30余年的前执政党民族民主党遭到解散并被没收党产,迅速成为历史陈迹。

需要关注的是,在此期间,诸多城市出现剧烈震荡,而广大乡村则相对平静。这种冷漠态度值得深思。2011年年初发生在埃及的政治风波,集中反映了乡村小农的无权地位,并折射出这一社会群体对穆巴拉克政权存亡与否无动于衷。实际上,自穆巴拉克政权颁布1992年96号法之后,诸多佃农丧失租佃权并充当雇农或流向城市,纳赛尔时代的获地小农及其后裔的土地所有权也受到严重威胁,纳赛尔时代的土改法令几成具文,广大小农对穆巴拉克政权充满愤恨。相比之下,在同样具有鲜明城市色彩的伊朗伊斯兰革命期间,诸多乡村亦处在政治运动的边缘地带。然而,在伊朗革命前夕,以土地改革为主要内容的"白色革命"已经推行数十年,众多小农获得地产并加入农业合作社。在穆巴拉克下台前,情况迥然不同。因此在伊朗革命和"倒穆运动"期间,两国小农的政治立场似有区别。

姑且不论埃及小农是否拥有颠覆政局的足够能力,单就穆巴拉克政权所采取的损害小农利益的土地政策而言,就不难想象埃及小农在2011年年初会对穆巴拉克政权冷眼旁观,这种冷漠态度成为压垮穆巴拉克政权的最后一根稻草。换言之,穆巴拉克黯然退隐,不仅是由于城市民众的反抗,而且是因为丧失乡村小农的支持。

二、后穆巴拉克时代96号法的延续与2013年穆尔西下台

2011年2月11日穆巴拉克总统在耄耋之年黯然退隐。在穆巴拉克卸任前后,阿拉伯世界活跃在世纪之交的政坛明星,或寿终正寝(例如巴勒斯坦领导人阿拉法特),或死于非命(例如利比亚领导人卡扎菲),或逃亡国外(例如突尼斯前总统本·阿里),或黯然离职(例如也门前总统萨利赫),或风雨飘摇(例如叙利亚现任总统巴沙尔),阿拉伯世界的强人时代

宣告终结。

从2011年2月11日至次年6月30日，埃及军方并未仿效纳赛尔建立军人政权，而是开启议会选举和总统选举。在此期间，原本一致对抗穆巴拉克政权的教俗反对派联盟骤然瓦解，诸多新老政党继续展开权力角逐，其中群众基础极其广泛的穆斯林兄弟会表现不俗。自1928年正式成立至2011年低调倒穆，穆斯林兄弟会经常处于非法状态，长期充当铁杆反对派。在2011年2月穆巴拉克政权倒台与同年4月民族民主党消亡后，穆斯林兄弟会成为能够左右政局的重要力量，并在议会选举和总统选举中表现抢眼。2012年6月底，虔诚海归穆尔西代表自由与正义党，在总统选举中以微弱多数战胜前总理沙菲克。军方虽然担忧穆斯林兄弟会、自由与正义党及穆尔西的伊斯兰化倾向，但仍宣布承认竞选结果并实现还政于民，开始对穆尔西听其言观其行，实际保留采取必要行动的权力。

穆尔西的经历与此前几位总统截然不同。他先后攻读并获得开罗大学工程学学士和硕士学位及南加利福尼亚大学工程学博士学位，80年代前期在加州州立大学北岭分校任教，1985—2010年担任下埃及东部省宰加济格大学工程系系主任。穆巴拉克下台之后，经穆斯林兄弟会牵头，自由与正义党成立，穆尔西出任党主席，成为政坛新秀。2012年6月24日穆尔西赢得总统选举，并于6月30日宣誓就职，任期四年。穆尔西的确是埃及历史上首位民选总统，其在任期间出台的新宪法也力图确保总统大权，因而他具有前所未有的"合法性"，但是这种"合法性"是打了补丁的。在2012年总统选举中，选民投票率仅有一半，而穆尔西得票率仅仅过半，也就是说全国仅有四分之一选民可谓穆尔西的支持者；许多选民原本对穆尔西并无好感，只是由于憎恶沙菲克才将选票投向穆尔西；即便是穆尔西的铁杆粉丝，也希望新总统能够兑现竞选承诺，使埃及成为一个稳定、繁荣和公正的国度；最为重要的是，穆尔西过分强调选举和宪法赋予他的所谓"合法性"，在执政期间并未关注和满足反对派的政治诉求，甚至将其竞选承诺抛之脑后。

但是，穆尔西毕竟不是军人出身，没有军功，从政之前与军方联系很少；同时，他在就任总统之前从未涉足政府事务，缺乏政治经验。因此，他虽受惠于2011年年初民众运动开启的政治革新、穆巴拉克下台及民族民主党解散后埃及出现的权力真空，以及军方提供的总统选举机会，但无法像其前任纳赛尔、萨达特和穆巴拉克那样牢牢掌控武装力量和压制民间反对派。在穆尔西执政期间，埃及在事实上出现位于前台的穆尔西总统、位居台下的反对派与退居幕后的埃及军方三方的共治格局，穆尔西作为首位民选总统处于弱势，一旦无法应对反对派和军方的政治诉求，一旦民众的民主热情冷却下来并关注难以在短期内解决的民生问题，穆尔西就可能面临危局。

从2012年6月30日到2013年7月3日，文人出身的穆尔西总统没有充分时间和经验去解决前任留下的诸如物资紧缺、通货膨胀、失业率高、民众贫困、治安混乱等民生顽疾，也缺乏足够智慧和魄力克服政府腐败并化解教派冲突。穆尔西还违背其关于当选后建立包容性政府的承诺，为出台新宪法而对抗最高宪法法院，为在内阁和省级行政机构中补充穆兄会成员而与反对派矛盾激化。另外，总统如果无法控制军队，就是光杆司令和牵线木偶，穆尔西深谙此道，于是他上台伊始就借机罢免国防部长坦塔维、武装部队总参谋长阿南等数十名高级将领的职务，从而激怒军方。他在处理埃及对美国、以色列以及其他伊斯兰国家关系时屡次失当，也使美国政府产生疑虑。尤其令人遗憾的是，在6月30日穆尔西就任总统之后并未对1992年96号法作出任何调整，一些心存期待的埃及小农对首次执政的穆斯林兄弟会倍感失望。至此，穆尔西开始成为反对派的众矢之的以及诸多民众的咒骂对象。曾经的支持者认为，与其说穆尔西是一位成熟稳重的政治家，倒不如说他只是一位不谙世事的工程学家；反对派和军方感到，与其说穆尔西是有合法性的民选总统，倒不如说他只是伊斯兰政党利益的忠实代言人。于是，在政府与民间频繁对抗、埃及局势几乎失控的情况下，强势军方走向前台、弱势总统被迫下台，对穆尔西来说几乎成为让他无可奈何的一种定局。

2013年6月底，埃及反对派再次发起游行示威，矛头直指就职一周年的穆尔西。对宪法和总统的权威充满信心的穆尔西态度强硬。埃及出现多人死伤，局势几乎失控，大批外籍人士撤离这个是非之地，社会开始撕裂，经济濒临崩溃。面对严重的国家危机，来源复杂的埃及军队不可能永远置身事外，静观时局一年之久的埃及军方决定从幕后走向前台，力图以仲裁者的身份调整政治格局并重建社会秩序。军方领导人、国防部长塞西在7月1日下午发出最后通牒，要求穆尔西在48小时内与抗议民众达成和解，"如果人民的要求没有在规定时间内实现，将义不容辞地宣布未来的路线图"，军方将在包容各派政治势力的基础上挽救危局。消息一出，反对派欢呼雀跃，穆尔西倍感震惊，因为就是这个塞西在去年9月初还曾向总统信誓旦旦保证军队绝不干政。现在穆尔西只有两种选择：要么做出妥协,当"儿总统",必定权威扫地;要么拒不让步,鱼死网破,或许虽败犹荣。穆尔西选择后者。他认为,自2011年2月穆巴拉克下台之后"埃及的民主化进程取得显著成就,任何的倒退都是绝对不能被允许的"。他谴责军方在未经与总统协商的情况下就发表声明,此举形同政变,而且军方声明的内容会鼓舞反对派进而"加深国家分裂"并"威胁社会安定"。他要求军方撤销最后通牒,表示自己将用"鲜血"和"生命"捍卫宪法和宪法赋予的总统职权,并力图用和平手段实现全国和解。但是军方和反对派对穆尔西的强硬表态不屑一顾,甚至颇感愤怒。7月3日军方发表题为《最后几小时》的声明强硬反击:军方也将"不惜以鲜血的代价来保卫埃及和埃及人民"。7月3日下午4:30最后通牒到期,塞西在同反对派领导人协商之后于晚9点宣布实施军方设计的政治路线图:现行宪法暂停实施,将成立专门委员会讨论修宪问题;解散议会,提前举行大选;穆尔西总统下台,最高宪法法院院长曼苏尔自7月4日凌晨起任过渡时期代总统。穆尔西拒绝辞职并继续谴责军方,但他缺乏美国、军方和多数民众的支持,已经无力回天,只能"被下台"且遭到扣押。埃及历史上首次旨在推翻民选政府的军事政变取得胜利。一年前曾经豪言"除了安拉我谁也不怕"的穆尔西,此时不得不悲壮谢幕。

穆尔西下台后,军方、穆斯林兄弟会以及此前的反对派联盟,继续进行争权夺利的三国演义,而这与失去自由的前总统穆尔西已毫无干系。在2013年夏发生的政权更迭中,埃及小农似乎再次成为坐观时局变化的沉默大多数,然而这些群众演员并非无足轻重。埃及小农在政坛是否发力以及怎样发力,将取决于新政权采取怎样的土地政策,特别是如何对待1992年96号法。

小　　结

1805—1848年阿里时代和1952—1970年纳赛尔时代的地权改革,都致力于打倒政敌和获得财富,均表现为限制农村居民的土地产权,将农业劳动者固着于土地之上,监督种植结构并控制农产品价格。这些共同点的历史根源在于,阿里和纳赛尔时代可谓恢复中央集权和排斥政治参与的阶段,限制土地私有权构成恢复中央集权和排斥政治参与的经济基础,土地非私有化与中央集权化互相支撑。然而阿里和纳赛尔身份不同,两者攫取农业剩余的方式和用途具有重大差异。阿里重建土地国有制,既是大官僚又是大地主，他对土地的控制兼有经济剥削和政治统治的意味，所获农业剩余主要流向军队、政府和王室，反映出埃及仍是一个落后农业国的历史实际。纳赛尔并不占据地产却实行工业国有化，集大官僚、大资本家于一身，对合作社进行超经济强制，使农地产权残缺不全，所获农业剩余转向工业和军事领域进行资本积累，反映出埃及工业化的艰难进展。

1848—1952年阿里后裔统治时期与1970—2013年萨达特、穆巴拉克和穆尔西时代的土地政策，旨在确保新兴地主产权，放松国家对农业生产和销售的控制；原因在于，阿里后裔统治期间与后纳赛尔时代，埃及的中枢权力稳中有降，政治参与开始扩大，地主阶级的政治地位获得提高，其经济利益理应得到维护和扩大。然而由于时代不同、背景迥异，两个时期地产集中的原因并不一致。阿里后裔统治时期，埃及工业很不发达，农业仍占优势，因此地主阶级成为统治核心，地权非国有化在很大程度上属于封建性质的传统兼并。在萨达特和穆巴拉克时代，经过纳赛尔时代近20年的奋力追赶，埃及工业初具规模，农业已降到次要地位，埃及政府和工业对农业剩余的依赖程度大大降低，地产集中主要体现城乡之间的利益调整。萨达特和穆巴拉克政权对纳赛尔土地改革举措的修正，不是一种历史的反动，恰恰属于时过境迁之后的理性回归。这种理性回归表现在：活化租佃关系，促进劳动力自由流动，给城乡资本主义发展提供足够的政策空间；上调地租并放开价格，促进地主的资本积累，大幅调整城乡利益关系；土地进入流通领域，成为农业市场化的核心与历史趋势。

在埃及现代化进程中，租税制度与徭役制度具有多重性质。一方面，在1805—2013年埃及现代化进程中，农业用地的租税制度与政府和地主的权力对比紧密相关。一般来说，地税和地租均源于农业剩余，前者涉及政府的管辖权，后者体现地主的所有权。国有土地租税合一，其征收者均为政府，数额往往较高，体现中央政府的巨大权力和对乡绅政治参与的排斥；私有土地租税分离，土地所有者和国家分别征收地租地税，地税与地租的数量关系往往体现政府和地主的权力对比。具体而言，在阿里时代，中央集权盛极一时，土地国有制得以恢复，地租地税由政府合并征收。在阿里后裔统治时期，议会和政党从无到有，地主阶层开始借助议会和政党实现利益诉求，土地非国有化愈演愈烈，地租和地税逐渐由地主和政府分别征收，地租与地税相比增幅明显。纳赛尔时代，埃及政府压制地主的政治参与，导致地租很低、地主难以获益；尽管直接地税不高，政府却通过控制合作社而制造农业生产资料与农产品的价格剪刀差，以此征收间接地税，成为农业剩余的最大赢家。从纳赛尔时代的一党制到萨达特和穆巴拉克时代的多党并立，埃及政治参与缓慢扩大，地主的政治影响开始提升。政治格局深刻影响土地制度，因此萨达特和穆巴拉克时代的地租迅速上升，涨幅远超地税，国家对种植结构和农产品价格的控制也逐渐松弛。另一方面，徭役制度也与土地制度和政治权力关系紧密。在土地国有制条件下，国家在乡村所征发的徭役，不仅是政治统治权和地税的表现形式之一，而且是土地所有权和地租的某种实现途径；在地权非国有化环境中，徭役制度仅仅构成国家权力的重要体现，却对土地制度影响巨大。

在埃及现代化进程中，农地制度不仅直接反映人地关系，而且与政治权力密不可分。一方面，政治权力往往决定农地制度。埃及乡村居民的土地所有权，其合法性往往仰赖政府的默许或者恩赐，具有明显的不稳固性。在埃及外患严重且统治者力量强大之时，政治权力需要整合社会资源，排斥政治参与，限制农村居民的土地产权，以便独享农产品出口所带来的巨额利润；如果埃及外患减轻或者统治者力量孱弱，地主阶级往往能够扩大政治权力，进而凭借政治权力加速地权私有化和土地兼并，国家则默认甚至支持这一趋势，以便取悦地主阶层。无论中枢权力强弱与否，小农都居于政治生活的边缘地带，无法通过政治权力维护自身利益。从这个意义上讲，只要政治权力支配土地制度的局面不加更易，而且乡村居民仍然未能获得应有的民主权利，埃及乡村居民的土地所有权就仍然缺乏稳固根基。另一方面，农地制度也对政治权力产生重大影响。在农业时代，农业既是主要财源，亦为政治地位的主要支撑；大土地所有者由此掌握多数社会财富和巨大政治权力；在工业化亟须全面推进的时刻，自由军官组织利用耕地占有严重不均的现状，采取大刀阔斧的土地改革举措，依靠小农和中等地主压制在外地主和王室贵胄；在工业昌明时代，土地资源日渐稀缺，地租和地价呈现上涨趋势，地主的参政愿望和政治势力也将随之上升。

马克思在评论近代法国的小农土地所有制时曾经写道："农民所有制本身也变得徒有其名，他们自己劳动的果实被夺走，留给他们的不过是所有权的幻觉。大农场主的竞争、血税、国家捐税、城市典当主的高利剥削以及压在他们身上的司法制度的大量的小额勒索，这一切使得他们沦落到印度农民的地位；同时，他们随时随刻遭到剥夺——甚至他们名义上的所有权也被剥夺，从而沦为农村无产者。"① "他被束缚在土地上，必须投入全部精力才能获得相当少的回报；他不得不把大部分产品以赋税的形式交给国家，以诉讼费的形式交给讼棍，以利息的形式交给高利贷者……他一直痴情地迷恋着他那一小块土地，迷恋着他的纯粹名义上的所有权。"② 马克思的评述同样适用于现代埃及。从1805年穆罕默德·阿里就任埃及总督到2011年穆巴拉克黯然引退，埃及政府或建立土地国有制进而剥夺小农的土地所有权，或推动地权私有化进而纵容土地兼并，或推广土改合作社进而侵蚀获地小农对耕地的经营权、用益权和转让权，由此达到限制小农产权、控制乡村民众和转移农业剩余的多重目的。至此，即便在土地私有化条件下，小农土地所有制也已沦为马克思所说的"徒有其名的所有制"或曰"纯粹名义上的所有权"。

---

① ［德］卡尔·马克思：《法兰西内战》，《马克思恩格斯选集》（第三卷），北京：人民出版社，1995年，第102页。

② ［德］卡尔·马克思：《论土地国有化》，《马克思恩格斯选集》（第三卷），北京：人民出版社，1995年，第129页。

第三章　阿拉伯埃及共和国的农业生产

农业生产涉及农业技术和播种面积、农业劳力和农业管理、农业产量和价格水平。农业技术和播种面积是农业生产要素中物的因素，农业劳力和农业管理则属人的因素，两者不仅使农产品和使用价值被生产出来，而且使生产关系得以延续、价值出现转移和再造；因此，农业生产兼具自然再生产与经济再生产的双重性质。农业产量是各类农业生产要素综合作用的结果，能够反映土地生产率、资金生产率与劳动生产率。农产品市场化水平越高，农业产量受价格水平的影响就越大；而价格水平不仅与农产品需求相关，也和国家政策须臾不可分离。

现代埃及的农业生产与农产品流通和消费密不可分，主要涉及粮食问题和农产品市场化两个方面。

第一节　粮食问题

笔者考察的"粮食"包括肉鱼禽蛋奶及其制品，以及谷物、薯类、豆类、瓜果、蔬菜及其制品，但是主要指现代埃及城乡居民的主食——谷物，特别是小麦及其制品。所谓粮食问题，即本国粮食产量不敷消费所用而且缺口较大。2009年10月，世界粮食安全委员会第三十五届会议在罗马公布《世界粮食安全委员会的改革最终版本》，明确阐述"粮食安全"的概念："粮食安全指所有人在任何时候都能从物质上、社会上和经济上获得充足、安全和富有营养的食物，满足其过上积极健康生活的膳食需要和饮食偏好。粮食安全的四大支柱是供给、获取、利用和稳定。"① 关于影响粮食安全的因素，李岳云所撰《工业化、城市化与粮食安全》一文认为，"粮食安全"的权威定义意味着粮食要供得够、送得到、买得起。"供得够"指本国和外国生产的粮食比较充足，其中本国生产的粮食比重即自给率应达90%~95%。"送得到"主要指借助完备的市场体系和发达的流通设施而稳定、及时、有效地把粮食运送到消费者手中，从而克服粮食生产和消费在时间、空间、结构上的矛盾；欲实现这一目的，粮食储备应达到来年粮食消费量的17%~18%。"买得起"即粮食消费者要有购买能力。因此，李岳云得出结论：一国的粮食安全由生产能力、流通能力和消费能力三大因素构成；影响粮食生产能力的是耕地数量和质量、粮食种植面积与单产水平、抗灾能力和粮食产量的波动情况；影响粮食流通能力的有粮食流通体制及效率、粮食运输能力及效率、粮食储备能力及效率；粮食消费能力则由粮食消费人口数量、粮食人均消费水平、居民收入水平构成。② 笔者基本赞同李岳云关于粮食安全概念的表述，但是主张将影响粮食生产能力的因素简化为粮食播种面积、播种结构与单位面积产量，将影响粮食消费能力的因素归纳为人口数量和人均消费水平，将影响粮食流通能力的因素归纳为国内外的粮食贸易量，以及国内的储运设施和制度。所谓"粮食问题"即"粮食安全"遭到破坏，本国粮食产量不敷消费所用而且缺口较大。埃及的"粮食问题"主要表现在粮食生产能力遭到限制而消费能力受到激发。

　　穆罕默德·阿里王朝时代，埃及历任掌权者均鼓励种植和出口棉花，使埃及从尼罗河谷仓演变为小麦进口国，粮食问题从无到有。从1952年七月革命胜利到2013年7月穆尔西被迫下台，埃及的粮食问题越发严重。与此同时，埃及人均收入很低，恩格尔系数即食品支出总额占个人消费总额的比重较高。③ 因此，粮食问题受到埃及政府和诸多国际组织的密切关注，埃及前总统穆巴拉克曾多次参加世界粮食安全峰会，而2008年《世界发展报告》也非常关注包括埃及在内的诸多发展中国家的农业问题与粮食安全。④ 中埃同为人口稠密的发展中国家，都面临耕地不足的现实困境，粮

---

① "联合国粮食及农业组织"（FAO）中文网站：http://www.fao.org/index_zh.htm。
② 李岳云：《工业化、城市化与粮食安全》，《现代经济探讨》，2007年第1期，第27-30页。
③ 2004年埃及统计信息中心公布的一份报告显示，居民月均收入的37%用于食品消费。
④ 世界银行：《2008年世界发展报告——以农业促发展》，北京：清华大学出版社，2008年。

食安全均占有举足轻重的地位,因此研究埃及粮食问题无疑能够提供可资借鉴的经验教训。然而,埃及粮食问题的相关研究仍显薄弱。鉴于埃及粮食问题的现实意义和研究价值,本文拟对1952—2013年埃及粮食问题的成因进行解读。

一、问题的缘起

埃及是尼罗河的赠礼,河谷与三角洲的沃土孕育着辉煌灿烂的古代文明,成就了尼罗河粮仓的千年美誉。然而在传统社会,尼罗河水的丰歉预示着粮食收成的好坏,家给人足、人口增殖、仓廪殷实和天下大治,饥民蜂起、人口锐减、府库虚竭和政治动荡,共同演绎着埃及传统秩序在小农经济基础上的周而复始;粮食供求跌宕起伏,水位的下降、人口的增殖、战争与暴动构成粮食问题的主要成因。在1805—1952年穆罕默德·阿里王朝时期,埃及现代化启动,然而粮食短缺特别是小麦不足开始成为常态;棉花播种面积的持续扩展与棉花商品化、国家政策的推动、人口的快速增长和人均耕地面积的下降,构成粮食问题的主要成因。

1952—1970年纳赛尔政权增加农业贷款、提高投资额度,为发展农业奠定财力基础;政府通过合作社向农民提供化肥、农药、农机等生产资料,有助于普及化肥、防治虫害和提高农业机械化水平,进而提升粮食作物单产;政府兴建阿斯旺大坝、鼓励开荒,力图扩大粮食播种面积。因此在纳赛尔时代粮食产量有所提高。然而,限制粮食增产的自然条件和政策因素依然存在。一方面,水源不足或排水不畅不利于扩大耕地面积和提高粮食单产;人口增长过快也导致人均耕地面积呈下降趋势。另一方面,政府刻意制造生产资料价格和农产品价格之间的剪刀差并从中获利;20世纪60年代政府的农业投资比重下降,而且投资偏向农业机械化,却忽视了排水系统。人口增长、城市化程度提高与食品补贴制度建立,使小麦消费量不断上升。所以小麦自给率不断下降。

1970—1981年萨达特任总统期间,农地地租和雇农工资不断上涨,从而提升农业生产的成本。私人农业投资有所增加,但不占重要地位。政府的农业投资比重迅速下降,且投资偏向新垦土地与机械化。农业机械化水平不断提高,排水系统继续受到忽视,政府对化肥等主要生产资料的补贴促使农药与化肥用量有所增加,但政府对农业投入的补贴数额不及对小麦等主要农产品的隐性税额。粮食单产有所上升。耕地面积扩展较少,许多耕地因城市化和制砖业的发展而遭受侵吞,人均耕地面积持续下降;小麦等粮食作物遭到附加值较高的园艺作物排挤，播种面积受到影响。小麦总产增长乏力。萨达特时代，埃及人口继续增长，城市化和旅游业在改革开放背景下迅速发展，自由职业者和权势阶层收入上涨，社会收入分配差距不断扩大。在这种形势之下，作为社会稳定器的食品补贴制度不断完善，食品补贴数额和种类大幅增加。国内粮食需求持续增加。因此，埃及小麦自给率迅速下降，小麦等谷物的进口不断增加，埃及对美国粮食的依赖程度不断加深。

在1981—2013年穆巴拉克和穆尔西任总统期间，农地地租和雇农工资不断上涨，农业生产成本有所提高。公共农业投资所占比重继续下降，但政府比较重视垦荒、灌溉和排水。私人农业投资所占比重大幅上升。农业机械化水平继续提高，农药和化肥用量有所增加，政府对播种结构和价格的控制大大放松，小麦等主要农产品售价呈现上涨势头，因此政府对小麦等主要农产品的隐性征税税率有所降低。粮食作物单产有所上升。耕地面积扩展比较明显，许多耕地因城市化和工业化的发展而遭受侵吞。人口增长速度超过耕地面积扩展速度，人均耕地面积有所下降；小麦等粮食作物尽管遭到附加值较高的园艺作物排挤，但是播种面积有所增加。小麦总产增长很快。人口增长、城市化、旅游业、平均收入上涨，特别是食品补贴数额的大幅增加，扩大了粮食需求。食品补贴种类急剧减少。埃及小麦自给率有所提高，但是小麦等谷物的进口数额依然巨大；埃及对美国粮食的依赖程度依然很深，但粮食来源日益多元化。

总体而言，1952—2013年埃及的粮食问题日益严重，埃及财政不堪重负，国家安全严重受损。埃及政府决心解决粮食问题，但相关举措总是徘徊在增加食品补贴、扩大耕地面积、提高小麦单产等方面，不仅造成了资源浪费，加剧了生态灾难，而且并未触及问题实质。实际上，当代埃及的粮食问题与政府推行的价格政策、投资政策以及食品补贴制度紧密相关。

二、粮食供给与价格、投资政策

价格政策和投资政策彼此纠结，构成阿拉伯埃及共和国粮食供给的制度约束。

（一）价格政策

当代埃及的农产品价格形成机制大体上分为政府定价、市场定价和协商定价三种，其中粮食价格长期由政府确定。政府长期通过合作社强制农民交售棉花、大米、洋葱和花生等能赚外汇的出口农产品，以及小麦、豌豆、小扁豆和芝麻等关系国计民生的用于本国消费的农产品。例如，1981—1987年农民被迫将 27.5% 的冬季播种面积用于种植小麦,必须以官方规定的每吨 120 埃镑低价将限额小麦售予政府;相比之下,每吨麦秸售价可达 160 埃镑。受此影响,1987 年 61% 的麦田种植的是低产高秆品种。自 20 世纪 80 年代末起,政府加快经济改革,逐渐放松对农产品的价格控制,然而小麦价格仍然不高,比较效益依旧很低。例如,1997—1998 年每公顷小麦价值 2 915 埃镑,而相同面积的大米价值为 4 581 埃镑,番茄为 6 358 埃镑,其他蔬菜为 5 356 埃镑,水果为 6 163 埃镑,棉花为 6 615 埃镑。① 总体而言,当代埃及政府制定的低廉收购价与政府在国内外市场的较高销售价之间的差额,实际上是政府对主要农产品的隐性征税,农业剩余和农民利润被转移到工业和城市,从而挫伤了农户的生产积极性,迫使其减少对粮食作物的投资并调整种植结构,粮食产量由此增长乏力,供需矛盾难以化解。

(二) 投资政策

1. 投资形态

农业投资形态分为农资投入和农业信贷两类。

(1) 农资投入

实物形式的农业投资种类繁多,主要包括淡水、耕地、化肥、农药、良种、饲料、石膏、农机、柴油等,但以化肥和棉药为主。农业生产要素耗费与农产品价格的对比,不仅受到价值规律的影响,而且受到政府力量的干预。政府的价格政策直接导致农户和私企调整私人投资规模和种植结构,甚至放弃农业投资,进而引发粮食供给不敷所需的问题。以政府的化肥补贴为例。1960 年埃及政府设立了化肥稳定基金,以便稳定进口化肥与国产化肥的价格。如果市场价高于政府定价,即合作社零售价,政府将对化肥进行补贴,从而使市场价不再高于政府定价;反之,仍然按照政府定价销售化肥,并将其所获的化肥销售利润存储起来用于未来市场价高于政府定价时对化肥进行补贴。1960—1971 年,绝大多数种类化肥的政府定价即合作社零售价高于进口价和国产价,政府从中获利 4 350 万埃镑;1971—1973 年政府对国产化肥和进口化肥的补贴微乎其微;1973 年以后,石油价格暴涨导致国产化肥和进口化肥价格大幅上扬并远远超过了原来的政府定价,即合作社零售价,政府被迫增加对国产化肥和进口化肥的补贴。然

---

① Hans Lofgern, ed., *Food, Agriculture and Economic Policy in the Middle East and North Africa*, Vol. 5, Oxford: Elsevier Science Ltd., 2003, pp. 135, p. 162, p. 141.

而，萨达特和穆巴拉克政权的农资补贴远不及对主要农产品的隐性征税。①

（2）农业信贷

货币形式的政府投资则主要表现为农业信贷。即便农业生产资料耗费与农产品价格对比合理，非政府组织和个人也往往存在自有资金不足的问题，这就需要获得贷款，准备投资于灌溉、排水、土地改良。这些贷款要么来自外国政府、私人或国际组织，要么来自埃及政府和富人。因此政府的农业信贷政策显得尤为重要。在无法获得足额农业贷款的情况下，投资者将被迫减少甚至放弃农业投资，而准备进行农业投资的非政府组织和个人也将望而却步。

2. 投资主体

投资形态与投资主体密切相关。农业投资主体包括非政府组织和个人投资与政府投资。

（1）非政府组织和个人投资

非政府组织和个人包括生产者和经营者两种，其中自耕农既是直接生产者，也是经营者。非政府组织和个人能否进行农业投资，投资的欲望、规模和结构，主要受政府政策与市场因素的影响。政府是否限定投资主体的类型，这决定着非政府组织和个人能否进行农业投资。政府是否控制种植结构、是否控制或如何规定农产品与农业生产资料的价格对比，则直接影响着非政府组织和个人的投资意愿、投资规模和投资结构。近年来，埃及96%的农业贷款由国家开发与农业信贷银行提供，年贷款利率低于市场上的贷款利率，但是主要根据农户的占地面积决定是否发放贷款、发放金额和偿还期限。因此，尽管90%以上的种子化肥农药的购买需要现金，但是很少有麦农能够申请到用以购买上述农业投入的农业贷款。1997—1998年小麦生长季期间，只有24%麦农能够申请到贷款；贷款数额小，平均只有3 454埃镑；还款期短，平均只有302天。与小麦农相比，大麦农不仅很容易申请到农业贷款，而且贷款金额较大，还款期较长。② 总之，大麦农垄断信贷，多数小麦农难以获得低息贷款而被迫接受高利贷剥削。

（2）政府投资

从投资规模、投资结构抑或投资效率上看，当代埃及政府的农业投资绩效不高。从投资规模上讲，政府将大量资金投入工商业和城市，而农村

---

① Karima Korayem, "The Rural-Urban Income Gap in Egypt and Biased Agricultural Pricing Policy", *Development Process and Problem*, Vol. 28, No. 4, 1981, pp. 422 – 424, p. 426.

② Hans Lofgern, ed., *Food, Agriculture and Economic Policy in the Middle East and North Africa*, pp. 143 – 144.

则被普遍忽视；政府投资的倾向性使农业利润回报率低下、农村投资环境趋向恶化，从而约束农户和私企投资的积极性，进而形成投资不足—利润回报率低下—减少投资的恶性循环。从投资结构上说，政府偏好投资少、见效快的领域，忽视投资大、回报慢的项目。从投资效率上看，政策摇摆和腐败大大降低了农业投资的绩效。埃及政府的左右摇摆，对粮食生产乃至整个农业部门无疑是个不利因素。

三、粮食需求与食品补贴制度

（一）埃及食品补贴的实质

补贴是一种价格调整手段，通常由政府承担商品或服务的部分成本，分为直接补贴和间接补贴。前者针对特定人群，能够直接调整收入分配；后者瞄准特定商品，不考虑消费群体内部的差异性，尤其是收入分配格局，再分配效果较差，埃及城市食品补贴就是一例。埃及食品补贴制度起源于经济形势与政治需要。一方面，劳力过剩和物资短缺迫使政府采用行政手段调控劳动力供需与消费品市场，为保就业而实行低工资，为弥补低工资而采取高补贴。另一方面，食品补贴制度显然是一种维护社会稳定并赢得市民支持的政治策略；具体而言，共和国历届政府希望通过补贴制度调整收入分配结构，照顾下层市民，以便尽可能巩固和扩大统治基础。可见，埃及食品补贴的实质是政府为保证政治稳定和扩大社会基础而支付的实物形态的补充工资（表3-1）。

表3-1　1970—1997年根据食品种类列出的埃及食品补贴总开支[①]

年份	全部开支（名义开支）/百万埃镑						全部食品补贴（实际开支)[c]/百万埃镑	食品补贴占财政开支的比重/%
	面包和面粉	玉米	食油	食糖	其他食品[a]	全部食品补贴[b]		
1970—1971	20.9	0.8	10.4	8.0	1.7	41.8	—	0.2
1972	15.1	0.4	15.8	6.0	4.6	41.9	—	0.7
1973	79.0	4.4	16.8	19.0	17.0	136.2		5.5
1974	216.0	16.5	55.3	68.9	36.5	393.2	—	16.5

---

① Richard H Adams Jr., "Self-Targeted Subsidies: The Political and Distributional Impact of the Egyptian Food Subsidy System", pp. 118-119.

续表

年份	全部开支（名义开支）/百万埃镑					全部食品补贴	全部食品补贴（实际开支）[c]/百万埃镑	食品补贴占财政开支的比重/%
	面包和面粉	玉米	食油	食糖	其他食品[a]	全部食品补贴[b]		
1975	260.9	31.1	72.2	20.8	38.7	423.7	—	16.9
1976	171.6	23.1	43.2	6.1	37.4	281.4	—	9.8
1977	149.1	406.0	54.6	—	—	343.2	—	10.9
1978	222.8	53.8	137.4	—	—	452.4	—	11.9
1979	588.3	38.5	200.2	—	—	996.8	—	16.2
1980—1981	511.0	63.7	125.4	97.8	296.4	1 094.3	2 918.1	16.9
1981—1982	807.1	160.1	259.7	169.3	431.8	1 828.0	4 415.5	19.5
1982—1983	758.0	199.1	201.5	133.7	414.7	1 707.0	3 586.1	14.3
1983—1984	861.5	294.1	337.5	119.5	396.4	2 009.0	3 639.5	16.8
1984—1985	614.7	264.0	395.3	134.3	1 037.7	2 446.0	3 786.4	18.4
1985—1986	448.7	310.3	331.5	195.7	695.8	1 982.0	2 707.7	12.3
1986—1987	289.8	136.1	263.6	258.5	723.0	1 671.0	1 671.0	10.6
1987—1988	235.6	8.7	204.5	341.8	550.4	1 341.0	1 248.6	6.8
1988—1989	543.3	—	243.5	470.4	737.8	1 995.0	1 578.3	9.2
1989—1990	615.4	—	245.2	643.8	242.6	1 747.0	1 139.6	7.1
1990—1991	1 255.0	—	368.0	600.0	177.0	2 400.0	1 162.0	7.4
1991—1992	1 057.0	—	629.0	698.0	98.0	2 482.0	1 158.2	5.0

续表

年份	全部开支（名义开支）/百万埃镑						全部食品补贴（实际开支）c/百万埃镑	食品补贴占财政开支的比重/%
	面包和面粉	玉米	食油	食糖	其他食品a	全部食品补贴b		
1992—1993	1308.0	—	542.3	600.4	(-.7)	2 450.0	1 040.8	5.5
1993—1994	1 424.0	—	424.9	579.7	57.4	2 486.0	918.7	5.3
1994—1995	1 486.0	—	433.0	573.0	—	2 492.0	865.6	5.4
1995—1996	1 848.1	—	625.0	624.9	—	3 098.0	1 059.0	6.0
1996—1997	2 273.0	—	606.2	788.8	—	3 668.0	1 244.0	6.5

注释：a. 其他食品包括大米、小扁豆、鸡肉、冻鱼、冻肉。b. 全部食品补贴包括食品销售公司的利润损失。c. 全部食品补贴的实际开支根据公共动员和统计中央署公布的城市消费者价格指数（规定1986—1987年=100）进行估算。

（二）埃及食品补贴和面粉面包补贴的演变

1. 食品补贴种类

纳赛尔政权上台伊始就对小麦、食糖和煤油进行补贴。在萨达特时代，物价大幅上涨，食品补贴水涨船高，到1981年有20种食品受政府补贴，食品补贴占财政开支的比重从1970年的仅0.2%增至1981年的19.5%。① 长期巨额的食品补贴，使埃及财政不堪重负；世界银行、国际货币基金组织和美国政府也极力推动埃及政府削减食品补贴甚至废除食品补贴制度。从1976年11月18日到1977年1月19日，埃及部分面粉和面粉产品涨价50%~67%，大米涨价36%。② 为了向厌恶食品补贴制度的国际货币基金组织和世界银行申请贷款并节省政府开支，埃及政府在1977年1月18日宣布终止对面粉、白糖、大米和食油的补贴。③ 萨达特原本认为，

---

① Richard H Adams Jr., "Self-Targeted Subsidies: The Political and Distributional Impact of the Egyptian Food Subsidy System", *Economic Development and Cultural Change*, Vol. 49, No. 1, 2000, pp. 115 – 117.

② Henry S Bienen and Mark Gersovitz, "Consumer Subsidy Cuts, Violence, and Political Stability", *Comparative Politics*, Vol. 19, No. 1, 1986, p. 31.

③ Derek Hopwood, *Egypt: Politics and Society*, 1945—1984, p. 109.

此举可以节省财政开支 2.27 亿埃镑。然而，消息传来，市民激愤，"大饼动荡"立即迸发，开罗街头出现严重骚乱，造成 80 人死亡，800～1 000 人受伤，2 000 人被捕入狱，直接经济损失高达 10 亿美元。① 另据统计，1977 年年初的"大饼暴动"导致 77 人死亡，214 人受伤，数千人被捕。② 在平息市民暴动之后，埃及政府被迫放弃原有的激进计划。萨达特迅速做出保证，埃及政府在未经与民众进行协商的情况下将不会采取改变现行食品补贴的任何政策。但是，埃及政府仍然不动声色地逐步削减食品补贴。同年 8 月，埃及政府将最低工资标准从每月 12 埃镑提升至 18 埃镑，接着主要食品价格出现明显上涨。③ 穆巴拉克执政时期，食品补贴占财政开支的比重降至 10% 以下，但是绝对数额持续增加。长期巨额的食品补贴使埃及财政不堪重负，世界银行、国际货币基金组织和美国政府极力推动埃及政府削减食品补贴甚至废除食品补贴制度。80 年代末 90 年代初政府承诺将逐步减少补贴的食品种类而且降低食品补贴在财政开支中的比重。90 年代末以后埃及的食品补贴仅含四种食品：巴拉迪面包、巴拉迪面粉、食用油和糖。

2. 面包和面粉补贴演变

面包和面粉是埃及政府食品补贴的主要对象，起初受到补贴的巴拉迪面包和面粉没有配给限制，面向全体消费者，其中前者从私人面包房购买，后者从政府粮库以每袋 100 公斤④购买。

（1）面包补贴

埃及面包分为三类：粗制棕面包巴拉迪（面粉提取率 82%）、白面包萨米（面粉提取率 76%）、长面包凡侬（面粉提取率 72%）。面粉提取率越高的面包，包含的麸皮和其他植物纤维越多，色泽越暗，质地越粗，口感越糙。1952—1983 年，上述三种受到政府补贴的面包价格稳定在每块 0.01 埃镑；1983—1984 年受到政府补贴的面包价格涨到每块 0.02 埃镑，1988—1989 年涨到每块 0.05 埃镑；与此同时政府将每块面包重量从 150 克降至 130 克，并开始允许自由市场制售萨米和凡侬。1992 年政府停止补贴凡侬，1996 年 7 月政府停止补贴萨米，贫民赖以生存的巴拉迪面包依旧

---

① Okbazghi Yohannes, *Political Economy of an Authoritarian Modern State and Religious Nationalism in Egypt*, p. 165.

② James Toth, *Rural Labor Movements in Egypt and Their Impact on the State*, 1961—1992, Gainesville, Tallahassee, Tama: Florida University Press, 1999, p. 1.

③ Judith E Tucker, "While Sadat Shuffles: Economic Decay, Political Ferment in Egypt", *MERIP Reports*, No. 65, 1978, p. 4.

④ 1 公斤 = 1 000 克。

受到补贴；1996—1997 年受到补贴的巴拉迪价格为每块 0.05 埃镑，而同期自由市场上巴拉迪面包每块 0.121 埃镑。

（2）面粉补贴

埃及农民经常购买巴拉迪面粉而非面包，这主要是因为面包房多位于城市和小镇以及大村庄内，广大农村离面包房太远，而且有可能在面包房买不到面包；由于社会传统和其他原因，村妇就业率低，具有烤制面包的时间；自制面包口感更好，而且成本更低。① 受政府补贴的巴拉迪面粉一部分源于进口的小麦，其余则来自国产小麦。埃及贸易和供应部通过公共磨房、合作社和乡村银行购买小麦，然后政府将通过上述渠道买来的小麦交给公共磨房，制作巴拉迪面粉和面包；商人将购买到的小麦转而通过公共磨房或者农业信贷和发展银行卖给埃及贸易和供应部；所以政府才是国产小麦的主要买家。由于商人的购买价较高，商人通常会去田地和集市收购而公共磨房合作社和乡村银行则较远，商人愿意购买少量小麦且往往会预付价款，多数麦农宁可将小麦卖给商人而不是公共磨房、合作社和乡村银行②（表 3 – 2）。

表 3 – 2　根据购买者划分的小麦出售特征③

购买者种类	出售小麦的农户比重/%	户均出售数量/千克	全国出售量/百万吨	买方所购比重/%
公共磨房	3.9	156	0.26	9.2
合作社	4.2	85	0.14	5.0
乡村银行	4.8	156	0.26	9.2
农业和土地开垦部	0.5	98	0.16	5.8
邻人	6.0	41	0.07	2.4
商人	39.1	1 127	1.88	66.3
其他	0.6	37	0.06	2.2
总计	58.9（因为少数麦农将小麦售予多个买家）	1 700	2.83	100.0

① Richard H Adams Jr., "Self-Targeted Subsidies: The Political and Distributional Impact of the Egyptian Food Subsidy System", pp. 121, 127, 135 – 136.

② Hans Lofgern, ed., *Food, Agriculture and Economic Policy in the Middle East and North Africa*, pp. 150 – 151.

③ Hans Lofgern, ed., *Food, Agriculture and Economic Policy in the Middle East and North Africa*, pp. 150 – 151.

(三) 埃及食品补贴制度的弊端

食品补贴制度反映政府、农民和市民之间畸形的利益关系，具有明显弊端。

1. 对城乡分配格局的影响

补贴制度的实质是实物形态的补充工资，食品补贴数额和比重均与现有收入水平相称，从而固化现存收入分配格局。

2. 对农民和农业的影响

为向市民提供低价食品并减轻财政负担，政府必须以行政手段压低粮食收购价；控制粮食收购价和进行食品补贴构成一枚硬币的两个侧面。因此农民按照官价卖粮的过程是被迫向市民和政府转让剩余的痛苦经历，平等交换原则仅仅是农民可望而不可即的美好幻想。政府通过价格控制来对农民和面包师间接征税，从而为食品补贴注入资金。食品补贴制度削弱农民积累资本改进技术的能力，挫伤其生产积极性，导致农业生产效率低下，小麦增产缓慢且品质低劣。

3. 对市民消费及政府财政的影响

食品补贴制度使城市大饼等日用食品价格异常低廉，这不仅刺激过量消费，而且导致普遍浪费。由于面包比饲料还便宜，许多人甚至用其喂养禽畜。2008年年初农业和土地改造部长阿明·阿巴扎指出，浪费现象严重是小麦消费量上升的主要原因之一。浪费现象空前严重，小麦进口日益增加，粮食问题愈演愈烈，权力寻租普遍蔓延，政府财政负担空前沉重。

4. 对民主化进程的影响

包办主食供给的埃及政府在收购、运输、仓储和加工粮食的过程中，自然会出现效率低下、腐败丛生的弊病。例如，由于食品短缺与官价低廉，许多管理者把面粉从仓库中偷运出来卖到黑市牟取暴利。近年来，埃及政府多次表示要继续严厉打击不法商贩来稳定粮食供给，但这无异于缘木求鱼。实际上食品补贴制度是计划经济体制和中央集权的重要体现，既不能刺激生产者提高效率，也无法提高农民与下层市民的生活水平，反而使执政的民族民主党凭借"粮食供应者"的角色而享有市民支持，继续主导经济生活进而坐大政坛。官僚阶层才是补贴制度最大的受益者和支持者，而直接生产者却备受剥削。因此，食品补贴制度不仅阻碍了埃及的经济发展，固化了分配不公，而且强化了权力集中并降低了行政效能。经济落后、分配不公与中央集权，却又增强了既得利益者维护食品补贴制度乃至整个补贴体系的力量和决心。食品补贴制度与埃及中央集权彼此纠结，互相支撑，而短期受益者——市民不仅未能成为民主制度的倡议者，反而囿于从补贴制度中获取的蝇头小利而长期构成中央集权的支持力量。

四、粮食贸易与美国—埃及双边关系

埃及国内小麦供不应求的矛盾只能通过增加进口来解决。在纳赛尔时代，美、苏特别是美国就利用小麦援助这一武器力图使埃及政府服从其战略安排。在萨达特时代特别是自1973年十月战争结束后，美埃关系逐渐缓和，美国逐渐成为对埃出口小麦最多的国家，而且这种出口多以"援助"方式进行。1983年埃及成为美国小麦和面粉的第三大进口国，从美国进口的小麦和面粉占埃及所进口的全部小麦和面粉的20%，其中绝大多数经由美国480号和平法令计划以让利价进行买卖，经由这一计划售给埃及的小麦为开罗三分之一市民提供了大饼。① 经济利益无疑是对埃援助的重要方面。80年代初美国国际开发署声称："货物进口计划是美国公司进入埃及市场的主要受益者。另外，美国与埃及贸易的大幅增加，埃及市场所提供的机会对美国商业来说仅仅是个开始。"② 让利销售往往为市场价销售提供机会。1980年美国销往埃及的农产品总值从1973年的1.23亿美元增至1983年的近9亿美元，其中三分之一以上是以市场价出售的。然而美国对埃粮食援助还具有潜在的政治目的，即利用大量低价的小麦主导埃及的粮食进口与粮食安全，维护埃及的政治稳定并迫使埃及实现与以色列的持久和平并使之成为美国在中东铁杆的政治盟友与谦卑的从属伙伴。例如，1974年9月埃美签约，埃及同意对纳赛尔时代被国有化的美国公民财产进行赔偿并允诺参加基辛格草拟的"和平计划"，而美国则表示要在1974—1975年向埃及提供价值1.36亿美元的10万吨小麦和其他食品；70年代末埃以签署《戴维营协议》并实现关系正常化之后，美国立即表示给予埃及3亿美元额外经济援助。③ 对埃及来说，进口美国小麦也具有利弊参半的政治效果：利的一面是获得了大量援助，减少了外汇耗费，缓和了美埃关系并与以色列缔结了和平协议；弊的一面毫无疑问是卷入了美国的全球战

---

① Marvin G Weinbaum, "Dependent Development and U. S. Economic Aid to Egypt", *International Journal of Middle East Studies*, Vol. 18, No. 2, 1986, p. 119.
② 陈天社：《萨达特时期美国对埃及援助的效果和背景》，《山西师大学报》，2006年第2期，第126页。
③ 杨灏城、江淳：《纳赛尔和萨达特时代的埃及》，第345、347页。

略，在外交领域的自主性大大降低，而且几乎丧失了本国粮食安全的主导权。

小　　结

埃及可谓尼罗河的赠礼，河谷与三角洲的沃土孕育着辉煌灿烂的古代文明，成就了尼罗河粮仓的千年美誉。然而，在埃及现代化启动之前特别是在奥斯曼帝国占领前夕，尼罗河水的丰歉预示着粮食收成的好坏，家给人足、人口增殖、仓廪殷实和天下大治，饥民蜂起、人口锐减、府库虚竭和政治动荡，共同演绎着埃及传统秩序在小农经济基础上的周而复始。换言之，在穆罕默德·阿里上台之前，粮食供求跌宕起伏，水位的下降、人口的增殖、战争与暴动，构成粮食问题的主要成因。粮食问题的自发特征与循环色彩非常明显。

在穆罕默德·阿里王朝时期，埃及现代化进程正式启动并曲折前行；与此同时，埃及也从尼罗河谷仓逐渐演变为小麦进口国，粮食短缺特别是小麦不足开始成为常态。棉花播种面积的持续扩展与棉花商品化、国家政策的推动特别是英国政府的统治、人口的快速增长和人均耕地面积的下降，构成这一时期粮食问题的主要成因。在第一次世界大战结束前后这一特定历史时期，粮食问题甚至成为民族革命和阶级斗争的重要动因。粮食问题的自发特征与循环色彩开始淡化，而非自发性与持续色彩逐渐凸显。这一时期埃及的粮食问题在很大程度上是农产品市场化特别是棉花商品化快速发展的直接后果，长期受到外部势力特别是英国的强力控制，这一点与埃及传统社会有别；另一方面，这一时期埃及粮食问题也与1952—2013年的粮食问题相异，后者的主要原因不再是农产品的市场化而是城市化和工业化，不再受到殖民势力的强行干扰，而是独立政权自觉举措的后果，这既反映出工业化、城市化的巨大进步与民族革命的划时代胜利，也说明延续千年的相对均衡的城乡关系开始发生根本改变。

自1952年"七·二三"革命爆发到2013年7月穆尔西总统下台，埃及的小麦进口日渐增多，粮食问题愈演愈烈。在阿拉伯埃及共和国，粮食供给、需求和进口与制度安排与国际政治密切相关。价格政策和投资政策构成粮食供给的制度性约束；城市食品补贴制度刺激着粮食需求并导致普遍浪费；粮食贸易则是维系美埃同盟的经济纽带，对埃及而言利弊参半。

然而，以1973年十月战争为界，当代埃及的主要矛盾从英法以与埃及的冲突、大地主与自由军官组织的对抗，转向国内的经济社会现代化建设；外部环境从连续战争走向持久和平；政党制度也从比较稳固的一党制转变为颇具雏形的多党政治。因此，阿拉伯埃及共和国的粮食问题也相应出现两大阶段。

在纳赛尔统治前期——1956年苏伊士运河战争前后，民族独立是埃及的历史使命，对抗英法以和铲除大地主的统治基础构成共和国的主要功能，纳赛尔政权则是整合社会资源以便一致对外的政治杠杆。纳赛尔政权通过土改合作社控制小农，进而通过合作社体制下的农资—农产品价格剪刀差使农业剩余顺利流向工业领域，从而迅速推进工业化；在投资政策上，纳赛尔政权偏重城市、工业和市民，忽视乡村、农业和农户，农业生产受到影响，粮食供给增长缓慢。然而，由于国际环境比较险恶，大量进口粮食不仅难以实现而且威胁本国安全，因此纳赛尔政权力图依靠本国来解决粮食问题，节制消费成为主流思潮，食品补贴规模有限，粮食进口数量有限；到20世纪50年代末60年代初，埃及的国际环境有所改善，消费倾向开始显现，食品补贴不断增长，粮食进口相对较多。

在1970—2013年萨达特、穆巴拉克和穆尔西时代尤其是在1973年十月战争结束之后，民族独立的目标业已实现，外部环境明显好转。国内矛盾开始激化，发展经济和稳定政权成为共和国的首要使命；多党政治日益兴盛，政治参与缓慢扩大；新兴地主势力开始崛起，固有的城乡权力格局以及由此导致的投资政策和价格政策开始松动但远未出现行将崩溃的迹象。在这种具有过渡特质的内外环境中，粮食问题在改革开放政策下逐渐以一种独特方式表现出来：粮食进口不仅容易实现，而且短时期内不会危及国家安全。食品补贴规模日益扩大，市民消费欲望受到激发，受此影响的粮食需求在城市化和人口增长中继续提升；然而，由于城乡权力结构依旧没有改变，因此投资流向与价格政策仍然构成对粮食供给的制度性约束。在进口环境、粮食需求和粮食供给三大因素的互动之中，埃及粮食自给率为何难以提高、粮食问题何以日益凸显，便不难获得合乎逻辑的学理解释。

第二节　农产品市场化

现代化理论家布莱克指出，传统社会分工不明，因此劳动生产率低，多为简单小生产，商品交换规模小、不重要，人均收入停滞不前；现代社会分工较细，因此劳动生产率高，普遍采用扩大再生产，商品交换规模大、很重要，人均收入不断增长；经济现代化是从第一种状态向第二种状态转变的过程。① 正如布莱克所言，市场化程度的高低与劳动生产率、生产规模和人均收入密切相关，实乃传统社会与现代社会的重要区别；而农产品市场化构成经济现代化的重要方面。从1805年穆罕默德·阿里就任埃及总督到2013年7月穆尔西总统下台，埃及现代化启动并延续两个世纪。在此期间，农产品市场化系埃及经济现代化的重要内容。

在1805年穆罕默德·阿里上台前夕，埃及农业基本上自给自足，农产品市场化无从谈起。粮食作物长期主导着播种结构；尽管埃及开始出口短绒棉，但是外销棉花较少且品质低劣。② 政治动乱和闭塞状态成为农产品市场化的巨大障碍。1805年穆罕默德·阿里执掌埃及政权之后，埃及农产品市场化正式启动。在1815年拿破仑战争结束后，欧美棉纺织业迅速复苏，棉花在欧洲市场供不应求、价格上浮，于是阿里及其后继者开始极力提高棉花产量并扩大棉花出口规模。从19世纪初至20世纪50年代，欧洲市场的棉价上涨及埃及政府的产销政策，使埃及种植结构发生巨大变化，棉花播种面积迅速扩大，产量大幅提高；贸易结构出现突变，棉花在出口商品中举足轻重。相比之下，1952—2013年，随着工业化的推进与园艺产业的发展，棉花在埃及农业生产和农产品贸易中的地位呈下降趋势，棉花不复成为埃及国民经济和农业生产的中心环节，埃及棉纺织业则发展较快。总体而言，埃及现代化中的农产品市场化存在明显的阶段性，在各个阶段农业剩余和农产品市场化的主要受益者也有所不同。因此，笔者拟以棉花产销和园艺产业为例，梳理1805—2013年埃及现代化中的农产品市场化。

一、1805—1952年埃及的农产品市场化

（一）埃及农产品市场化的启动和单一作物经济的形成（1805—1882年）

1. 1805—1848年棉花种植异军突起与棉花专卖制度的盛衰

1805年穆罕默德·阿里上台后极力推动和控制农产品市场化，以此扩

---

① ［美］C·E·布莱克著：《现代化的动力》，第25-29页。
② Edward Mead Earle, "Egyptian Cotton and the American Civil War", p. 522.

大税源并强化国家权力。起初，阿里极力控制谷物的种植和贸易。在拿破仑战争期间和战后初期，欧洲粮食紧缺，谷价攀升。于是，阿里着力扩大粮食生产和垄断粮食贸易。1811—1816年阿里相继禁止几乎所有粮食的私人交易。他于1811年禁止上埃及的民间谷物交易，于1812年禁止下埃及的稻米贸易，于1815年禁止上埃及的蔗糖贸易，于1816年几乎禁止所有经济作物产品的交易以及小麦、大麦、蚕豆等粮食作物产品的交易。① 在1821年前，埃及的播种结构并未发生根本改变，但粮食市场化程度有所提高。同时阿里还推广种植亚麻、橄榄、葡萄、枣椰和刺槐。②

在拿破仑战争结束后，欧美棉纺织业迅速发展，棉花供不应求，价格上浮。从1821年起，阿里转而极力提高棉花产量、扩大棉花出口规模和强化棉花专卖。为了提高棉花产量并促进棉花出口，阿里兴修水利、扩大耕地面积并提高复种指数；修建公路并开凿运河，便利农产品运输。"现在国家决定农民将种植哪些作物；向农民提供种子、工具和肥料；购买农民的全部农产品；接着将这些农产品售出获利。为了便利埃及各地的货运，穆罕默德·阿里征发农民修建公路并开凿驳船运河。新的灌溉设施使农民每年能够种植三次农作物，而此前每年仅种植一次农作物。"③ 阿里还强化棉花专卖；阿里起初制定的棉花收购价较高，以便鼓励棉花种植；后来却降低棉价以便榨取更多利润。一位英国观察家曾记录这一时期埃及大地主和小农在棉花销售中的不同境遇："如果不是迫于帕夏的强制，农民不愿也很少会种植棉花。有钱有势的种植者能够保护自身免受政府税吏和其他代理人的榨取和欺骗，所以帕夏支付的棉价还比较划算；但是贫困小农完全在政府官员的掌控之下，他的境遇往往非常悲惨而且遭受无情洗劫：通常他在所收获的棉花品质较好时才能以正常价格出售棉花，在重量方面则受到欺骗……"④ 欧洲市场上的棉价上涨与阿里的政策使埃及种植结构开

---

① Roger Owen, *The Middle East in the World Economy*, 1800—1914, pp. 65 – 66. 到1832年，穆罕默德·阿里政权命令农民从每费丹小麦、大麦和蚕豆等粮食收成中将固定数额售予政府；参见 Mohamed N Nofal, "Chronology: A Brief History of Egyptian Agriculture, 1813—1992", p. 146.

② Kenneth M Cuno, "The Origins of Private Ownership of Land in Egypt: A Reappraisal", p. 260. 1831年，埃及桑树种植面积约为1万费丹；1833年，埃及鸦片产量超过400堪塔尔（1堪塔尔 = 44.928千克）；参见［埃］拉西德·阿里·巴拉维，穆罕默德·哈姆查·乌列士合著：《近代埃及的经济发展》，第61页。

③ Arthur Goldschmidt Jr., Lawrence Davidson, *A Concise History of the Middle East*, p. 173.

④ Dani Rodrik, "Rural Transformation and Peasant Political Orientations in Egypt and Turkey", pp. 424 – 425.

始发生巨变，棉花播种面积迅速扩大，产量大幅提高；贸易结构出现突变，棉花在出口商品中举足轻重；政府通过控制棉花生产和垄断棉花贸易攫取大量财富。1833 年，穆罕默德·阿里政权以每公斤 1.2 法郎的价格强行购买国内棉花，然后以每公斤 2.5 法郎价格出口国外；以每公斤 0.3 法郎的价格强行购买国内亚麻，并以每公斤 0.72 法郎价格卖给外国；以每公升 0.034 法郎价格征购国内小麦，继而分别以每公升 0.064 法郎和 0.076 法郎价格内销或出口；以每公升 0.018 法郎价格征购国内玉米，继而分别以每公升 0.033 4 法郎和 0.066 0 法郎价格内销或出口；以每公升 0.020 法郎价格征购国内豆类，继而分别以每公升 0.036 0 法郎和 0.050 0 法郎价格内销或出口。①

总之，穆罕默德·阿里不仅直接征税，而且直接控制土地等生产资料，进而掌控农业生产、垄断农产品销售，特别是操纵棉花出口、主宰农产品加工业。在这一时期，埃及政府显然是农业剩余的主要获得者。

1838 年 8 月 16 日，英国政府与奥斯曼帝国政府在伊斯坦布尔附近的巴尔特－利曼签订《女王陛下与奥斯曼帝国素丹之间的航海与通商协定》即《英土商约》。其中第 2 条规定，女王陛下的臣民或他们的代理人获准在奥斯曼帝国范围内的任何地方购买任何物品并将这些物品在奥斯曼帝国内外出售；奥斯曼帝国宫廷正式废除帝国范围内垄断农产品和其他物品的制度，严禁各省总督垄断当地各类物品的购买和运输，严惩实行垄断制度的维齐尔和其他官吏；对遭受并能证明贸易垄断制侵害的女王陛下臣民给予补偿。第 4 条规定，英国商人或者其代理人在奥斯曼帝国范围内购买并出口货物时应交纳 9% 内地税和 3% 出口关税，而免交其他任何税收；但是，如果他们在用于出口的海港购买已交纳内地税的所需货物，则他们只需交纳 3% 的出口关税。第 6 条规定，《英土商约》适用于包括埃及在内的帝国各个地区。② 翌年 3 月，《英土商约》正式生效。1840 年 7 月 15 日，英国、俄国、普鲁士、奥地利和奥斯曼帝国签署《伦敦条约》，条约强调，奥斯曼帝国素丹批准的各项协定和法令在埃及同样有效，穆罕默德·阿里务必接受《伦敦条约》。1841 年 11 月 23 日，穆罕默德·阿里正式废除埃

---

① Charles Issawi, *An Economic History of the Middle East and North Africa*, p. 20.
② Z Y Hershlag, *Introduction to the Modern Economic History of the Middle East*, Leiden: E. J. Brill, 1964, pp. 294 – 295.

及政府对除棉花之外的工农产品的贸易垄断制度。① 1842年3月，英国领事向埃及政府发出照会，强烈要求穆罕默德·阿里彻底废除贸易垄断制度，特别是取消对棉花出口的控制；穆罕默德·阿里被迫表示，他将尽力逐步废除贸易垄断制度。② 同年5月26日，穆罕默德·阿里正式取消埃及政府对棉花的专卖政策。③ 自此以后，埃及政府对农产品的专卖政策在全国范围宣告终结，穆罕默德·阿里及其继承人仅能控制国有土地和王室地产上的农产品购销。从穆罕默德·阿里被迫承认《英土商约》适用于埃及并放弃贸易垄断政策，到伊斯玛仪时代的"欧洲内阁"与"双重监督"，埃及农产品市场化与国家主权的不断丧失相伴而行，这恰恰说明主权独立对农产品市场化的宝贵价值。

2. 1848—1882年棉花产销的急剧增长与英埃两国的畸形贸易

在阿拔斯（1848—1854年）时期，政府财政收入减少，而财政支出增加，出现财政困难；为此他力图通过恢复贸易垄断制度来重新控制农业剩余，但因遭到英国阻挠而失败。政府因投资铁路和援助奥斯曼帝国进行克里木战争而增加了财政支出；在1840年贸易垄断制度崩溃后，欧洲商人转而通过埃及非穆斯林商人这一中介来收购小麦和棉花，政府的财政收入因此减少；1853年克里木战争爆发后，欧洲粮价上涨。于是1853—1854年阿拔斯开征新税，并严禁农民在收获前出售农产品，禁止出口谷物。然而，英国援引1838年《英土商约》和1840年《伦敦条约》关于禁止贸易垄断制度的规定，迫使阿拔斯允许外国商人向埃及农民发放贷款，允许粮食出口，允许公开出售政府收购的全部棉花。不久，阿拔斯的禁令形同空文。④ 在阿拔斯时期，棉花产量和出口量继续上升。棉花产量从1850年的36.5万堪塔尔增至1855年的52.1万堪塔尔；出口额从1850年的230.2万埃镑增至1855年的459.1万埃镑。⑤

---

① Mohamed N Nofal, "Chronology: A Brief History of Egyptian Agriculture, 1813—1992", p. 146.

② ［埃］拉西德·阿里·巴拉维, 穆罕默德·哈姆查·乌列士合著：《近代埃及的经济发展》, 第90－91页。

③ Mohamed N Nofal, "Chronology: A Brief History of Egyptian Agriculture, 1813—1992", p. 146.

④ M W Daly, ed., *The Cambridge History of Egypt: Modern Egypt, from 1517 to the End of the Twentieth Century*, pp. 185－186.

⑤ ［埃］拉西德·阿里·巴拉维, 穆罕默德·哈姆查·乌列士合著：《近代埃及的经济发展》, 第104页。

1854 年赛义德（1854—1863 年）上台，此时埃及国债 100 万埃镑。①为弥补财政亏空，赛义德继续鼓励种植和出口棉花。然而在美国内战爆发前的 1860 年，埃及棉花出口量为 5 000 万磅，仅相当于 1861 年东印度棉花出口量的 1/4 和 1859—1860 年美国棉花出口的 1/5（1860 年美国供应欧洲 5/6 和英国 80% 的棉花），大英帝国进口的棉花中不到 5% 来自埃及。②因此，在美国内战爆发前，埃及还远非主要的棉花生产基地。

美国内战彻底改变了这一格局。在南北战争期间，美国棉花出口急剧减少，世界棉价陡增。1859 年棉花价格为每堪塔尔 12.25 美元，1861 年 10 月利物浦棉价接近 1860 年均价的两倍，1862 年 10 月棉花价格又翻了一番，1863—1864 年 7 月棉价相当于美国内战前棉价的四倍多。大英帝国以及 1857 年成立于棉纺织工业中心曼彻斯特的"棉花供应协会"开始面临缺棉困境，迫切希望埃及增产棉花。英国棉花专家和"棉花供应协会"坚信，埃及是当时唯一最适合种植和出口棉花的地区。1861 年 7 月"棉花供应协会"秘书兼曼彻斯特棉花公司代表海伍德在英国政府代表福布斯·沃森陪同下抵达埃及进行考察，主动提出将帮助赛义德与种植园主扩大棉花种植面积，提高单产并改良运输条件。海伍德离开埃及后，"棉花供应协会"将改良轧棉机运至埃及，向大量棉农派发良种，并详解播种方法。1962 年夏赛义德应邀访英，受到英国政府和"棉花供应协会"的热情接待。在访英期间，赛义德向曼彻斯特棉纺织厂主保证，1863 年的埃及棉花产量将超出历史最高水平 50%。赛义德在回国后立即命令大地主将 1/4 地产用来种植棉花；要求在棉花去籽、净化和打包过程中注意提高棉花品质。③ 赛义德还将棉花出口税从 10% 降至 1% 以便鼓励出口。棉花的广泛种植使出口量从 1861 年的 59.6 万堪塔尔增至 1863 年的 128.7 万堪塔尔，棉花出口产值占全部出口产值的比重从 1861 年的不足 40% 增至 1863 年的约 78%。④ 埃及成为依靠棉花出口的单一作物经济国家。

1863 年伊斯玛仪上台。"当时正值美国内战期间，北方封锁南方海岸，英国人的棉花供应被切断。因此，英国人情愿不惜一切代价购买其他国家的棉花，以便保障兰开夏郡纺织厂的供应。对埃及棉花的旺盛需求，加速

---

① Gabriel Baer, *A History of Landownership in Modern Egypt* 1800—1950, p. 34.
② Edward Mead Earle, "Egyptian Cotton and the American Civil War", p. 523.
③ Edward Mead Earle, "Egyptian Cotton and the American Civil War", pp. 529 – 534.
④ 依照 Edward Mead Earle, "Egyptian Cotton and the American Civil War", p. 534. 相关数据进行计算。

了棉花出口，使埃及种棉者与政府均获利丰厚。在棉花繁荣期间，欧洲的投资银行家主动向伊斯玛仪提供优惠贷款。"① 为了扩大棉花播种面积，伊斯玛仪开挖112条共8 400英里水渠，其中规模最大的是伊卜拉米亚水渠，它使上埃及艾斯尤特附近的不毛之地变为肥沃田地。② 到1964年，下埃及扩大棉田100万费丹③。棉花播种面积的提高有利于提高棉花产量与出口量。棉花出口量从1863年的128.7万堪塔尔增至1865年的250.7万堪塔尔，出口产值所占比重从1863年的不足78%增至1865年的90%以上。④ 伴随着埃及棉花收入的增长，埃及财政收入从1863年的609万英镑增至1864年的697万英镑。⑤ 1865年，伊斯玛仪所获税收高达15亿土耳其皮阿斯特，地价和工资增长3倍，埃及人对白人女奴和昂贵烟管等奢侈品的需求开始泛滥；埃及的棉花繁荣使每年去埃及淘金的形形色色欧洲人从1857—1861年的3万人增至1863年的4.33万人，1865年高达7.99万人。⑥

然而，在1865年美国内战结束后，国际棉价开始暴跌。棉价从1864年8月的每磅30.75美元降至10月的21美元，1865—1866年在19美元上下浮动，1867年平均13美元，并在1867年12月降至7.75美元⑦，到1870年跌至美国内战前的水平⑧。埃及棉田被迫缩减，产量和出口量降幅约50%。⑨ 直至1879年棉花出口量才恢复至223.2万堪塔尔。⑩

总之，1848—1882年埃及农产品贸易垄断制度的崩溃与土地的非国有化，增强了地主和国内外商人对农业生产和农产品销售的影响力。在控制农业生产方面，国内外商人向小农提供贷款与各种生产资料，进而控制其播种结构；在控制农产品销售方面，小农将谷物或棉花交予商人或村庄舍

---

① Arthur Goldschmidt Jr Lawrence Davidson, *A Concise History of the Middle East*, p. 188.
② P J Vatikiotis, *The History of Egypt: From Muhammad Ali to Sadat*, pp. 79–80.
③ Charles Issawi, *An Economic History of the Middle East and North Africa*, p. 120.
④ 依照 Edward Mead Earle, "Egyptian Cotton and the American Civil War", p. 534. 相关数据进行计算。
⑤ ［英］B·R·米切尔编：《帕尔格雷夫世界历史统计》，亚洲、非洲和大洋洲卷（1750—1993），第934页。
⑥ Edward Mead Earle, "Egyptian Cotton and the American Civil War", pp. 535–536.
⑦ Z Y Hershlag, *Introduction to the Modern Economic History of the Middle East*, Leiden: E. J. Brill, 1964, p. 97.
⑧ Charles Issawi, *An Economic History of the Middle East and North Africa*, p. 120.
⑨ Roger Owen, *The Middle East in the World Economy*, 1800—1914, p. 137.
⑩ Roger Owen, *The Middle East in the World Economy*, 1800—1914, p. 136.

赫并由商人或村庄舍赫将产品售给出口公司，地主往往种植并轧棉，然后将轧好的棉花卖给商人、出口公司和欧洲棉纺织厂。在这一时期，埃及棉花的产量有所提升，运输条件也有所改善，棉花出口量和占出口总值比重大大提高。国家政权无疑是这一时期农业市场化快速发展的重要推力，统治权力下降的埃及政府借此仍然获取大量农业剩余；但是，流向地主阶级、高利贷者与欧洲和本国的商人的农业剩余呈上升趋势。

（二）英国占领之后埃及单一作物经济的固化（1882—1952年）

1. 1882—1922年棉花产销的继续扩大与单一作物经济的固化

1876年债台高筑的伊斯玛仪被迫成立国债委员会；1878年埃及出现"欧洲人内阁"，财政收支受到英、法的双重监督；1879年英、法授意奥斯曼帝国素丹废黜伊斯玛仪；1882年英军扑灭奥拉比起义并占领埃及。埃及棉花在英国市场的比重上升，是英国强化对埃及的干涉并最终占领埃及的重要原因。在美国内战期间，埃及棉花在英国市场的地位从1854年的第15位升至1861年的第6位，并在1865年高居第3位；埃及成为英国的重要棉花产地和投资场所。在美国内战结束后，美国棉纺织业大大发展，对棉花需求量上升，这不仅导致棉花出口量减少，而且开始与英国争夺世界棉纺织品市场。与此同时，世界其他地区棉花产量停滞不前。这两种情形深化了英国对棉花供应的忧虑。奥拉比起义爆发后，英国棉纺织工业担心大批农民因前往开罗和亚历山大建造和守卫工事而无人采摘即将成熟的棉花，摧毁埃及的棉花生产和出口，导致英国棉花匮乏价格猛涨，打击英国的棉纺织业；制皂厂则担心无法获得埃及的棉籽油；农场主则需要获得埃及的棉籽饼作为肥料。① 工商业界对埃及棉花及其副产品的需求促使英国占领埃及。

在1882—1922年英国统治埃及时期，英国极力提高埃及的棉花产量和出口量，力图使埃及继续成为英国的棉花产地和棉纺织品销售市场。英国驻开罗首任总领事克罗默宣称："英国对埃及的政策，首先是要求埃及向英国出口棉花，然后再进口纺织品。因为埃及是一个农业国家，农业生产是它的首要任务。"② 棉花的广泛种植需要大量水源和农业劳力，因此英国人重视兴修水利并废除徭役制度，以便保证农业用水和劳力的供应。1882—1892年，英国水利专家科林·斯科特-梦克雷福先后担任埃及公共

---

① Edward Mead Earle, "Egyptian Cotton and the American Civil War", pp. 537–545.
② 杨灏城：《埃及近代史》，第241页。

工程部的灌溉工程总设计师与公共工程部次长,在克罗默等人支持下管理埃及的农业、灌溉工程、修路、建筑和城市规划事务,但是他最重视的是灌溉工程,特别是致力于维修现有水利设施。1884—1885 年,有 8 名英国工程师应召来到埃及,并遵照科林·斯科特-梦克雷福的安排长期驻扎在埃及乡村和小镇,他们名义上是埃及政府的咨询人员,实际上分区管理埃及的水利系统,权力广泛,负责防洪、维修水利工程、疏浚运河、开垦土地、排水、修建和维护道路、废除徭役制度等。在克罗默统治埃及期间,埃及的财政开支一般由克罗默等英国驻埃高级官员做出安排,并报请英国外交部审核。克罗默本人曾经坦言:"政府将所能节省下来的所有大批款项,均投向公共工程部,特别是用于支付其中灌溉工程和排水工程的耗费。"事实的确如此。1882—1902 年,埃及政府的财政开支中尽管有近一半用以偿还伊斯玛仪所欠债款,但是公共工程部开支约占财政开支的 8%、年均 85 万英镑,其中多数投向灌溉和农业;在政府各个部门开支中仅次于军费,相当于教育卫生部门年度开支总和的 5 倍多。1886 年,克罗默致信英国外交大臣伊兹利:"我们积极干预埃及灌溉和农业并取得巨大成功。这是该国最为重大的问题,而且所幸的是欧洲式管理也能在这个方面给当地人带来福祉……"他还提出英国应强化干预埃及的灌溉事业和农业领域。到 1902 年之后,尽管英国占领当局不断减税,却依然向公共工程部注入大量资金。① 1882—1912 年,政府财政收入从 943 万英镑增至 1 800 万英镑,增幅不足 100%②;然而,埃及政府的灌溉和排水投资却从 980 万埃镑升至 3 030 万埃镑,③ 从而为诸多旧有大坝的改造和包括阿斯旺大坝在内的新型水利工程的兴建奠定了物质基础。④

水利设施的改进与农业劳力的增长,为棉花播种面积的扩大创造了条件,而棉花播种面积的扩展对其他作物特别是粮食作物的种植造成不利影响。从 1886/1887 年到 1912/1913 年,埃及甘蔗、蚕豆、大麦、小麦的播种面积普遍受到影响。甘蔗播种面积从 1875 年的 6.6 万费丹降到 1913 年

---

① Robert L Tignor, "British Agricultural and Hydraulic Policy in Egypt, 1882—1892", p. 64 - 66.

② [英] B·R·米切尔编:《帕尔格雷夫世界历史统计》,亚洲、非洲和大洋洲卷(1750—1993),第 934 页,第 937 页。

③ Bent Hansen, "Capital and Lopsided Development in Egypt Under British Occupation", in Georges Sabagh, ed. , *The Modern Economic and Social History of the Middle East in Its World Context*, p. 72

④ 关于 1882—1892 年驻埃及的英国工程师如何改造或新建水利工程,详见 Robert L Tignor, "British Agricultural and Hydraulic Policy in Egypt, 1882—1892", pp. 66 - 71.

的4.8万费丹。① 从1886/1887年到1912/1913年，蚕豆种植面积从75.6万费丹降至52.5万费丹，大麦播种面积从52万费丹降至37.3万费丹，小麦播种面积稳定在125万费丹左右。② 棉花播种面积从1886/1887年的86.6万费丹，增至1897年的110万费丹，1907年的160万费丹，到1912/1913年达170万费丹，在1917年保持在约170万费丹。③ 棉田面积占全国耕地面积的比重呈现上升趋势。埃及棉田面积占耕地面积的比重，在1882年为11.5%④，到1897/1898年升至22.04%，到1912/1913年高达32.62%⑤。在第一次世界大战爆发前夕，埃及棉田主要分布于交通便捷且水源丰沛的尼罗河三角洲地区。⑥ 棉花的单位面积产量在19世纪末呈上升势头，在20世纪初则迅速下降。单位费丹的棉花产量从1880—1884年的3.43堪塔尔增至1895—1899年的5.47堪塔尔，然后降至1920—1924年的3.67堪塔尔⑦；另据统计，埃及棉花的单位费丹产量，在1882年为147.4公斤，到1897年增至260.6公斤，到1913年降至199.5公斤⑧。埃及棉花总产量从1884—1885年的3 591 000吨增至1912—1913年的7 499 000吨。⑨

英国占领当局还大力发展铁路运输。1879—1922年，埃及铁路里程从1 510公里增至4 398公里⑩。铁路里程的增加有助于棉花等农产品的出口。埃及棉花出口量在1880年为300万堪塔尔，从1890年起开始快速稳定增

---

① [埃]拉西德·阿里·巴拉维、穆罕默德·哈姆查·乌列士合著：《近代埃及的经济发展》，第104、149页。

② Roger Owen, *The Middle East in the World Economy*, 1800—1914, p. 218.

③ Alan Richards, ed., *Food, States and Peasants: Analyses of Agrarian Question in the Middle East*, p. 90. Roger Owen, *The Middle East in the World Economy*, 1800—1914, p. 218.

④ [埃]拉西德·阿里·巴拉维、穆罕默德·哈姆查·乌列士合著：《近代埃及的经济发展》，第148页。

⑤ Alan Richards, *Egypt's Agricultural Development*, 1800—1980: *Technical and Social Change*, p. 74.

⑥ Roger Owen, *The Middle East in the World Economy*, 1800—1914, p. 219.

⑦ Samir Radwan, *Capital Formation in Egyptian Industry and Agriculture*, 1882—1967, p. 272.

⑧ Bent Hansen and Michael Wattleworth, "Agricultural Output and Consumption of Basic Foods in Egypt, 1886/1887 - 1967/1968", p. 464. 关于1900—1914年埃及棉花单位面积产量的下降原因，详见（埃）拉西德·阿里·巴拉维、穆罕默德·哈姆查·乌列士合著：《近代埃及的经济发展》，第147-148页。

⑨ [埃]拉西德·阿里·巴拉维、穆罕默德·哈姆查·乌列士合著：《近代埃及的经济发展》，第170页。

⑩ [英]B·R·米切尔编：《帕尔格雷夫世界历史统计》，亚洲、非洲和大洋洲卷（1750—1993），第691页。

长，到 1914 年高达 737 万堪塔尔。① 1885—1913 年棉花和棉籽年出口额从 987.4 万埃镑增至 2 967.5 万埃镑，② 棉花和棉籽出口总值所占比重在 19 世纪 80 年代超过 80%，到 1910—1914 年则超过 90%；棉布进口也相应增加。③

英国人在提高埃及棉花产量和出口量的同时，还强化对棉花种植和销售的监督和控制。1912 年，埃及政府设立棉花特别集市，明码标价，以防商人蒙骗小农。④ 在第一次世界大战期间，英商所操纵的"棉花委员会"和英国占领当局几乎控制了埃及所有棉花的种植和出口。⑤ 1914 年夏第一次世界大战爆发之后，英国占领当局为确保粮食供应而强行规定埃及棉花的播种面积所占比重不得超过 1/3，导致棉花播种面积从 1914 年的 175.5 万费丹降至 1915 年的 118.6 万费丹，同期棉花播种面积所占比重从 23.19% 降至 15.16%。1918 年，英国占领当局再次规定棉花播种面积所占比重不得超过 1/3，以便增加粮食产量，进而保证协约国驻军所需；因此，埃及棉花播种面积从 1916 年的 165.6 万费丹与 1917 年的 167.7 万费丹降至 1918 年的 131.6 万费丹，棉花播种所占比重从 1916 年的 21.73% 和 1917 年的 21.82% 降至 1918 年的 16.82%。⑥ 1918 年，垄断棉花出口的外国公司以低于国际市场价 50% 的价格收购埃及棉花，棉农由此损失 3 200 万镑收益。⑦

在第一次世界大战爆发之后，本土棉纺织业的发展构成埃及棉花市场化的重要表现。据《埃及年度统计》提供的数据，棉纺织品进口总额占埃及主要进口商品总值的比重，从 1915 年的 29.4% 增至 1918 年的 43.4%，降至 1921 年的 26.5%，到 1923 年则反弹至 36.5%，⑧ 在第一次世界大战期间涨幅明显。然而，第一次世界大战也是埃及棉纺织业的战略机遇期，

---

① Alan Richards, *Egypt's Agricultural Development*, 1800—1980: *Technical and Social Change*, p. 71.

② Roger Owen, *The Middle East in the World Economy*, 1800—1914, p. 241.

③ Charles Issawi, *An Economic History of the Middle East and North Africa*, p. 31, p. 35.

④ Barbara K Larson, "Rural Marketing System of Egypt over the Last Three Hundred Years", pp. 518–519.

⑤ Farhad Kazemi and John Waterbury, ed., *Peasants and Politics in the Modern Middle East*, pp. 184–185.

⑥ [埃] 拉西德·阿里·巴拉维、穆罕默德·哈姆查·乌列士合著：《近代埃及的经济发展》，第 191、193 页。

⑦ 杨灏城：《埃及近代史》，第 291 页。

⑧ Robert L Tignor, *State, Private Enterprise, and Economic Change in Egypt*, p. 52.

埃及棉厂加工的棉花总量从1913年的27 000堪塔尔增至1914年的47 000堪塔尔、1918年的57 000堪塔尔；但是在1918年第一次世界大战结束后，埃及本土棉厂加工的棉花总量迅速降至1919年的23 000堪塔尔，不过在1922年埃及独立时反弹至49 000堪塔尔①。

综上所述，在伊斯玛仪统治后期，英、法利用埃及政府的债务危机来强化对埃及政治和财政的干预；到1882年，英国扑灭奥拉比革命并占领埃及。自此之后直到1922年英国承认埃及独立，英国政府凭借政治权力直接操纵埃及农业生产和农产品销售，英国政府和商人攫取大部分农业剩余。

2. 1922—1952年棉花产销的跌宕起伏与本土棉纺织业的艰难启动

1922年，英国政府承认埃及独立；1923年，埃及宪法颁布；埃及进入宪政时代（1922—1952年），在形式上取得独立，英国的控制遭到削弱，大地主的政治经济影响不断扩大并逐渐成为埃及农产品市场化的主导力量。在宪政时代，埃及政府一般仅在经济危机或世界大战期间才直接干预农业生产。在1929—1933年世界性经济危机期间与1939—1945年第二次世界大战环境中，埃及政府一度限制棉花种植面积并扩大粮食种植面积，还于1931年整顿水果蔬菜市场。② 国际经济形势的变化和由此导致的棉价波动是影响埃及棉花播种面积的首要因素。棉花播种面积从1917年的170万费丹，降至1927年的150万费丹，增至1937年的200万费丹，到1947年降至130万费丹。③ 因此，棉田面积占全国播种面积的比重跌宕起伏，在1929年世界经济危机爆发前夕最高达到37.53%，在世界经济危机爆发后的1931—1932年最低降至20.02%。④ 这主要是由于1931—1933年国际棉价比20年代末下降2/3。⑤ 埃及大地主在20世纪20—30年代棉价即将下跌之际，极力推动埃及政府出台法令，限制他人种棉面积或由政府购买

---

① Robert L Tignor, *State, Private Enterprise, and Economic Change in Egypt*, p. 50.
② Barbara K Larson, "Rural Marketing System of Egypt over the Last Three Hundred Years", pp. 518–519.
③ Alan Richards, ed., *Food, States and Peasants: Analyses of Agrarian Question in the Middle East*, p. 90.
④ Alan Richards, *Egypt's Agricultural Development, 1800—1980: Technical and Social Change*, p. 115.
⑤ M W Daly, ed., *The Cambridge History of Egypt: Modern Egypt, from 1517 to the End of the Twentieth Century*, p. 321.

和存储棉花,以便维持棉花价格。① 例如,1931—1932年,埃及政府一度限制棉花的播种面积;然而,由于埃及棉花在国际市场上所占份额微不足道,因而政府此举对国际棉价几无影响。② 棉花播种面积波动与棉花单位面积产量提高,直接决定棉花产量的变化。在1920—1954年,埃及单位费丹棉花年产量从3.67堪塔尔升至4.73堪塔尔。③ 棉花产量从1922年的30.2万吨增至1952年的44.6万吨。埃及棉纺织业发展迅速,使国内棉花消费量上升,而棉纺织品占进口总值的比重大幅下降。棉纱产量从1934年的1.1万吨增至1952年的5.6万吨。④ 棉纺织品进口总额占埃及进口商品总值的比重从1921年的26.5%升至1929年的28.7%,降至1930年的26.2%,1939年的16.5%,在1946年小幅回升至17.5%,到1952年降至8.3%。⑤ 棉花产量和棉纱产量是影响棉花出口量的重要因素。因此,尽管埃及的铁路营业里程从1922年的4 398公里增至1952年的5 656公里⑥,但是棉花出口量起伏很大,从1922年的29.1万吨降到1952年的27.0万吨。⑦ 棉花出口总值所占比重在1910—1914年超过90%,到30年代则降至70%。⑧ 尽管如此,棉花生产依旧是埃及农业经济的中心环节。政府和地主无不围绕棉花生产而安排农业试验、灌溉方式和除虫劳动。早在1899年,埃及政府就已正式废除徭役制度。然而,1910年,埃及政府颁布法令,规定政府在两种情势下依然有权征发9~25岁的男性农民从事两类劳役。这两种情况分别是尼罗河即将泛滥之时和出现决口之际,以及棉虫灾害发生时。当棉虫灾害发生时,政府有偿征发其他地区的农村成年男女和儿童前往灾区除虫。这些劳动力仅携带一月口粮,露宿田间地头,每天从早上6点到中午12点以及从下午2点到傍晚6点勤恳劳作,逐垄逐株逐叶

---

① Alan Richards, ed., *Food, States and Peasants: Analyses of Agrarian Question in the Middle East*, p. 71.

② Roger Owen and Sevket Pamuk, *A History of Middle East Economies in the Twentieth Century*, p. 38.

③ Samir Radwan, *Capital Formation in Egyptian Industry and Agriculture, 1882—1967*, p. 272.

④ [英] B·R·米切尔编:《帕尔格雷夫世界历史统计》,亚洲、非洲和大洋洲卷(1750—1993),第256-257页,第461页。

⑤ Robert L Tignor, *State, Private Enterprise, and Economic Change in Egypt*, p. 52, p. 100, p. 112, p. 199.

⑥ [英] B·R·米切尔编:《帕尔格雷夫世界历史统计》,亚洲、非洲和大洋洲卷(1750—1993),第691页,第695页。

⑦ [英] B·R·米切尔编:《帕尔格雷夫世界历史统计》,亚洲、非洲和大洋洲卷(1750—1993),第345-346页。

⑧ Charles Issawi, *An Economic History of the Middle East and North Africa*, p. 31.

检查棉花，剥去受害叶片，稍有遗漏便会遭到身后监工的殴打。例如，1936年埃及有435 735费丹棉田发生棉铃虫害，棉铃遭到摧毁，棉铃虫数量在一年内增加5倍；为此政府临时征发100万名青年农民对抗棉花虫害。① 棉花出口依然是埃及对外贸易的支柱。巴尔巴拉·拉尔松指出，埃及乡村市场体制在1848—1952年由棉花和谷物的出口市场，以及本国自给自足农产品市场两部分构成，这两部分具有不同特点和地位。出口棉花和谷物的乡村市场体制以开罗和亚历山大为顶层，以其他城镇为底层，顶层控制底层。本国自给自足农产品的农业市场体制则是一个相对平等的具有一定竞争性的市场体制。但是，棉花和谷物的出口市场主导着本国农产品市场。② 棉花产值逐渐取代地税而成为财政收入的主要来源。③ 1919—1939年，埃及财政收入保持在4 000万英镑左右④，地税总额保持在515万埃镑左右；而埃及地税总额与棉花产值的比例从1919年的5.8%，升至1922年14.2%，1932—1933年的44.8%，降至1938—1939年的25.7%。⑤ 棉花的种植、加工和出口依旧是埃及经济的支柱。到1952年"七·二三"革命前夕，埃及农业劳力占全部劳力的比重高达70%，农业产值占国内生产总值的比重为31%，农产品出口额占埃及出口商品总额的93%（其中棉花占80%）；然而，工业劳力仅占全部劳力的10%，工业产值仅占国内生产总值的8%。⑥ 埃及经济极易受到国际棉价波动的影响。据1950年11月29日《真理报》报道，在第二届世界和平大会上，埃及代表萨德·卡米勒指出："帝国主义者把我们的国家变为供给……廉价棉花的巨大农业基地。因此，我们的国家成了最低生活水平和极端贫困的典型。"⑦ 由此可见，单一出口作物的经济模式在国际分工中居于劣势，工化成为埃及发展民族经济的必由之路。

1922—1952年埃及地税很低而地租很高，大土地所有制未受触动，因

---

① S J Henry Habib Ayrout, *The Egyptian Peasant*, pp. 54 – 55.
② Barbara K Larson, "Rural Marketing System of Egypt over the Last Three Hundred Years", pp. 518 – 519.
③ Alan Richards, ed., *Food, States and Peasants: Analyses of Agrarian Question in the Middle East*, p. 93.
④ [英] B·R·米切尔编：《帕尔格雷夫世界历史统计》，亚洲、非洲和大洋洲卷（1750—1993），第937页。
⑤ Robert L Tignor, *State, Private Enterprise, and Economic Change in Egypt*, p. 116.
⑥ Wheelock Keith, *Nasser's New Egypt*, p. 138.
⑦ [埃] 拉西德·阿里·巴拉维、穆罕默德·哈姆查·乌列士合著：《近代埃及的经济发展》，第3页。

此政府无力控制棉花产销,导致绝大多数棉花中凝结的剩余价值主要流向地主和棉商之手。一般来说,急需现金的小农会在收获前以相当于国际市场价 15%~20% 的价格把棉花预售给棉商,而不太急需现金的小农则会在收获后将棉花以相当于国际市场价 35%~40% 的价格卖给棉商。在同一时期,英国对埃及的控制有所放松,而英国在埃及对外贸易中的地位也不断衰落。从英国占领埃及到 1952 年,英国始终是埃及最大的进出口贸易伙伴,但是英国在埃及进出口贸易中所占比重呈现下降趋势。埃及进口的英国商品总额占埃及全部进口总额的比重,在 1922 年为 34%,到 1951 年降至 18%;英国进口的埃及商品总额占埃及出口商品总额的比重,在 1922 年为 47%,到 1951 年降至 19%。伴随着人均耕地的不断下降和政党政治的兴起,地主阶级在农业生产和农产品市场化中的地位也不断上升,这一进程直至 1952 年七月革命爆发和土改法出台才宣告中断。

二、阿拉伯埃及共和国时代的棉花产销

1952—2013 年,棉花在埃及农业生产和农产品贸易中的地位呈现下降趋势。

(一)埃及棉花单产起伏较大而且播种面积比重大幅下降

1952—2013 年,埃及棉花的单位面积产量浮动较大。埃及农业部提供的数据显示,单位费丹的棉花产量从 1952 年的 4.53 堪塔尔增至 1970 年的 6.25 堪塔尔,到 1977 年则降至 5.60 堪塔尔;[①] 到 1985 年恢复至 6.0 堪塔尔,到 2000 年增至 6.8 堪塔尔;[②] 2002 年,每公顷棉花产量约为 2.6 吨[③]。相关农业生产资料投入,特别是农药、化肥与种子的投入,棉虫和旱涝等自然灾害,构成影响埃及棉花单位面积产量的主要因素。

1952—2013 年,埃及棉花播种面积所占比重急剧下降。1950—1954 年,埃及播种面积为 941.2 万费丹,其中棉田占 18.8%。[④] 1960 年,埃及播种面积为 1 040 万费丹,其中棉田占 190 万费丹,约占 18.3%。[⑤] 1970—

[①] Alan Richards, *Egypt's Agricultural Development*, 1800—1980: *Technical and Social Change*, p. 202.

[②] M Riad El-Ghonemy, ed., *Egypt in the Twenty-first Century: Challenges for Development*, p. 146, pp. 151 – 152.

[③] "联合国粮食及农业组织"(FAO)英文网站: http://www.fao.org/.

[④] Simon Commander, *The State and Agricultural Development in Egypt since 1973*, 1987, p. 60.

[⑤] Alan Richards, ed., *Food, States and Peasants: Analyses of Agrarian Question in the Middle East*, p. 90.

1974年，埃及播种面积为1 085.5万费丹，其中棉田占14.3%；1978—1981年，埃及种植面积为1 109.2万费丹，其中棉花播种面积所占比重降至10.7%。① 1985—1992年，埃及棉花播种面积从108.1费丹降至84万费丹，占全部播种面积的比重从9.67%降至6.72%。② 在20世纪90年代末，埃及仅有12%的耕地面积实行牧草－棉花轮种。③ 2000—2011年，穆巴拉克政权往往根据国际棉花价格的波动与国内棉纺织业的需求来确定棉花播种面积，但是棉田面积依然在低水平上徘徊。例如，2002年埃及棉田面积约为30万公顷；相比之下，蔬菜播种面积约为47万公顷，牧草播种面积高达120万公顷④。

（二）棉价低位运行是棉花播种面积所占比重下降的重要原因

棉花售价偏低是棉花播种面积所占比重急剧下降的重要原因。在纳赛尔、萨达特时代与穆巴拉克执政初期，棉花的国内售价主要受制于政府的规定。根据埃及中央价格署提供的数据，1960年，埃及每堪塔尔棉花的平均出口价为18.0埃镑，而政府收购价为15.0埃镑；1961年，每堪塔尔棉花的平均出口价为18.1埃镑，而政府收购价为14.6埃镑；1962年，每堪塔尔棉花的平均出口价为16.7埃镑，而政府收购价为14.8埃镑；1963年，每堪塔尔棉花的平均出口价为18.8埃镑，而政府收购价为15.2埃镑；1964年，每堪塔尔棉花的平均出口价为19.2埃镑，而政府收购价为16.8埃镑；1965年，每堪塔尔棉花的平均出口价为22.3埃镑，而政府收购价为16.1埃镑；1966年，每堪塔尔棉花的平均出口价为20.8埃镑，而政府收购价为16.0埃镑；1967年，每堪塔尔棉花的平均出口价为20.2埃镑，而政府收购价为17.0埃镑；1968年，每堪塔尔棉花的平均出口价为21.8埃镑，而政府收购价为17.5埃镑；1969年，每堪塔尔棉花的平均出口价为25.3埃镑，而政府收购价为18.0埃镑；1970年，每堪塔尔棉花的平均出口价为26.0埃镑，而政府收购价为18.2埃镑。⑤ 1976年，埃及每吨皮

---

① Simon Commander, *The State and Agricultural Development in Egypt since 1973*, p. 60.
② Ray Bush, *Economic Crisis and the Politics of Reform in Egypt*, p. 54.
③ Hans Lofgern, ed., *Food, Agriculture and Economic Policy in the Middle East and North Africa*, Vol. 5, p. 162.
④ "联合国粮食及农业组织"（FAO）英文网站：http://www.fao.org/.
⑤ Mahmoud. Abdel-Fadil, *Development, Income Distribution and Social Change in Rural Egypt, 1952—1970: A Study in the Political Economy of Agrarian Transition*, p. 104.

棉的平均出口价为40埃镑，而政府收购价仅为22埃镑。① 1979年，戴伯拉赫镇单位费丹棉花的净收入仅有52.5埃镑（使用雇农的土地所有者）或106.5埃镑（自营的土地所有者），而同期每费丹牧草的净收入则高达136.5埃镑，每费丹甘蔗的平均净收入为212.4埃镑。棉花收购价过低和由此导致的种植效益不高，迫使农户逃避政府与合作社的规定，特别是逃避种植结构的规定。在萨达特时代，埃及地主往往通过贿赂收入微薄的合作社委员会委员和政府派驻合作社的官员，或者偿付罚金，来公开违背政府的种植结构规定。与此同时，上埃及戴伯拉赫镇某农民说："我们为何应该早些种植棉花呢？棉花是政府的农作物。我们种植棉花仅仅是因为政府与合作社官员强迫我们这样做。"农民普遍不顾政府的命令，推迟种植棉花的日期。这是因为提前种植棉花虽然会使棉花增产，但不利于农民增收；推迟棉花种植日期尽管会增加棉虫害的发生概率，但能便利牧草收割。不仅如此，由于棉花售价太低，所以农民也缺乏在棉田除草施肥的积极性，而私自将合作社分配的棉药卖到黑市，进而获取现金。② 在穆巴拉克执政初期，埃及政府延续纳赛尔和萨达特时代的农产品价格政策。在20世纪80年代初，有学者通过运用经济模型来考察位于东部省拜尔比斯区的两座村庄，指出较为贫困、自有地产较少、地块数目较少、牲口较少，以及居住地距离农村自由集市较近的村民更倾向于违反政府在强制配额运输大米和控制棉花地块分配方面的法规。③ 从80年代中期开始，埃及政府逐渐放宽对农产品的价格控制，棉花的国内售价逐渐取决于国际棉花价格波动与国内棉纺织业需求。1985—2000年，埃及每堪塔尔棉花的市场价从97埃镑升至350埃镑。④ 但是农民的种棉积极性仍然没有明显提高。

（三）政府对棉花种植、运输和买卖的控制直接影响棉价水平

埃及政府的农产品价格政策与政府对农业生产、农产品运输和农产品贸易的控制紧密相关。阿拉伯埃及共和国政府力图通过农业合作社而控制小农的生产过程、农产品的运输过程，以及棉花等重要农产品的贸易，进而转移农业剩余。

---

① Iliya Harik, "Subsidization Policies in Egypt: Neither Economic Growth Nor Distribution", p. 483.

② Richard H Adams Jr., *Development and Social Change in Rural Egypt*, pp. 68 – 75.

③ Dyaa K Abdou, B Delworth Gardner, Richard Green, "To Violate or Not Violate the Law: An Example form Egyptian Agriculture", pp. 120 – 126.

④ M Riad El-Ghonemy, ed., *Egypt in the Twenty-first Century: Challenges for Development*, p. 146, pp. 151 – 152.

埃及政府试图控制农业生产过程。第一，控制种植结构。农业合作社必须依据埃及农业部的行政指令而实行两年或三年轮作制度即两圃制或三圃制。轮作制具有明显的地区差异。三圃制一般将耕地分为三块，其中一块在冬季种上苜蓿和短车轴草，收割两次之后在夏季种上棉花；第二块种上长车轴草；第三块种上小麦。两圃制将土地分为两块，一块在冬天种上短车轴草，在夏天种上棉花（下埃及）或甘蔗（上埃及）；另一块在冬天同时种上豆荚和小麦，在夏天种上水稻（三角洲北部）、玉米（三角洲南部和中埃及）和高粱（三角洲南部）。① 第二，规定种植和收获的日期、采用的技术和储备容器。违反政府规定的种植结构或违反政府规定的种植和收获日期者，必须为每费丹播种面积缴纳 20～50 埃镑罚款。② 第三，提供贷款以及种子和农药等生产资料。在 20 世纪 70 年代，政府通过合作社给予棉农和蔗农的贷款数额差别很大。以上埃及米尼亚省戴伯拉赫镇为例，当地农民种植 1 费丹棉花仅能获得 17 埃镑农业贷款，而种植 1 费丹甘蔗却能获得 45 埃镑（在种植面积少于 10 费丹的情况下）甚至 160 埃镑（在种植面积超过 10 费丹的情况下）农业贷款。③ 全部棉种由政府通过合作社售予农民。④ 政府还向合作社提供受到补贴的农药。从 1972 年起，政府开始承担棉药的一半成本，并规定农民所承担的棉药成本上限；这就意味着一旦棉药价格上涨到一定程度，政府所承担的棉药成本将超过 50%。因此政府对棉农的农药补贴从 1974 年的 1 920 万埃镑增至 1977 年的 3 680 万埃镑；同期，农民每年只须为每费丹棉花负担 13 埃镑的棉药成本，其余均由政府负担。⑤ 有时政府还组织劳力清除棉虫，这相当于变相提供免费农药。⑥ 尽管如此，政府对农药的补贴数额远远不及对棉花的隐性征税。

埃及政府还试图控制农产品的运输。政府对某些基本食品或棉花等用于出口的农产品实行定额强制运输，然后使前者进入政府的食品补贴系

---

① Ray Bush, "Land Reform and Counter-Revolution", in Ray Bush, ed., *Counter-Revolution in Egypt's Countryside: Land and Farmers in the Era of Economic Reform*, p. 12. Ray Bush, "Politics, Power and Poverty: Twenty Years of Agricultural Reform and Market Liberalisation in Egypt", p. 1600.

② Dyaa K Abdou, B Delworth Gardner, Richard Green, "To Violate or Not Violate the Law: An Example form Egyptian Agriculture", pp. 120 - 121.

③ Richard H Adams Jr., *Development and Social Change in Rural Egypt*, p. 60.

④ Richard H Adams Jr., *Development and Social Change in Rural Egypt*, p. 51.

⑤ Karima Korayem, "The Rural-Urban Income Gap in Egypt and Biased Agricultural Pricing Policy", p. 424.

⑥ James Toth, "Rural Workers and Egypt's National Development", pp. 38 - 56, p. 41.

统，使后者进入出口领域。违反政府的定额强制运输规定的农民将受到处罚。①

埃及政府还试图控制棉花等重要农产品的贸易。从1965年起，政府控制下的合作社就垄断棉花收购，政府迅速取代棉商而成为主要中间人。村民基本丧失成为直接市场主体的核心权利。② 棉花平均出口价与政府收购价的差额构成政府的隐性征税额。政府对出口棉花的隐性征税额和税率在1974年分别为19 920万埃镑和82.6%，到1976年分别为6 200万埃镑和84.0%。③ 1976年棉农以22埃镑/吨的价格将原棉卖给政府，政府以15.2埃镑/吨的价格将统购棉花售给棉纺厂，损失由政府财政承担。此后，纺纱厂向织布厂出售的棉纱价格以及织布厂向消费者出售的棉布价格都比较低廉，而同期国际市场上的原棉价格为40埃镑/吨。④ 因此棉农实际上在为国营企业和消费者提供补贴。由此可见，在相当长的时间内，政府通过生产资料与农产品的价格剪刀差，得以隐蔽地向社员征收比直接税高得多的间接税，使农业剩余转移支付给市民、政府机关和工业领域。政府对棉花的统购包销严重挫伤了棉农的积极性，导致棉花品质持续下降。棉花销售量也增长缓慢。从1965年起合作社售出的棉花量出现下降趋势。

（四）棉花产量增长乏力与本土棉纺织业的发展对出口造成不利影响

1952—2013年埃及籽棉与皮棉的产量没有出现明显增加，而且时升时降。埃及籽棉产量在1952年为129.8万吨，到1971年升至141万吨，到1976年降到107万吨，到1980年再次上升至140万吨，到1990年降至81.5万吨，到1994年升至108.3万吨，到1997年降至97.7万吨。埃及皮棉产量在1952年为44.6万吨，降至1955年的33万吨，升至1960年的48万吨，到1965年达52万吨，1970年降至50.9万吨，1976年为40万吨，

---

① Karima Korayem, "The Rural-Urban Income Gap in Egypt and Biased Agricultural Pricing Policy", p. 426.

② Mahmoud Abdel-Fadil, *Development, Income Distribution and Social Change in Rural Egypt, 1952—1970: A Study in the Political Economy of Agrarian Transition*, p. 86.

③ Karima Korayem, "The Rural-Urban Income Gap in Egypt and Biased Agricultural Pricing Policy", p. 425.

④ Iliya Harik, "Subsidization Policies in Egypt: Neither Economic Growth Nor Distribution", p. 483.

然后升至 1980 年的 53 万吨。① 到 2007—2008 年，埃及皮棉产量仅为 22.5 万吨。②

1952—2013 年埃及棉纺织业发展较为快速。埃及原棉消费量从 1952 年的 6.8 万吨增至 1970 年的 19.0 万吨，到 1981 年达到 33.2 万吨，在 1993 年为 33.1 万吨。③ 埃及棉纺锭数从 1952 年的 53.9 万锭增至 1970 年的 173 万锭，1981 年的 258 万锭增至 1988 年的 285 万锭；棉纱产量从 1952 年的 5.6 万吨增至 1970 年的 16.5 万吨，1981 年的 23.9 万吨增至 1993 年的 28.2 万吨。④ 棉纺织品出口总额占出口总值的比重从 1965 年的 14.0% 降至 1970 年的 16.7%、1981 年的 7.0%、1985 年的 4.9%，升至 1990 年的 20.8%、1995 年的 24.2%，继而降至 2000 年的 10.3%。⑤

棉花产量增长乏力与本土棉纺织业的迅速发展，对棉花出口量造成不利影响。埃及棉花出口量从 1952 年的 27.0 万吨增至 1960 年的 37.4 万吨、降至 1970 年的 28.5 万吨、1975 年的 18.5 万吨、1981 年的 17.8 万吨，迅速降至 1990 年的 3.9 万吨、1993 年的 1.5 万吨；⑥ 到 2001 年，埃及棉花出口量一度回升至 5.3 万吨⑦。埃及超长绒棉和长绒棉的出口量占世界同类商品出口量的比重，从 20 世纪 30 年代的 75% 降至 70 年代的 30% ~ 40%⑧，此后则继续下降。棉花出口总值占埃及出口总值的比重，从 1952 年的 80%⑨，降至 1965 年的 55.9%、1970 年的 49.1%、1981 年的 9.1%、

---

① Ray Bush, *Economic Crisis and the Politics of Reform in Egypt*, p. 58. Habib Ayeb, "Hydraulic Plitics: The Nile and Egypt's Water Use: A Crisis for the Twenty-first Century?", in Ray Bush, ed., *Counter-Revolution in Egypt's Countryside: Land and Farmers in the Era of Economic Reform*, p. 91. [英] B·R·米切尔编，贺力平译：《帕尔格雷夫世界历史统计》，亚洲、非洲和大洋洲卷（1750—1993），第 257 页。《国际经济和社会统计资料》（1950—1982），第 83 - 84 页。

② 《2007/2008 年度埃及棉花生产介绍——埃及代表团在 ICAC 第六十七次全体会议上的报告》，《中国棉花》，2009 年第 1 期，第 46 - 47 页。

③ [英] B·R·米切尔编，贺力平译：《帕尔格雷夫世界历史统计》，亚洲、非洲和大洋洲卷（1750—1993），第 456 页。

④ [英] B·R·米切尔编，贺力平译：《帕尔格雷夫世界历史统计》，亚洲、非洲和大洋洲卷（1750—1993），第 461 页。

⑤ Khalid Ikram, *The Egyptian Economy, 1952—2000: Performance, Policies, and Issues*, p. 123.

⑥ [英] B·R·米切尔编：《帕尔格雷夫世界历史统计》，亚洲、非洲和大洋洲卷（1750—1993），第 346 页。

⑦ "联合国粮食及农业组织"（FAO）英文网站：http://www.fao.org/.

⑧ Victor Levy, "The Welfare and Transfer Effects of Cotton Price Policies in Egypt, 1963—78", p. 576.

⑨ Wheelock Keith, *Nasser's New Egypt*, p. 138.

1985年的7.0%、1990年的7.0%，到2000年仅为2.6%。① 棉花出口收益所占比重，在1952—1953年为84.0%，在1969—1970年降至49.1%②，此后还继续下降。詹姆斯·图斯认为，20世纪70年代初至90年代初，埃及棉花出口急剧下滑、棉花创汇大幅下降的原因在于：政府依旧控制棉花售价以便攫取农业剩余，从而挫伤棉农的生产积极性，迫使其种植价格控制程度较低的农作物；进城打工和出国务工的农村劳力增加，因此农业劳力发生短缺；苏丹和乌干达等国棉花种植和出口的兴起；人造纤维的发展。③

三、阿拉伯埃及共和国时代的园艺产业

1952—2013年特别是在穆巴拉克担任总统期间，埃及水果和蔬菜等园艺产品的生产和出口异军突起。

在纳赛尔时代，埃及水果种植面积特别是柑橘种植面积呈现上升趋势。1950—1961年，埃及果园面积从10.7万费丹增至14.4万费丹，在这一时期埃及果园面积的51%由占地超过50费丹的土地所有者经营。④ 1950—1961年，埃及柑橘种植面积从37 896费丹增至73 764费丹，柑橘成为最为重要也发展最快的水果；葡萄种植面积从17 968费丹降至17 740费丹；香蕉种植面积从6 896费丹增至8 468费丹；芒果种植面积从7 369费丹增至11 904费丹。⑤ 然而，截至1961年，埃及的果园和菜园面积仅占全国耕地面积的4.9%。⑥ 耗资大、周期长是制约果园面积扩大的重要因素。在20世纪60年代中期，埃及每费丹果园耗资50～450埃镑，从栽培到采摘需要5～7年。⑦ 而埃及政府的价格控制和强制运输制度，则对洋葱等蔬菜的发展造成不利影响。在1967—1968年，政府以每吨11埃镑的均

---

① Khalid Ikram, *The Egyptian Economy, 1952—2000: Performance, Policies, and Issues*, p. 123.

② Robert Mabro and Samir Radwan, *The Industrialization of Egypt, 1939—1973: Policy and Performance*, Oxford: Clarendon Press, 1976, p. 218.

③ James Toth, "Rural Workers and Egypt's National Development", p. 48.

④ Mahmoud. Abdel-Fadil, *Development, Income Distribution and Social Change in Rural Egypt, 1952—1970: A Study in the Political Economy of Agrarian Transition*, p. 36.

⑤ Mahmoud. Abdel-Fadil, *Development, Income Distribution and Social Change in Rural Egypt, 1952—1970: A Study in the Political Economy of Agrarian Transition*, p. 40.

⑥ Robert Springborg, "Agrarian Bourgeoisie, Semiproletarians, and the Egyptian State: Lessons for Liberalization", p. 452.

⑦ 杨灏城、江淳：《纳赛尔和萨达特时代的埃及》，第138页。

价强行购买洋葱，而同期自由市场上的洋葱售价为每吨16.5埃镑；在1965—1970年，每费丹洋葱产量为7吨，而强制运输量则高达4吨。① 然而，在1967年第三次中东战争结束后，特别是从1968年3月30日起，埃及农业改革署允许出售超过20费丹的果园和菜园，鼓励种植高附加值的水果和蔬菜。② 水果和蔬菜种植面积的扩大，有助于提高产量和出口量。埃及柑橘产量在1940年为22.6万吨、在1950年为31.8万吨、在1952年为32.3万吨、在1955年为36.5万吨，到1961年降至24.1万吨，到1965年增至48.2万吨，在1967年为70.4万吨，到1970年增至72.1万吨；埃及香蕉产量从1950年的2.8万吨，增至1960—1961年的6.6万吨，到1970年达到8.2万吨。③ 埃及马铃薯播种面积在1930年仅有0.2万公顷，自第二次世界大战爆发后迅速扩展，到1952年达到1.0万公顷，到1970年为3.2万公顷；④ 马铃薯总产量在1930年仅有1.2万吨，自第二次世界大战爆发后开始迅速增加，到1952年达15.3万吨，到1970年达54.9万吨。⑤ 水果蔬菜的出口总值呈现上升趋势。柑橘出口总值在1963—1964年为3万埃镑，到1967—1968年增至8万埃镑，到1969—1970年迅速提高到64万埃镑；蔬菜出口总值在1963—1964年为448万埃镑，然后降至1965—1966年的355万埃镑，升至1968—1969年的745万埃镑。因此，埃及水果蔬菜的收入比重在20世纪60年代后期迅速提高。水果收入占农业收入的比重从1963年的3.1%升至1970年的4.4%，蔬菜收入所占比重从1963年的8.3%升至1970年的10.4%。在萨达特执政初期，埃及水果蔬菜产业发展非常缓慢。1970年，埃及水果收入和蔬菜收入占农业收入的比重分别为4.4%和10.4%；1973年，埃及水果收入和蔬菜收入占农业收入的比重分别为4.6%和10.6%。⑥ 在1973年十月战争结束后，萨达特加快对外开放步伐，这就为园艺产品的出口提供难得的发展机遇。不仅如此，萨达特政

---

① Mahmoud Abdel-Fadil, *Development, Income Distribution and Social Change in Rural Egypt, 1952—1970: A Study in the Political Economy of Agrarian Transition*, p. 89.
② Mark Cooper, *The Transformation of Egypt*, p. 45.
③ [英] B·R·米切尔编：《帕尔格雷夫世界历史统计》，亚洲、非洲和大洋洲卷（1750—1993），第246–247页。
④ [英] B·R·米切尔编：《帕尔格雷夫世界历史统计》，亚洲、非洲和大洋洲卷（1750—1993），第150页，第156页。
⑤ [英] B·R·米切尔编：《帕尔格雷夫世界历史统计》，亚洲、非洲和大洋洲卷（1750—1993），第185页，第189页。
⑥ Mark Cooper, *The Transformation of Egypt*, p. 60.

权还允许掌握先进技术且善于规模经营的外商开垦土地，种植和出口蔬菜水果。① 萨达特政权还允许农业改革署将果园划分为不超过 20 费丹的地块加以出售，而此前埃及政府仅允许出售面积不足 10 费丹的果园。② 因此，埃及水果和蔬菜产业在 1973 年之后发展较快。1978 年，埃及果园菜园面积占全国耕地面积的比重高达 11.5%；到穆巴拉克执政初期的 1984 年增至 17%。③ 马铃薯播种面积从 1970 年的 3.2 万公顷增至 1981 年的 6.7 万公顷④；马铃薯产量从 1970 年的 54.9 万吨增至 1981 年的 119.5 万吨⑤。埃及香蕉产量从 1973 年的 10.1 万吨增至 1981 年的 13.7 万吨；柑橘产量从 1973 年的 93.8 万吨增至 1981 年的 103.3 万吨。⑥ 在这一时期，埃及的水果蔬菜消费量有所增加，因而出口量受到影响。埃及柑橘出口量从 1974 年的 16.2 万吨逐渐降至 1982 年的 10.0 万吨；芒果出口量从 1974 年的 320 吨降至 1982 年的 200 吨。⑦

在穆巴拉克执政初期，埃及园艺作物的种植、园艺产品的加工和出售存在诸多发展"瓶颈"。在 20 世纪 80 年代，埃及国内很少生产现代园艺作物的生产资料，于是园艺作物种植必须依赖跨国公司提供相关的农机、化肥、农药等农业生产资料。⑧ 不仅如此，这一时期埃及农业生态环境更加恶化，多种基础设施很不完善，从而不利于种植园艺作物。非新垦地区水位上升，这对根系较深的果树影响最大。灌溉、排水、电力等基础设施状态不佳，园艺作物经营者被迫自行完善相关设施，导致生产成本有所上升。⑨ 梨园和草莓面积在 70 年代末一度增长迅猛，但是在 80 年代则没有

---

① Mark Cooper, *The Transformation of Egypt*, pp. 101 – 102.
② Mark Cooper, *The Transformation of Egypt*, pp. 44 – 45.
③ Robert Springborg, "Agrarian Bourgeoisie, Semiproletarians, and the Egyptian State: Lessons for Liberalization", p. 452.
④ ［英］B·R·米切尔编：《帕尔格雷夫世界历史统计》，亚洲、非洲和大洋洲卷（1750—1993），第 156 页。
⑤ ［英］B·R·米切尔编：《帕尔格雷夫世界历史统计》，亚洲、非洲和大洋洲卷（1750—1993），第 189 页。
⑥ ［英］B·R·米切尔编：《帕尔格雷夫世界历史统计》，亚洲、非洲和大洋洲卷（1750—1993），第 247 页。
⑦ Robert Springborg, "Agrarian Bourgeoisie, Semiproletarians, and the Egyptian State: Lessons for Liberalization", pp. 455 – 456.
⑧ Robert Springborg, "Agrarian Bourgeoisie, Semiproletarians, and the Egyptian State: Lessons for Liberalization", pp. 455 – 456.
⑨ Robert Springborg, "Agrarian Bourgeoisie, Semiproletarians, and the Egyptian State: Lessons for Liberalization", p. 460.

出现迅猛增长。梨园面积在 1980—1985 年一直保持在 3 000 费丹；① 草莓种植面积则从 1979 年的 2500 费丹降至 1983 年的 980 费丹。② 尽管如此，柑橘产量仍然从 1981 年的 103.3 万吨增至 1982 年的 148.9 万吨、1989 年的 158.3 万吨；香蕉产量则从 1981 年的 13.7 万吨增至 1985 年的 20.3 万吨、1990 年的 40.8 万吨。③ 园艺产品的加工环节则受到总数不超过 12 家的少数大企业把持。园艺产品的内销和出口环节尽管在技术方面的准入门槛低于加工环节，但是依旧受到少数大型企业操纵。在园艺产品内销方面，主要消费者为外国游客或侨民，以及埃及富人，国内市场狭小。由于供大于求，草莓的国内售价从 1980 年的每公斤 3 埃镑降至 80 年代中期的每公斤 0.8 埃镑，导致草莓种植者被迫缩减种植面积。④ 不仅如此，大约 6 家大型经销企业主宰开罗和亚历山大绝大部分园艺作物的销售业务，而销售园艺产品的众多小企业资金少、规模小、市场占有率低、利润比较微薄。在园艺产品的外销方面，这一时期埃及园艺产品主要通过政府间的物物交换销往经互会成员国，国际发展空间受到限制。在 20 世纪 80 年代，埃及西红柿产量约占世界西红柿总产量的 4.6%；出口量却仅占 0.2%，尚不及 1960 年的西红柿出口量。⑤ 少数大企业还控制了花卉等园艺产品的出口。在 20 世纪 80 年代初，五家公司控制埃及半数以上的花卉出口，而其余 49 家公司则分享其余的市场份额。据德国花卉进口商的调查，在他们所进口的 16 个国家的花卉中，埃及花卉质量最差。⑥ 尽管如此，埃及园艺作物的栽培和园艺产品的出售依靠低廉的劳动力成本而有所发展。成年男性农业劳力的工资自 20 世纪 70 年代中期以来虽然稳步提高，但是绝对数字依旧很低，无法与非农部门的工资水平相提并论。在 80 年代中期，芒果种植园的男性劳力平均日工资是 5~6 埃镑；而每公斤芒果的零售价则接近 3

---

① Robert Springborg, "Agrarian Bourgeoisie, Semiproletarians, and the Egyptian State: Lessons for Liberalization", p. 468.

② Robert Springborg, "Agrarian Bourgeoisie, Semiproletarians, and the Egyptian State: Lessons for Liberalization", p. 460.

③ [英] B·R·米切尔编:《帕尔格雷夫世界历史统计》，亚洲、非洲和大洋洲卷（1750—1993），第 247 页。

④ Robert Springborg, "Agrarian Bourgeoisie, Semiproletarians, and the Egyptian State: Lessons for Liberalization", p. 460.

⑤ Robert Springborg, "Agrarian Bourgeoisie, Semiproletarians, and the Egyptian State: Lessons for Liberalization", pp. 455 – 456.

⑥ Robert Springborg, "Agrarian Bourgeoisie, Semiproletarians, and the Egyptian State: Lessons for Liberalization", pp. 469 – 470.

埃镑。务农女工与童工的工资涨速更慢。在20世纪80年代中期，修剪枝杈、除去杂草和采摘花卉的女工、童工的平均日工资仅有1~2埃镑，而同期开罗和亚历山大的花店所售花卉价格为每打5埃镑。① 在这一时期，葡萄和苹果的种植面积有所扩大。葡萄园面积从1952年的19 000费丹增至1980年的57 000费丹、1985年的86 000费丹。苹果园面积从1952年的不足1 000费丹增至1979年的约5 000费丹，以及1985年的7 000费丹。②

从20世纪80年代中期开始，穆巴拉克政权开始进行农业改革；到90年代初，埃及农业改革进入高潮。穆巴拉克时代埃及农业改革的核心在于减少政府干预，扩大市场力量；两大主题分别是农资和农产品的供销市场化，以及促进高附加值低热量的食品（特别是园艺产品）向欧盟和其他阿拉伯国家出口。美国国际开发署（USAID）、世界银行与国际货币基金组织则是推动上述改革的主要外部力量。③ 截至2007年，美国国际开发署对埃及农业部门的投资总额已经超过12.6亿美元④。埃及政府不断推进农业自由化改革，欧盟与海湾石油富国对园艺产品的需求持续增加，埃及的气候和土壤本来就适合发展园艺农业，穆巴拉克时代埃及的储存保鲜技术也有大幅提高，加之这一时期埃及交通条件的显著改善，使埃及园艺产品获得了广阔的发展空间。埃及大批农户开始面向欧盟与海湾石油富国种植和出口高价值、低热量的园艺产品。在1981—1992年，马铃薯播种面积从6.7万公顷增至7.7万公顷⑤；马铃薯产量从119.5万吨增至161.9万吨。⑥ 在1993—1994年，埃及蔬菜产量1 363.4万吨，水果产量为514.6万吨；到1996—1997年，蔬菜产量增至1 567.4万吨，水果产量增至638.0万吨。⑦ 到20世纪90年代末，埃及的果树与用材林总面积90万费丹，主要

---

① Robert Springborg, "Agrarian Bourgeoisie, Semiproletarians, and the Egyptian State: Lessons for Liberalization", p. 457.

② Robert Springborg, "Agrarian Bourgeoisie, Semiproletarians, and the Egyptian State: Lessons for Liberalization", pp. 452 – 453.

③ Ray Bush, "Land Reform and Counter-Revolution", in Ray Bush, ed., *Counter-Revolution in Egypt's Countryside: Land and Farmers in the Era of Economic Reform*, p. 13.

④ Ray Bush, "Politics, Power and Poverty: Twenty Years of Agricultural Reform and Market Liberalisation in Egypt", p. 1604.

⑤ ［英］B·R·米切尔编：《帕尔格雷夫世界历史统计》，亚洲、非洲和大洋洲卷（1750—1993），第156页。

⑥ ［英］B·R·米切尔编：《帕尔格雷夫世界历史统计》，亚洲、非洲和大洋洲卷（1750—1993），第189页。

⑦ Ray Bush, *Economic Crisis and the Politics of Reform in Egypt*, p. 58.

的出口水果是柑橘、葡萄、芒果、香蕉、橄榄和椰枣。蔬菜播种面积共计134万费丹，其中西红柿播种面积为41.6万费丹，土豆播种面积为21万费丹；主要的出口蔬菜是西红柿、土豆、红薯、大豆、洋葱、大蒜、胡椒、黄瓜、卷心菜、绿叶蔬菜。1999年，埃及农业出口总值为27 000万美元；同年，埃及园艺产品出口总值12 730万美元，其中一半园艺产品销往欧盟，1/4园艺产品销往海湾国家，特别是沙特。① 可见，在20世纪末，园艺产品已经成为埃及最为重要的出口农产品。然而，迟至90年代末，埃及园艺产品的出口率依然很低。1998年，埃及生产的2 100万吨园艺产品中仅有5%得以出口。②

为了扩大农产品特别是园艺产品的出口，2000—2011年，穆巴拉克政权大力改善国内海陆空交通条件并开通新的海上航线；还向花农提供低息贷款，贷款期限分为1年、3年和5年，对个人贷款的最高限额为50万埃镑，对协会和公司贷款的最高限额是500万埃镑。埃及政府还与欧盟和其他阿拉伯国家频繁谈判，使柑橘、芒果、椰枣和蔬菜等园艺产品获得免税待遇。埃及政府的努力有利于园艺作物的广泛种植和水果蔬菜等园艺产品的大量出口。2002年，埃及花卉播种面积为26 055公顷，柑橘播种面积为145 421公顷，香蕉播种面积为24 165公顷，叶类蔬菜播种面积为472 062公顷，土豆的播种面积为82 588公顷。伴随着播种面积的扩大，园艺产品的出口数额呈现上升趋势。2001年，埃及土豆出口量为17.6万吨，柑橘出口量为3.7万吨。2003年，埃及柑橘出口量高达50万吨；截至2005年年初，埃及柑橘出口量居世界第9位，占世界柑橘出口量的2.18%，曾销往40多个国家或地区，主要销往英国与荷兰等欧盟国家与阿曼等阿拉伯国家。2003—2004年，埃及蔬菜产量为2 030万吨；截至2006年，埃及脱水蔬菜出口量占世界第15位，占世界脱水蔬菜出口总量的1.1%，曾销往30多个国家或地区，主要销往美国以及德国、波兰等欧盟成员国。2003年，埃及土豆产量达39.7万吨，大量土豆被销往欧洲，有时还被用来交换国外小麦。③

---

① John Sfakianakis, "In Search of Bureaucrats and Entrepreneurs: The Political Economy of the Export Agribusiness Sector in Egypt", in Ray Bush, ed., *Counter-Revolution in Egypt's Countryside: Land and Farmers in the Era of Economic Reform*, p. 63.

② Ray Bush, "An Agricultural Strategy Without Farmers: Egypt's Countryside in the New Millennium," p. 238.

③ "联合国粮食及农业组织"（FAO）英文网站：http://www.fao.org/；中华人民共和国驻阿拉伯埃及大使馆经济商务参赞处 http://eg.mofcom.gov.cn/index.shtml。

小　结

（一）政府政策、经营主体和国际市场是两百年来影响埃及农产品市场化启动与发展的三大因素

两百年来，国际市场上的农产品成本变化和供求关系，直接决定世界农产品价格，进而对埃及的播种面积和作物结构、出口数额和出口种类产生传导性影响，埃及农产品市场化正式启动。这是由于埃及农业已在西欧国家、埃及政府和经营主体三大力量的强力推动之下与世界经济发生对接，进而深受世界农产品价格波动的制约。西欧国家亟须获得棉花等农产品，埃及政府极力开拓税源进而巩固统治，经营主体不断追逐农业利润；差异甚大的三种动机密切结合，从而构成农产品市场化特别是出口增长的深层社会基础。提高农业产量和满足市场需求，成为摆在经营主体面前的首要任务。提高农业产量的内在动力，迫使经营主体追加农业投资并改变经营方式，以便修建水利系统、扩大耕地面积和改进农业技术，提高土地生产率、资金生产率与劳动生产率，最终增加农业产量；满足市场需求的外部压力，刺激经营主体适时调整播种结构。

然而埃及的农产品市场化存在明显的阶段性，在各阶段农产品市场化的主要受益者有所不同。

（二）1805—1952年埃及农产品的市场化：现代化与依附化交织

在1952年前，埃及工业化和城市化进展迟缓，因此经济现代化主要表现在农业领域。农业依旧构成主要的物质生产部门，但棉花逐渐取代谷物而成长为首屈一指的农作物，棉花的出口是实现农业剩余的主要途径。总体而言，农产品市场化特别是棉花的种植和出口构成这一时期农业现代化的重要内容。欧洲市场的棉花需求、其他地区特别是美国的棉花出口、世界市场上的棉价波动，直接影响埃及棉花的种植和出口。一方面，埃及农业与世界市场的联系日益加强，乡村的开放化程度持续提高，这是现代化的长足进步；然而另一方面，埃及日益成为以种植和出口棉花为主导的单一作物经济国家，逐渐沦为欧洲的棉花产地和商品市场，农业剩余主要流向欧洲，这意味着民族的苦痛与无奈；现代化与依附化的错综交织、经济增长和经济发展的对立统一，构成1805—1952年埃及农产品市场化的重要特征。

（三）1952—2013年埃及农产品的市场化：现代化与自主性并存

从1952年七月革命爆发到2013年7月穆尔西下台，埃及工业化取得长足进步，服务业有所发展，农业在国民经济中的地位逐渐下降。不仅如此，播种结构与农产品贸易结构也在政府政策、经营主体和国际市场的三重作用下出现巨变。棉花依旧构成最为重要的经济作物；然而棉花不仅迅速丧失在国民经济中的核心地位，而且在农业生产和农产品出口中的地位也呈现江河日下的颓势。与棉花萎靡不振形成鲜明对比的是，园艺作物栽培和产品出口自1952年以来特别是在穆巴拉克时代发展迅速，逐渐成为农业经济的新兴增长点与实现农业剩余的主要途径。棉花产业的日益没落和园艺产品的渐趋重要、现代化与自主性的相互强化，构成1952—2013年埃及农产品市场化的鲜明特征。

纳赛尔、萨达特、穆巴拉克和穆尔西时代农产品市场化的受益群体不同。1952—1970年，以纳赛尔为首的自由军官组织立即着手实施土地改革，土改合作社的建立是其中的重要环节。在纳赛尔时代，埃及地税依旧很低，实际地租不断下降，小自耕农的土地私有权受到合作社体制的侵蚀，因此绝大多数农业剩余通过合作社的农产品统购包销体制转化为政府的实际财政收入，进而构成纳赛尔政权的重要经济基础，埃及政府再次成为农产品市场化的主要受益者。1970—1981年萨达特时代特别，地税有所上涨，但地租上涨更快，外国商人与本国地主对埃及乡村和农业的影响力逐渐上升，政府对乡村和农业的控制力虽然有所削弱，但是仍然不失为农业剩余的主要获得者。1981—2013年穆巴拉克和穆尔西担任总统期间，特别是自1992年96号法颁布之后，地租和地价急剧上涨，埃及地主、欧洲联盟、阿拉伯石油输出国、美国政府、世界银行、国际货币基金组织对埃及农业生产和农产品出口的影响明显增强，埃及政府不再成为农产品市场化的主要受益者，自由化迅速成为埃及农产品市场化的发展趋势。

（四）农产品市场化与政治制度、国家主权关系密切

在埃及现代化进程中，埃及农产品贸易垄断制度与中央集权具有共时性；中央集权构成农产品贸易垄断制度的政治前提，而农产品贸易垄断制度则成为中央集权的重要物质基础。不仅如此，农产品贸易自由化与中央集权衰落也呈现共时性。

国家主权与农产品市场化亦存在紧密关联。农产品市场化是一把双刃剑，其成效在很大程度上取决于国家主权能否得到较好的维护。由于农民的资金积累严重不足和技术力量非常薄弱，加之农业生产深受自然环境和

市场需求的双重影响，农民和农业在市场化进程中居于劣势，急需国家权力的保护。在主权独立的情况下，农产品市场化无疑能够扩大城乡交往、密切内外联系、增加财政收入；然而在主权受到侵害时，农业财富流失、农民苦痛加深、殖民侵略加剧和中心-边缘体系强化则成为农产品市场化的直接后果。

综上所述，1805—1952年欧洲市场的棉花需求、其他地区特别是美国的棉花出口、世界市场的棉价波动，直接影响埃及棉花的种植和出口；现代化与殖民化错综交织、经济增长和经济发展对立统一，构成1805—1952年埃及农产品市场化的重要特征。1952—2013年埃及播种结构与农产品贸易结构出现巨变；棉花产业日益没落和园艺产品渐趋重要、现代化与自主性相互强化，构成农产品市场化的鲜明特征。总之，农产品市场化系埃及经济现代化的重要内容，而棉花种植与出口构成农产品市场化的重中之重；埃及农产品市场化存在明显的阶段性，在各阶段农业剩余和农产品市场化的主要受益者也有所不同；政府政策、经营主体和国际市场是影响埃及农产品市场化的三大因素；农产品市场化与政治制度、国家主权关系密切。

第四章　阿拉伯埃及共和国的村民流动

乡村人口的迁移问题，系阿拉伯埃及共和国的研究热点之一。乡村人口不仅包括从事农业生产的劳动者，即农民，而且包括从事非农产业的劳动者。乡村人口流动泛指乡村人口的空间移动以及由此导致的地位变化，包括国内流动和出国务工。乡村人口的国内流动包括两个方面：一是乡村人口在农业领域内的空间移动；二是农业剩余劳力的转移，即乡村人口从事村内的非农产业、进城打工、从军或求学等，然而绝大多数从军者与求学者最终要么返回村内从事农业和非农业，要么在城市和国外就业。因此，进城打工和出国务工构成阿拉伯埃及共和国农业剩余劳力转移的主要途径。然而，关于当代埃及乡村人口进城打工和出国务工的原因和影响，国内学界着墨甚少。笔者拟从阿拉伯埃及共和国乡村人口进城打工和出国务工的历史和现状入手，探讨其成因，分析其影响。

第一节　城市化和劳务输出的概况

一、城市化概况

（一）1517—1952年埃及的城市化概况

现代化是1500年至今世界历史的突出现象。诸多学者认为，城市化是构成现代化的重要组成部分。当前中国的城市化已经进入关键阶段；而研究埃及等欠发达国家的城市化进程，或许能够为解决我国城市化问题提供可资借鉴的经验教训。然而，关于1517—1952年埃及的城市化问题，国内学界似乎鲜有问津者，国外学者则侧重分段研究，主要数据极为分散，相关研究仍为畏途。笔者拟从研究所涉的主要数据入手，紧密结合相关时段埃及的历史背景，综合利用经济学和历史学的研究方法，详细阐述1517—1798年奥斯曼帝国统治时期和1805—1952年穆罕默德·阿里王朝时代埃及城市化的艰难起步和曲折发展，进而体现农业现代化与工业化，以及乡村和城市的内在关联。

在1517—1798年奥斯曼帝国统治时期，埃及城乡差距已经存在，城乡联系比较脆弱，城市化无从谈起。

在奥斯曼帝国统治时期，埃及城乡差异巨大，主要体现在服饰、饮食、街道、房屋、行政和文化方面。在衣着方面，城市妇女外出时都戴着面纱，而农村妇女则不然；在宗教观念方面，农民甚至不懂伊斯兰教的基本信条，不关心礼拜；在教育水平上，多数教育机构设在城市；在行政地位方面，军人、包税人和官员住在城市，统治乡村。①

在奥斯曼帝国统治时期，埃及城乡经济联系非常脆弱。一方面，城乡物流规模不大。乡村居民的生活必需品主要由乡村手工业者供给，不依赖城市工业品。部分市民以耕田为业，因而城市也能够生产部分农产品；城市还能够凭借行政手段征收粮食，例如开罗居民所食用的谷物主要是农村向当权者上缴的实物税。② 另一方面，移居城市的村民数量稀少。帝国严禁小农随意流动。苏莱曼大帝（1520—1566年在位）曾颁布法令，规定埃及小农即使在艾资哈尔求知进学也不得离开耕地。所以当时的埃及农民被称作"加拉里"，即"定居在土地上的人或被束缚在土地上而不得擅自离弃的人"③。在帝国统治时期，埃及乡村盛行集体缴税和集体承担劳役的制度，即村社承担的全部税额和劳役总量不因直接劳力数量的升降与耕地面积的增减而发生变化，④ 这也制约着乡村居民的人口流动。此外，帝国对城市行会的控制，以及城市行会的封闭内敛特征，使迁往城市的埃及村民难以立足；帝国的征服和地理大发现引起的商路转移，导致埃及城市经济衰落，无法吸纳农村劳动力；通信设施滞后；商路也不安全。在法律和宗教领域，这一时期埃及城乡缺乏密切联系；农民不仅没有文化，而且根本

---

① Gabriel Baer, *Fellah and Townsman in the Middle East*, London and Totowa: Frank Cass and Company Limited, 1982, pp. 51 - 52.
② Gabriel Baer, *Fellah and Townsman in the Middle East*, pp. 54 - 56.
③ ［埃］穆罕默德·艾尼斯、赛义德·拉加卜·哈拉兹著：《埃及近现代简史》，第20页。
④ Gabriel Baer, *Studies in the Social History of Modern Egypt*, Chicago and London: The University of Chicago Press, 1969, pp. 17 - 21.

不懂各教法学派的差异。在奥斯曼帝国统治时期，居住城市却统治乡村的包税人构成埃及城乡唯一的行政纽带。①

18世纪埃及城乡联系的匮乏，严重阻碍了城市化。在1718年、1723年、1736年、1759年、1785年和1791年埃及发生多次瘟疫，导致大量人口死亡；1800年埃及人口仅为385万人。1800年超过1万人的城镇人口占全国总数的10%。② 与同时期的其他地区相比，埃及城市化水平较高，但这并非社会经济发展的逻辑结果，反而源于乡村饥荒、瘟疫、动乱甚至战争等发展危机所造成的村民涌入和聚集。③

在1805—1848年穆罕默德·阿里时代，埃及传统的乡村共同体依旧存在，这主要表现在村庄集体缴税、村民共同使用并定期分配土地、村庄集体承担徭役三个方面，这无疑阻碍了村民流动。但是阿里改革有助于扩大城乡联系和促进村民流动。在马木鲁克王朝和奥斯曼帝国统治时期，埃及土著阿拉伯农民没有参军的权利和义务。阿里开始征召阿拉伯农民入伍，乡村与外界特别是与城市的交往随之扩大，从而有助于打破乡村的封闭状态。为了笼络贝都因人并削弱其根深蒂固的血缘联系，阿里从1833年起开始提拔贝都因舍赫担任镇长甚至省长等高级行政职务。④ 城市化是现代化的重要内涵之一，城市化在很大程度上是产业结构变化特别是工业化的结果。为了聚敛财富和制造武器，阿里政权还大力推进工业化。阿里政权将出口棉花、甘蔗和谷物等农产品所获资金用来购买欧洲的机器，以及聘请技术人员；军事工业是投资重点，民用工业中以棉纺织工厂为主，同时还有制糖厂、玻璃厂、铸造厂和造船厂。⑤ 1816—1850年，共45万埃及人被赶入国有工厂参加劳动；到1840年，国有工厂共有精壮劳力26万人。⑥ 小农构成上述劳力的重要组成部分。阿里政权改革使城市化开始起步。埃及人口在1800年约为385万人，在1805年约为398万人，在1820年约为439万人，在1848年约为463万人。1821年常住人口超过2万人的23座

---

① Gabriel Baer, *Fellah and Townsman in the Middle East*, pp. 57 – 61.

② Charles Issawi, *An Economic History of the Middle East and North Africa*, New York: Columbia University Press, 1982, p. 78, p. 100. Justin A McCarthy, "Nineteenth-Century Egyptian Population", *Middle Eastern Studies*, Vol. 12, No. 3, 1976, pp. 33 – 34.

③ Roger Owen, *The Middle East in the World Economy, 1800—1914*, London and New York: I. B. Tauris, 1993, p. 24.

④ Gabriel Baer, *Studies in the Social History of Modern Egypt*, pp. 5 – 6.

⑤ Emory C Bogle, *The Modern Middle East*, New Jersey: Prentice-Hall Inc., 1996, p. 12.

⑥ P J Vatikiotis, *The History of Egypt*, Frome and London: Butler and Tanner Ltd, 1980, p. 60.

城市人口共计40万人，约占全国人口的9.5%；到1846年常住人口超过2万人的23座城市人口共计67.5万人，约占全国人口的12.7%。开罗人口从1800年的约21万人、1805年的约22万人，增至1820年的约25万人，到1848年约为26万人；亚历山大人口从1821—1826年的1.25万人增至1846年的16.4万人，苏伊士城人口从1821—1826年的2 900人增至1846年的4 160人。①

在1848—1882年的埃及乡村，村庄集体缴税制度的废除与乡村共同体的瓦解、联合家庭对核心家庭的束缚松弛，加之地税的货币化，有利于促进村民流动。1855年赛义德颁布法令，废除由乡村舍赫代表村庄集体缴税的制度。② 1858年《赛义德法令》规定，联合家庭的各核心家庭在其共同家长去世后，应共同占有财产，并在新任家长即在世的最为年长男性领导下一起生活，并且该联合家庭的全部土地必须照旧登记在新任家长名下，禁止年轻男性在没有提供"明确的，正当的"理由的情况下要求分家。到1869年，议会通过土地法，删去1858年《赛义德法令》第2条。③ 在赛义德时代，埃及政府允许土地所有者选择缴纳实物地税或货币地税；下埃及多选择缴纳货币地税，上埃及恰好相反。伊斯玛仪沿用这一政策。1880年政府规定货币为唯一合法的地税形态。④

在1848—1882年的埃及城市，统治者的西化举措和欧洲人的移居也在加快城市化进程。伊斯玛仪醉心"西化"，然而工业化发展举步维艰，传统手工业依旧占据主导地位。相比之下，欧洲侨民的大量涌入构成埃及城市化的一道奇观。在18世纪末，生活在埃及的西方人寥寥无几；1836年，在埃及的外国侨民总数仅有3 000人；到阿里统治末期，在埃及生活的外国人约1万人；在赛义德和伊斯玛仪当政期间，定居埃及的欧美人士数量

---

① Justin A McCarthy, "Nineteenth-Century Egyptian Population", pp. 33 – 34. Gabriel Baer, *Studies in the Social History of Modern Egypt*, p. 136. Mohammad A Chaichian, "The Effects of World Capitalist Economy on Urbanization in Egypt, 1800—1970", *International Journal of Middle East Studies*, Vol. 20, No. 1, 1988, p. 26.

② Gabriel Baer, *Studies in the Social History of Modern Egypt*, p. 25. Charles Issawi, *An Economic History of the Middle East and North Africa*, p. 144. Maha A Ghalwash, "Land Acquisition by the Peasants of Mid-Nineteenth Century Egypt: The Ramya System", *Studies Islamica*, No. 88, 1998, pp. 127 – 129.

③ Kenneth M Cuno, "Joint Family Household and Rural Notables in 19th-Century Egypt", *International Journal of Middle East Studies*, Vol. 27, No. 4, 1995, pp. 495 – 496. Gabriel Baer, *A History of Landownership in Modern Egypt* 1800—1950, p. 38.

④ Gabriel Baer, *A History of Landownership in Modern Egypt* 1800—1950, London: Oxford University Press, 1962, p. 34.

剧增。在美国内战期间，埃及的棉花繁荣导致每年去埃及淘金的形形色色欧洲人从1857—1861年的3万人增至1863年的4.33万人，1865年高达7.99万人。到1872年，生活在埃及的西方人超过8万人，其中4.7万人生活在亚历山大，2万人生活在开罗，在苏伊士运河沿岸城市塞得港和伊斯梅利亚亦存在大量欧美人士。到1878年伊斯玛仪统治末期，生活在埃及的外国人总数约为6.8万人。①

埃及城市化继续发展。埃及人口从1848年的约463万人增至1854年的509万人、1863年的579万人、1979年的745万人，到1882年达784万人。在1846年，常住人口超过2万人的23座城市人口为67.5万人，占全国人口的比重为12.7%；1882年，常住人口超过2万人的23座城市人口为101.5万人，占全国人口的比重为12.8%。开罗人口在1848年为26万人，在1854年为28万人，在1863年为31万人，在1979年为36万人，在1880年为37万人，在1882年为37.5万人。亚历山大人口从1846年的16.4万人增至1882年的23.1万人；苏伊士城人口从1846年的4160人迅速增至1882年的1.06万人。② 统治者的西化举措与大批欧洲人的移居，导致开罗和亚历山大等大城市在经济、法律、军事、教育和衣食住行等领域迅速西化。1869年"新的别墅与宫殿拔地而起，大街被扩宽取直，旧有街区被拆除殆尽……想象一下，1875年开罗或亚历山大的一处新兴街区，或者塞得港与伊斯梅利亚港的新城，它们拥有宽广笔直的大街，街道两边矗立着欧式建筑、旅馆、银行、店铺、学校与教堂。马拉的四轮客车迅速取代较为悠闲时代的驴子与骆驼。餐馆供应酒焖仔鸡或者油炸薄牛肉片，而非库夫塔（碎肉）和烤腌羊肉串；餐馆顾客抽雪茄而非水烟斗……大礼帽已取代头巾，而双排扣长礼服已取代昔日的长袍。……"③ 城乡差距继续扩大。

但是，在这一时期埃及城乡联系因农产品市场化进步和水路交通运输

---

① Mohammad A Chaichian, "The Effects of World Capitalist Economy on Urbanization in Egypt, 1800—1970", p. 29. Edward Mead Earle, "Egyptian Cotton and the American Civil War", *Political Science Quarterly*, Vol. 41, 1926, pp. 535 – 536. A L Udovitch, ed., *The Islamic Middle East 700—1900*, Princeton: Darwin Press, 1981, p. 240.

② Justin A McCarthy, "Nineteenth-Century Egyptian Population", pp. 33 – 34. Mohammad A Chaichian, "The Effects of World Capitalist Economy on Urbanization in Egypt, 1800—1970", p. 26. Gabriel Baer, *Studies in the Social History of Modern Egypt*, p. 136.

③ Arthur Goldschmidt Jr., Lawrence Davidson, *A Concise History of the Middle East*, Boulder and Oxford: Westview Press, 2006, pp. 187 – 188.

条件改善而有所强化。在19世纪,农业市场化和水路交通条件的改善,使城乡经济联系得到强化,但是农村开始依赖城市制成品。① 在19世纪,现代教育首先在城市兴起并改变着城市宗教,而农村则长期延续传统教育;然而,城乡的宗教联系在现代化进程中愈益密切,城市对乡村的宗教影响越来越大。② 在19世纪,许多进入城市宗教学校或研究机构学习的农民在完成学业后返回家乡,从而强化了城乡在宗教—法律方面的联系。穆罕默德·阿里及其继承人竭力通过完善法制、强制征兵、征发徭役、垄断政策等将农村纳入控制范围,建立政府对乡村居民的全面控制,从而榨取财富,导致城乡行政联系加强和农民反抗增加。但是,19世纪的埃及依然很少出现以城乡划线的社会斗争,这一方面是由于官僚、地主和商人的互相转化和渗透,导致上层社会很难出现城乡分野;另一方面是因为埃及军队也没有出现以城乡划线的社会斗争。③

在1882—1922年英国统治时期,埃及农业依旧受到高度重视,而工业仍然遭到公众和政府漠视。占领当局极力提高棉花产量和出口量,力图使埃及继续成为英国的棉花产地和棉纺织品市场。占领当局的单一作物经济政策与埃及社会对工业的漠视,严重阻碍了工业化的进展,进而对城市化造成了消极影响。1917年制造业劳力仅有489 695人(其中421 543人为男性),占全国劳力的比重只有5.9%;多数作坊或工厂的经营规模狭小,技术力量薄弱,主要加工棉花、甘蔗、蚕丝、谷物、烟草和兽皮等农产品;少数规模较大的工厂,亦被英、法、比等国商人所操纵。④ 另据统计,1907年,农业劳力占全部劳力的比重为68.3%,工业劳力仅占全部劳力总数的8%;1917年,农业劳力所占比重为68.0%。⑤ 然而,棉花的广泛种植需要大量水源和农业劳力,因此英国人重视兴修水利并废除徭役制度,以便保证农业用水和劳力供应。

在英国统治时期,定居埃及城市的外籍人士明显增加,成为埃及市民的重要组成部分。1897—1907年,定居开罗的外籍人口(主要是叙利亚

---

① Gabriel Baer, *Fellah and Townsman in the Middle East*, p. 90.
② Uri M Kupferschmidt, "Reformist and Militant Islam in Urban and Rural Egypt", *Middle Eastern Studies*, Vol. 23, No. 4, 1987, p. 404.
③ Gabriel Baer, *Fellah and Townsman in the Middle East*, pp. 68 – 78.
④ Roger Owen and Sevket Pamuk, *A History of Middle East Economies in the Twentieth Century*, London: I. B. Tauris, 1998, p. 32.
⑤ Samir Radwan, *Capital Formation in Egyptian Industry and Agriculture*, 1882—1967, London and Oxford: Ithaca Press, 1974, p. 283.

人、亚美尼亚人、希腊人和意大利人)从31.5万人增至62.0万人①。1907年,在埃外籍人口共计22.1万人,其中开罗、亚历山大和塞得港的欧洲移民分别占本城总人口的16%、25%和28%;移民控制着工商业和金融业,并享受特权。② 1917年,生活在埃及的外籍人口超过20万人,约占埃及总人口的1.6%,其中希腊人5.7万人,意大利人4.1万人,英国人2.4万人,法国人2.1万人,美国人0.8万人。外籍人口主要分布在下埃及的城市,占开罗人口的8.1%、亚历山大人口的19%、塞得港人口的19.8%、伊斯梅利亚人口的20%、苏伊士人口的13.8%。③

徭役制度的废除和外籍人士的移入,有利于提高城市化水平。在1883年、1896年、1902年和1918年,埃及继续发生瘟疫。然而,埃及人口并未停止增长,在1882年约为784万人,在1890年约为878万人,在1897年约为973万人,在1900年约为1 019万人,在1907年约为1 129万人;到1914年埃及人口增至约1 230万人;在1917年高达1 275万人左右。1882年常住人口超过2万人的23座城市人口为101.5万人,占全国人口的比重为12.8%;1897年常住人口超过2万人的23座城市人口为145.4万人,占全国人口的比重为15.0%;1907年常住人口超过2万人的23座城市人口约为159.6万人,占全国人口的比重为14.3%。1917年全国人口为1 275.1万人,而常住人口超过2万人的23座城市人口为199.4万人。另据埃及公共动员与统计中央署提供的数字,1907年埃及全国人口1 118.3万人,其中市民211.5万人,城市化水平19%;1917年埃及全国人口1 267.0万人,其中市民264.0万人,城市化水平21%。开罗人口在1880年约为37万人,在1882年约为37.5万人,在1890年约为47万人,在1897年约为57万人,在1900年约为60万人,在1907年约为68万人,在1914年约为70万人,到1920年增至79万人左右;亚历山大人口从1882的约23.1万人,增至1897年的约32.0万人,在1907年约为33.2万人,在1914年约为35万人,在1920年约为46万人;苏伊士城人口从1882年的1.06万人增至1897年的1.72万人和1907年的1.84万人;塞得港人口从1882年的1.66万人增至1897年的4.21万人和1907年的4.99万

---

① Mohammad A Chaichian, "The Effects of World Capitalist Economy on Urbanization in Egypt, 1800—1970", p. 32.

② Charles Issawi, *An Economic History of the Middle East and North Africa*, p. 80, p. 83.

③ Robert L Tignor, *State, Private Enterprise, and Economic Change in Egypt*, Princeton University Press, 1984, p. 22.

人。①

1930年2月，政府颁布关税保护法，废除以往对所有进口货物征收的无差别性8%低关税，对生活必需品一般征收4%关税，对工业半成品与机器一般征收6%～10%关税，对绝大多数工业制成品一般征收15%关税。此后数年，政府多次提高关税税率。② 此举有利于民族工业特别是棉纺织业、毛纺织业和丝织业，以及其他农产品加工业，如制糖、棉籽油、春米、磨面业的发展。现代民族工业的生存环境有所改善，工业投资力度逐渐加大。1919—1952年，埃及工业投资总额从700万埃镑增至2400万埃镑。③ 工业投资所占比重从1914年的8.99%升至1939年的19.70%，到1942年达22.49%。④ 现代民族工业企业数量从1927年的约7万家增至1937年的约9万家、1945年的约13万家。⑤ 20世纪30年代纺织业、制糖业和食品业产量增加，而与此同时，外国工业制成品的进口量有所下降。⑥ 1938—1951年工业产值增长138%，平均年增长率超过10%⑦。伴随着工业化的进展，工业劳力数量的增加和比重逐渐上升，农业劳力所占比重呈现下降趋势。1917年农业劳力为282万人，所占比重为68.0%；1927年农业劳力为350万人，所占比重为67.5%；⑧ 1937年农业劳力为402万人，所占比重为69.5%；1939年，劳力共计530万人，其中农业劳力350万

---

① Allen C Kelley, *Population and Development in Rural Egypt*, Durham, N. C.: Duke University Press, 1982, p. 35. Roger Owen, *The Middle East in the World Economy*, 1800—1914, p. 217. Gabriel Baer, *Studies in the Social History of Modern Egypt*, p. 136. Mahmoud. Abdel-Fadil, *Development, Income Distribution and Social Change in Rural Egypt* 1952—1970, Cambridge: Cambridge University Press, 1975, p. 109. Charles Issawi, *An Economic History of the Middle East and North Africa*, p. 78, p. 98, p. 101. Mohammad A Chaichian, "The Effects of World Capitalist Economy on Urbanization in Egypt, 1800—1970", p. 26. Justin A McCarthy, "Nineteenth-Century Egyptian Population", pp. 33–34. [英] B·R·米切尔编，贺力平译：《帕尔格雷夫世界历史统计》，亚洲、非洲和大洋洲卷（1750—1993），第41页。

② Roger Owen and Sevket Pamuk, *A History of Middle East Economies in the Twentieth Century*, p. 38.

③ P J Vatikiotis, *The History of Egypt*, pp. 323–324.

④ [埃]拉西德·阿里·巴拉维、穆罕默德·哈姆查·乌列士合著：《近代埃及的经济发展》，第304页。

⑤ Robert Mabro and Samir Radwan, *The Industrialization of Egypt*, 1939—1973, Oxford: Clarendon Press, 1976, p. 51.

⑥ P J Vatikiotis, *The History of Egypt*, p. 324.

⑦ Raymond William Baker, *Egypt's Uncertain Revolution Under Nasser and Sadat*, Cambridge: Harvard University Press, 1978, p. 7.

⑧ Alan Richards, ed., *Food, States and Peasants*, Bouder and London: Westview Press, 1986, p. 90. Samir Radwan, *Capital Formation in Egyptian Industry and Agriculture*, 1882—1967, p. 283.

人，而工矿业劳力有60万人，商业、金融业和保险业从业人员有50万人，交通运输业劳力有20万人，公共服务人员有20万人，家庭服务人员有20万人，自由职业者有10万人；1947年，农业劳力为407.5万人，所占比重为61.7%[1]；1950年，农业劳力在全部劳力中所占比重为58%[2]，工业劳力占全部劳力的10%[3]。然而，现代民族工业生产规模较小。1947年，共有工业企业31.5万家，其中绝大多数企业雇佣劳动力不足10人；在雇佣劳动力10人以上的3 346家企业中，2 773家企业雇佣劳动力10~49人，占企业总数的83%，512家企业雇佣劳动力50~500人，占企业总数的15%，61家企业雇佣劳动力超过500人，占企业总数的2%。[4]

在1922—1952年的宪政时代，埃及人口死亡率呈现下降趋势，出生率则长期高位运行，因此人口自然增长率持续提高；人口增长过快导致人均耕地面积减少，并造成畸形城市化，即由于农村破产而非城市发展所导致的城市化。1919年人口出生率为3.77%，死亡率为2.94%，自然增长率为0.83%；1922年人口出生率为4.31%，死亡率为2.51%，自然增长率为1.80%。1950年人口出生率为4.44%，死亡率为2.72%，自然增长率为1.72%；1952年人口出生率为4.51%，死亡率为2.82%，自然增长率为1.69%。另据统计，1950年人口出生率为44‰，死亡率为19‰，自然增长率为25‰；1952年人口出生率为45‰，死亡率为18‰，自然增长率为27‰。埃及人口在1917年为1 275万人，在1927年为1 422万人，在1930年为1 470万人，在1937年为1 593万人，在1947年为1 902万人，到1952年为2 143.7万人。[5] 同期，埃及人口增速和农业劳力增速超过耕地面积、播种面积和农业产量的增速，导致人均耕地面积、播种面积和人

---

[1] Robert L Tignor, *State, Private Enterprise, and Economic Change in Egypt*, p. 214. Z Y Hershlag, *Introduction to the Modern Economic History of the Middle East*, Leiden: E. J. Brill, 1980, p. 223.

[2] M Riad El-Ghonemy edited, *Egypt in the Twenty-first Century*, London: Routledge Curzon, 2003, p. 96.

[3] Raymond William Baker, *Egypt's Uncertain Revolution Under Nasser and Sadat*, p. 7.

[4] Magda Baraka, *The Egyptian Upper Class Between Revolutions* 1919—1952, Oxford: Ithaca Press, 1998, pp. 42–43, pp. 56–57.

[5] Allen C Kelley, *Population and Development in Rural Egypt*, p. 35. Charles Issawi, *An Economic History of the Middle East and North Africa*, p. 98. Doreen Warriner, *Land Reform and Development in the Middle East*, Oxford: Oxford University Press, 1957, p. 18. [英] B·R·米切尔编，贺力平译：《帕尔格雷夫世界历史统计》，亚洲、非洲和大洋洲卷（1750—1993），第56页，第74–75页。

均农业产量呈现下降趋势。①

工业化水平缓慢提高与人均耕地面积迅速下降,为乡村人口迁居城市地区提供强大动力;生活贫困、恐惧兵役的小农渴望在城市获得改善境遇的机会,而腰缠万贯的在外地主也汲汲于在豪华都市打发时光。因此,在宪政时代城市化明显加快。1917年全国人口1 267.0万人,其中市民264.0万人,城市化水平21%;1927年人口1 408.3万人,其中市民371.6万人,城市化水平26%;1947年人口1 880.6万人,其中市民620.2万人,城市化水平33%。② 开罗人口从1920年的约79万人,增至1927年的106.5万人,到1950年达209万人左右;亚历山大人口在1920年为46万人,在1927年为57.3万人,到1950年增至约92万人;塞得港人口在1927年为10.4万人,到1947年增至17.8万人;苏伊士城人口在1927年为4.1万人,到1947年增至10.7万人。③

在宪政时代,城市新增人口一方面源自市民的自然增长,另一方面包括迁居城市的乡村人口。例如,1937—1947年,开罗人口增长77.9万人,其中60.0万人为外来移民,主要是下埃及的乡村人口。④ 1947年,全国男少女多;2万~5万人的城市与广大乡村女多男少,其中农村越小女性比例越高;5万人以上和10万人以上的城市却男多女少,城市越大男性比例越高;由此可见,在1947年人口越多的聚落之中,男性人口的比例越高。其原因在于人口越多的城市对乡村剩余男性劳力的需求越大。1947年,埃及大都市中心城区的文盲人口所占比重为50%~55%,而中小城市和乡村的文盲人口所占比重超过75%;但是对开罗某城区的调查显示,平均文盲率为75%以上,这主要是因为文盲农民大量涌入开罗。在城市化进程中,下埃及往往是全家搬迁,而且具有永久性;上埃及则仅有男性劳力搬迁,

---

① Saad M Gadalla, *Land Reform: In Relation to Social Development of Egypt*, Missouri: Missouri University Press, 1962, p.29. Alan Richards, ed., *Food, States and Peasants*, pp.90-91.

② Mahmoud. Abdel-Fadil, *Development, Income Distribution and Social Change in Rural Egypt, 1952—1970*, p.109.

③ Janet L Abu-Lughod, "Urbanization in Egypt: Present State and Future Prospects", *Economic Development and Cultural Change*, Vol.13, No.3, 1965, p.318; p.334. Charles Issawi, *An Economic History of the Middle East and North Africa*, p.101. [英]B·R·米切尔编,贺力平译:《帕尔格雷夫世界历史统计》,亚洲、非洲和大洋洲卷(1750—1993),第41页。

④ Mohammad A Chaichian, "The Effects of World Capitalist Economy on Urbanization in Egypt, 1800—1970", p.34.

而且具有暂时性。① 在宪政时代，村民迁居城市的途径很多，入城接受宗教教育是重要方式之一。在宪政时代，许多村民进入城市清真寺特别是位于开罗的艾资哈尔清真寺接受宗教教育，继而返回乡村传播城市的宗教观念和仪式，使得宣传正统宗教的印刷品在农村传播，正统宗教对村民的影响开始上升。由于农村男性的受教育机会多于女性，因此男性往往较早改变宗教观念和仪式，其妻的宗教观念和仪式继而发生改变。埃及伊斯兰复兴运动领导人大多生在农村，后去开罗接受教育。例如，哈桑·班纳1906年生于马赫穆迪雅村，后来进入人口为4.5万人的达曼胡尔小城，最后在开罗乌鲁穆区接受教育；哈桑·班纳的继承人哈桑·侯戴比在19世纪90年代生于斯宾地区的萨瓦利哈地区，后来进入开罗学习法律；赛义德·库特布生于艾斯尤特附近的穆萨，在开罗的乌鲁穆区接受教育；穆斯塔法·苏克里、阿卜杜勒·萨拉姆·法拉吉和阿卜杜勒·哈米德·吉什科等也具有类似经历。②

现代化是一个历史过程和一种进步趋势，体现在诸多领域，而城市化进程即为现代化的重要组成部分。在1517—1798年奥斯曼帝国统治时期，埃及的城乡差距已经存在，但是城乡联系比较脆弱，城市化无从谈起。到1805—1952年穆罕默德·阿里王朝时代，埃及的城市化进程艰难起步并曲折发展，进而构成同期现代化的重要特征。纵观1517—1952年埃及城市化进程可以发现，农业现代化和工业化，以及乡村和城市，向来不曾相互孤立发展，而是具有紧密的内在关联。

（二）阿拉伯埃及共和国的城市化概况

自1952年以来，埃及城市化水平逐渐提高。埃及城市人口所占比重从1947年的33%升至1960年的37%、1970年的42%、1980年的44%和2000年的53%③。城区面积的扩展集中体现城市化水平的提高。在尼罗河

---

① Janet Abu-Lughod, "Urban-Rural Differences as a Function of the Demographic Transition: Egyptian Data and an Analytical Model", *The American Journal of Sociology*, Vol. 69, No. 5, 1964, pp. 481 – 482. Janet Abu-Lughod, "Migrant Adjustment to City Life: The Egyptian Case", *The American Journal of Sociology*, Vol. 67, No. 1, 1961, p. 25.

② Uri M Kupferschmidt, "Reformist and Militant Islam in Urban and Rural Egypt", pp. 404 – 408.

③ Mahmoud. Abdel-Fadil, *Development, Income Distribution and Social Change in Rural Egypt 1952—1970*, Cambridge: Cambridge University Press, 1975, p. 109. 《世界经济统计简编》（2000年），北京：社会科学文献出版社，2000年，第16页。毕健康：《埃及现代化与政治稳定》，第208页。EIUCountryData-EIU ［DB］: https://eiu.bvdep.com/version – 20100126/cgi/template.dll EGYPT.

三角洲，城区面积所占比重从1972年的3.6%增至1984年的4.7%、1990年的5.7%、1995年的6.9%，到2000年升至8.4%，到2005年升至10.1%，到2010年提高到12.1%①。开罗和亚历山大的人口增长可谓埃及城市化水平提高的缩影。开罗人口在1950年为209万人，在1960年为335万人，在1970年为422万人，在1980年为588万人，在1990年高达645.2万人；亚历山大人口从1950年的92万人增至1960年的152万人、1970年的180万人、1980年的271万人、1990年的343万人②。

自1952年以来，进城打工的埃及乡村人口数量众多。1947年，在超过50万个居民的埃及大城市中，15~50岁人口占52.1%，高于全国平均水平45.0%，这主要是由于农村剩余劳力青睐并迁居大城市；在50年代，移居城市的乡村人口占城市人口增量的40%；③ 1965—1985年，从农村移向城市的人口占埃及城市人口增额的比重至少为17%~18%④。

需要说明的是，当代埃及乡村人口进城打工包括"非选择性迁移"与"选择性迁移"两类。前者指一无所有的乡村人口的迁徙，数量巨大，涉及农村各个阶层，往往在城市集中居住，不易融入都市生活；后者系负笈求学的年轻乡村人口，通过教育途径实现身份转换，人数较少，能迅速适应城市生活。

二、劳务输出概况

自20世纪60年代起，埃及出国务工人数呈现上升趋势，伊拉克、沙特、科威特与阿联酋等海湾富国和利比亚迅速成为埃及劳工的主要目的地。从1962年1月至1968年12月，获准出国务工的埃及人仅有13 113个，主要流向美洲、澳大利亚以及其他阿拉伯国家，以教师、管理人才、

---

① Mohamed Sultan, Michael Fiske, Thomas Stein, "Monitoring the Urbanization of the Nile Delta, Egypt", *Ambio*, Vol. 28, No. 7, 1999, p. 630.

② Mahmoud Abdel-Fadil, *Development, Income Distribution and Social Change in Rural Egypt 1952—1970*, p. 111. Charles Issawi, *An Economic History of the Middle East and North Africa*, New York: Columbia University Press, 1982, p. 101. ［英］B·R·米切尔编，贺力平译：《帕尔格雷夫世界历史统计》，亚洲、非洲和大洋洲卷（1750—1993），第41页。

③ Janet Abu-Lughod, "Urban-Rural Differences as a Function of the Demographic Transition: Egyptian Data and an Analytical Model", *The American Journal of Sociology*, Vol. 69, No. 5, 1964, pp. 480–481.

④ Alan Richards and John Waterbury, *A Political Economy of the Middle East*, Boulder: Westview Press, 1990, p. 266.

医护人员和熟练工人为主；到1969年，获准出国的埃及劳工增至2.8万人①。1972年，埃及劳务输出总数位居中东和南亚国家第六位，次于约旦、伊朗、印度、海湾阿拉伯国家和巴基斯坦②；到1975年，埃及成为中东最大的劳务输出国，其输出的劳工人数占所有出国务工阿拉伯人的1/3③。1975—1976年，迁居其他阿拉伯国家的埃及人约60万人，主要分布在利比亚、沙特阿拉伯和科威特④。1978年，出国务工的埃及人增至136.5万人，其中流向沙特阿拉伯和利比亚的各50万人，流向阿联酋和科威特的各15万人，5万人前往伊拉克，1.5万人在卡塔尔务工⑤。1985年，迁居海湾石油富国的埃及劳工共计74.7万人，其中50万人流向沙特，13.7万人前往科威特，8.3万人在阿联酋打工⑥。1987年，埃及出国人员增至400万~450万人，其中160万人在伊拉克务工⑦。2002—2004年，共计139.5万埃及人在海湾六国务工；2002年在卡塔尔务工的有3.5万人，在阿联酋务工的有14.0万人；2003年在科威特务工的有26.0万人；2004年在沙特阿拉伯务工的有90.0万人，在巴林务工的有3.0万人，在阿曼务工的有3.0万人⑧。由于大量埃及人非法越境和潜入别国，因此实际移民数目必定高于各国政府提供的相关数字。

  在迁居国外的埃及劳工中，乡村居民所占比重逐渐提高。1977年，吉萨省卡巴巴特村约有300人出国务工，其中多数目不识丁⑨。到70年代末80年代初，在阿斯犹特省某村，约10%农户曾出国务工⑩。1983—1984

---

  ① Ali E Hillal Dessouki, "The Shift in Egypt's Migration Policy: 1952—1978", *Middle Eastern Studies*, Vol. 18, No. 1, 1982, pp. 56 – 57.
  ② Robert J LaTowsky, "Egyptian Labor Abroad: Mass Participation and Modest Returns", *MERIP Reports*, No. 123, 1984, p. 12.
  ③ Richards Lawless, ed. , *The Middle Eastern Village: Changing Economic and Social Relations*, London: Croom Helm Ltd. , 1987, pp. 255 – 256.
  ④ Robert J LaTowsky, "Egyptian Labor Abroad: Mass Participation and Modest Returns", p. 12.
  ⑤ Ali E Hillal Dessouki, "The Shift in Egypt's Migration Policy: 1952—1978", p. 53.
  ⑥ Alan Richards and John Waterbury, *A Political Economy of the Middle East*, p. 383.
  ⑦ Ralph R Sell, "Egyptian International Labor Migration and Social Process: Toward Regional Integration", *International Migration Review*, Vol. 22, No. 3, 1988, p. 91.
  ⑧ 刘军：《当代海湾国家的外来劳工移民及其影响》，载《世界民族》2008年第6期，第73页。
  ⑨ Fatma Khafagy, "Women and Labor Migration: One Village in Egypt", *MERIP Reports*, No. 124, 1984, p. 18.
  ⑩ Nicholas S Hopkins, *Agrarian Transformation in Egypt*, Boulder: Westview Press, 1987, p. 10.

年，朱迪·H·布雷克曾在吉萨省萨蒂克村对79名乡村妇女进行调查，发现其中8位妇女的丈夫正在国外务工①。1986—1987年，小理查德·亚当斯曾在米尼亚省调查1 000农户，发现33.9%的农户曾有家人在过去十年中出国务工，其中225户的出国务工家人已经返乡（平均仅在国外待2.12年），年轻、未婚、家中人数较多，特别是13岁以上的男性成员较多、占地面积较多、文化程度较低的农户最渴望出国务工②。到80年代末，埃及出国务工人员以农民为主，平均年龄32岁，达到大学文化程度者不足10%③。口头协议和非法入境仍然构成埃及乡村人口出国务工的主要方式；以进入沙特阿拉伯的埃及村民为例，绝大多数埃及村民在达成口头协议后受雇于较早进入沙特的亲友，并以"朝觐圣地"为名非法潜入沙特内地。

第二节　乡村人口进城打工与出国务工的原因

一、乡村人口进城打工的原因

首先，乡村人口出生率较高。1975—1976年，开罗和亚历山大人口出生率为3.9%，下埃及城市区域人口出生率为5.0%，下埃及乡村人口出生率为6.0%，上埃及乡村人口出生率为6.8%。④ 1980年，开罗人口出生率为4.09%，亚历山大为3.14%，下埃及城市为4.29%，下埃及乡村为6.00%，上埃及城市为5.87%，上埃及乡村为6.32%；1995年，开罗人口出生率为2.82%，亚历山大为2.82%，下埃及城市为2.66%，下埃及乡村为3.45%，上埃及城市为3.80%，上埃及乡村为5.19%⑤。乡村人口迅速增加，使农村剩余劳力愈益积累，进而构成乡村人口移居城市的强大动力。

其次，埃及城乡医疗条件差距较大。纳赛尔政权努力增加乡村公立医院数量并配备更多医务人员。但是，一家乡村公立医院往往要管理四五座

---

① Judy H Brink, "The Effect of Emigration of Husbands on the Status of Their Wives: An Egyptian Case", *International Journal of Middle East Studies*, Vol. 23, No. 2, 1991, p. 201.

② Richard H Adams Jr., "Workers Remittances and Inequality in Rural Egypt", *Economic Development and Cultural Change*, Vol. 38, No. 1, 1989, pp. 45–71.

③ Alan Richards and John Waterbury, *A Political Economy of the Middle East*, p. 382, p. 384.

④ Alan Richards and John Waterbury, *A Political Economy of the Middle East*, p. 267.

⑤ Philippe Fargues, "State Policies and the Birth Rate in Egypt: From Socialism to Liberalism", *Population and Development Review*, Vol. 23, No. 1, 1997, p. 129.

村庄，某些医生甚至不止管理一家乡村公立医院，医疗资源仍然稀缺①。在萨达特时代，埃及农村的医护人员减员30%，平均每个村子不到一个医生，而城市的医生却十分充足②。以70年代中期的法提哈村为例。该村距离医院很远；医院设施严重短缺，乡村人口需要长时间排队等候；来自城市的医护人员经常在上班时间回城处理私事，甚至游乐。③ 1981年，埃及公立医院、农村医院和农村卫生站总计728所，医患之比仅为1/829；穆巴拉克上台之后，着力改善乡村医疗条件并取得一定成效，在2005—2006年，埃及公立医院共计340所，农村医院共计539所，农村卫生站共计4 272所，医患比例升至1∶443。④ 然而，乡村医疗条件依然远远不如城市。

　　再次，埃及城乡的收支差距较大。在纳赛尔和萨达特时代，埃及城乡人均年收入差距持续扩大。1953年，乡村人口人均收入24.8埃镑，市民为59.1埃镑；1970年，乡村人口人均收入增至56.5埃镑，市民为109.4埃镑；1978年，乡村人均收入升至115.0埃镑，而市民为258.2埃镑。另外，由于埃及乡村的生活成本比城市上涨更快，所以纳赛尔和萨达特时代埃及城乡的消费水平差距只会更大。⑤ 到穆巴拉克时代，埃及城乡收支差距依然较大。1990—1991年，埃及城市人均收入1 172埃镑，支出1 089埃镑；农村人均收入982埃镑，支出724埃镑。1995—1996年，埃及城市人均收入（扣除物价因素）1 211埃镑，支出1 061埃镑；农村人均收入（扣除物价因素）744埃镑，支出657埃镑⑥。进入21世纪，包括埃及在内的众多发展中国家的城乡收入差距与乡村的贫困现象引起世界银行的高度关注。2003年《世界发展报告》指出，发展中国家的乡村青年如果进城打工，不仅能够"使农村家庭收入来源多样化"，而且"为以后迁移到城市

---

① Henry Habib Ayrout, *The Egyptian Peasant*, Boston: Beacon Press, 1963, pp. 77 – 78.
② Derek Hopwood, *Egypt: Politics and Society*, 1945—1984, Boston: Allen and Unwin, 1985, p. 173.
③ Soheir A Morsy, "Health and Illness as Symbols of Social Differentiation in an Egyptian Village", *Anthropological Quarterly*, Vol. 53, No. 3, 1980, pp. 153 – 161.
④ 阿拉伯埃及共和国驻华大使馆新闻处：http://www.egyptinfo.org.cn/moderncountry/mc09.htm。
⑤ Karima Korayem, "The Rural-Urban Income Gap in Egypt and Biased Agricultural Pricing Policy", *Social Problem*, Vol. 28, No. 4, 1981, p. 418., p. 421.
⑥ Ray Bush, ed., *Counter-Revolution in Egypt's Countryside*, London: Zed Books Ltd, 2002, p. 215.

创造了机会"①；2008 年《世界发展报告》进一步指出，包括埃及在内的"转型中国家"应该鼓励乡村发展高附加值农业，发展农村非农产业，以及促进农业人口转移到城市，以此缩小城乡收入差距，减少农村贫困人口②。然而，上述建议仅仅从经济学角度着眼，并未考虑埃及政府转移农业剩余的诸多政策，而这些政策构成城乡收入和消费水平差异巨大的重要原因。一方面，埃及政府长期低价征购棉花，以此获得外汇或者降低国有企业的生产成本。另一方面，食品补贴制度是埃及政府转移农业剩余的重要途径。埃及补贴制度的本质是实物形态的补充工资，因此食品补贴与能源补贴的数额和比重均与现有收入水平相称，从而固化城乡收入格局。例如，1979 年埃及市民仅占全国人口的 45%，却享受 75% 的补贴总额，而且几乎独占食品补贴③。

最后，城市工业和服务业的发展。当代埃及工业和服务业持续发展，导致农业生产总值和农业劳力所占比重呈现下降趋势。农业产值在国内生产总值中的比重从 1950 年的 43%④降至 1970 年的 29%、1980 年的 18%、2000 年的 17%⑤。农业劳力所占比重从 1950 年的 58%，降至 1970 年的 54%、1986 年的 36%、2000 年的 31%⑥。

由此可见，埃及乡村人口进城打工的主因在于乡村人口的迅速增长、城乡之间的巨大差距特别是收入差距、城市工业化的启动和进展，以及劳务输出等。除此之外，农业生产的发展和乡村人身依附关系的相对松弛、城市与乡村以及工业与农业所处的不同政治地位，也是促进城市化

---

① 世界银行：《2003 年世界发展报告——变革世界中的可持续发展：改进制度、增长模式与生活质量》，北京：中国财政经济出版社，2003 年，第 88 – 89 页。

② 世界银行：《2008 年世界发展报告——以农业促发展》，北京：清华大学出版社，2008 年，第 1 – 2 页。

③ Iliya Harik, "Subsidization Policies in Egypt", *International Journal of Middle East Studies*, Vol. 24, No. 3, 1992, pp. 488 – 489.

④ M Riad El-Ghonemy, Ed., *Egypt in the Twenty-first Century*, London: Routledge Curzon, 2003, p. 96.

⑤ Ray Bush, *Economic Crisis and the Politics of Reform in Egypt*, Boulder and Oxford: Westview Press, 1999, p. 26. Allen C Kelley, Atef M Khalifa, M Nabil El-Khorazaty, *Population and Development in Rural Egypt*, Durham, N. C.: Duke University Press, 1982, p. 38. M Riad El-Ghonemy, ed., *Egypt in the Twenty-first Century*, p. 96.

⑥ M Riad El-Ghonemy, ed., *Egypt in the Twenty-first Century*, p. 96. Allen C Kelley, Atef M Khalifa, M Nabil El-Khorazaty, *Population and Development in Rural Egypt*, p. 38. James Toth, "Rural Workers and Egypt's National Development", *British Journal of Middle East Studies*, Vol. 21, No. 1, 1994, p. 38.

的重要因素①。

二、乡村人口出国务工的原因

1. 国内原因

在1967年"六·五战争"爆发前,纳赛尔政权担忧人才外流,因而严格限制百姓私自出国务工。《征召法》、借调制度和《出境签证法》限制工程师、大学毕业生、教师、熟练工人和医务人员等高级技术人才的人身自由,可谓共和时代的徭役制度,严重阻碍了埃及的劳务输出②。与此同时,工商业领域的国家资本主义和乡村农业的合作社体制,也制约着城乡居民的人口流动。在1967年第三次中东战争结束后,遭受重创的纳赛尔政权急需外汇以便购买武器,因而放宽对百姓出国的限制。1967年10月,成立于1964年的"劳力委员会"强调埃及政府应出台长期稳定的劳务输出政策,建议政府鼓励劳务输出、收集境外就业信息、考察国内特别是劳力供求并不平衡地区的人力资源、和那些需要农业劳力的国家签署双边协议、简化出国手续、与侨民保持联系并鼓励其返回祖国进行投资、使出国务工合法化、免除出国务工人员之子的兵役、成立一个管理劳务输出的专门机构,还就出国务工人员的岗位和国籍提出了建议,等等。1969年,纳赛尔政权根据"劳力委员会"的上述建议,在外交部下设移民司,以便与国外埃及劳工保持联系、评估境外就业机会、与接纳埃及劳工的诸多国家签订双边协议;同年,埃及政府颁布第863号法,规定设立以劳工部长为首的、由各部代表参加的"移民与劳务输出委员会",旨在出台移民政策、协调各部关系、考察境外就业、签署双边协议;同年,埃及农业部发布命令,允许出国务工时间不满一年的农学家重返原有职位。此后,埃及人出国申请的审批通过率大大提高。但是,埃及政府对劳务输出的法律限制依然存在,特别是国内紧缺的医疗人员、工程师、高级管理人才等在申请出国时仍然面临重重障碍。1970年,埃及政府规定当年允许出国的相关行业限额,其中医生为50名,药师为20名,脊柱按摩疗法医生和护士各5名,兽医为15名,工程师为80名,统计学家为5名,会计师和企业管理人员各140名,语言类教师和图书管理员各35名;埃及政府还将根据各行业人

---

① 哈全安:《中东史:610—2000》,第944-945页。
② Ali E Hillal Dessouki, "The Shift in Egypt's Migration Policy: 1952—1978", pp. 60-62.

才的供求情况，每隔6个月调整一次出国限额。① 在1970年秋萨达特上台之后，埃及政府迅速放宽对百姓出国的限制。1971年9月颁布的埃及宪法第50条规定："全体公民均有权在埃及境内任何地点居住，且不得被限定居住在特定区域；但是法律规定的特例除外。"第51条规定："任何公民不得被驱逐出境，也不得被禁止返回国内。"第52条规定："公民有权永久或暂时移居埃及。法律将规定公民移入和移出埃及的权利、措施和条件。"② 1971年，埃及政府颁布第73号法，规定出国务工不满一年的政府职员有权在回国后重返原有岗位。1971年，埃及政府公布"18条法令"，取消埃及政府对公民出国务工的多种限制，特别是取消纳赛尔时代的《出境签证法》，在某些情况下取消出国务工人员之子和兄弟的兵役，并就出国务工人员的双重国籍等问题做出规定。1972年2月22日，埃及政府正式规定，埃及公民在提交能够证明如下条件的材料并由内务部下设的移民司审核批准之后，可以申请出国务工：第一，完纳各种税收；第二，已经完成兵役；第三，获得工作单位的同意；第四，获得目的地所在国的同意；第五，大学毕业生还应获得劳工部的批准。1973年2—3月，埃及政府召开高级官员会议，讨论移民和劳务输出等问题，部分与会代表要求政府出台长期稳定的移民政策，并大大简化出国手续。1974年，埃及部分高级官员开始公开讨论输出剩余劳力的方案。同年，埃及政府颁布第29号法，将政府征召药师、护士、牙医和内科医生等人员的时间限制在4年之内。同年，埃及政府取消出国签证，改用旅行许可证，并由劳动者从本工作单位领取；几乎每个警察局都有权办理护照而且在24小时之内发放完毕，学生还可申请短期护照以便在暑假出国旅行或打工，护照也不再限制对象国数目。1975年，埃及政府颁布第26号法，其中第10条允许国民在特定情况下拥有双重国籍；埃及议会批准阿拉伯联盟成员国共同签署的关于便利阿拉伯诸国劳力在阿盟会员国之间流动的协定；埃及国防部发布命令，规定年龄在25~30岁的年轻人，如果其家人中有出国务工者，其本人免服兵役。1976年，埃及政府颁布第31号法，规定设立一个直接向副总统负责的、管理移民和劳务输出事务的高等委员会；萨达特发布第795号总统令，规定将设立以总理为首的、由多名副部长参加的"人力与培训高

---

① Ali E Hillal Dessouki, "The Shift in Egypt's Migration Policy: 1952—1978", pp. 55 – 58, p. 64. Delwin A Roy, "Egyptian Emigrant Labor: Domestic Consequences", *Middle Eastern Studies*, Vol. 27, No. 4, 1991, pp. 553 – 554.

② "The Egyptian Constitution", *Arab Law Quarterly*, Vol. 7, No. 4, BRILL, 1993, p. 254.

等委员会"，旨在促进埃及经济社会发展，满足其他阿拉伯国家和友好国家的劳力需求，并解决失业问题；埃及议会通过第54号法，规定政府征召每位工程师不得超过6年。1977年，埃及政府颁布第32号法，规定埃及投资者与外籍投资者均获得免税权，旨在鼓励出国务工者回国投资。1978年1月，埃及省长会议召开，重申限制政府对工程师的征召期限；4月，埃及劳工与培训高等委员会向诸多劳力输入国派出代表团，力图就埃及出国务工人员的入境便利、社会保险和法律纠纷而与劳力输入国进行磋商。①1981年，埃及政府设立"移民和埃及在外劳工部"，作为管理出国务工人员的专门机构。1983年8月1日，埃及政府颁布第111号法，即《移民和关心国外埃及人法》，它规定：埃及公民有权永久或临时移居国外，内政部将向申请定居国外的埃及人发放许可证，永久移民可争取加入对象国国籍，同时保留本国国籍；国家尽力保持侨民与祖国的联系；埃及政府成立以移民部长为首，由11个部门代表组成的最高移民委员会，负责培训准备移居国外者，并向埃及侨民提供宣传用品；欲定居国外而向本单位申请辞职的政府官员或国企职工，如果在其辞职申请被批准后两年内回国并在回国后三个月内提出复职申请，则原单位应恢复其原有职务或任命类似的职务；对于移居国外超过两年后才回国的政府官员或国企职工，只要其仍然具备任职条件，原单位就应重新任命，并免除其应聘考试；对埃及侨民通过官方渠道邮寄回国的侨汇免征税费，参加埃及境内投资项目的埃及侨民，其资本享受同类项目的外国资本和本国资本中最优惠的待遇。②1983年第111号法是鼓励劳工出国的最重要的法律，标志着埃及彻底实现了劳务输出自由化。

2. 国际形势

在1973年第四次中东战争之后，世界油价开始暴涨，利比亚和海湾国家的石油出口和加工工业迅速崛起；然而，这些阿拉伯产油国人口稀少，而且妇女从业率低下，多数劳力不屑于从事脏累差的体力劳动，因此，阿拉伯产油国急需外籍劳力，而且给付的工资较高。例如，1986—1987年，在米尼亚省的某三座村庄，无地雇农平均月收入90埃镑，而出国务工农民平均每月可以赚取350埃镑③。因此，大量埃及人开始流向阿拉伯产油国。

---

① Ali E Hillal Dessouki, "The Shift in Egypt's Migration Policy: 1952—1978", p. 54, pp. 58 - 59, pp. 62 - 65.

② Delwin A Roy, "Egyptian Emigrant Labor: Domestic Consequences", pp. 554 - 557.

③ Richard H Adams Jr., "Workers Remittances and Inequality in Rural Egypt", p. 70.

1974年9月，埃及与卡塔尔就劳力输出问题达成协议①。1975年，萨达特政权与伊拉克政府签订协议，规定埃及政府向伊拉克南部派遣众多农民，用以开垦两河流域的荒地②。1979年，阿拉伯国家联盟宣布开除与以色列单独媾和的埃及，联盟总部从开罗迁往突尼斯，阿拉伯联盟多数会员国还与埃及断交。然而，阿拉伯诸国并未驱逐埃及劳工："如果阿拉伯人果真希望羞辱埃及，使萨达特蒙受耻辱，并阻挠《戴维营协议》，他们本来能够将百万埃及教师、医生、工程师、熟练工人和农民遣送回国，这些人在阿拉伯诸国工作并将所得收入寄回埃及。阿拉伯人没这么做，这表明他们对埃及脑力和体力的需求胜过他们证明自身思想纯洁的渴望。"③ 1989年，阿拉伯国家联盟重新接纳埃及作为成员国，埃及的劳务输出环境大大改善。然而，好景不长。以流向科威特的埃及劳工为例。1990年8月，伊拉克占领科威特，剥夺正在当地服务的外籍劳工财产，迫使后者前往约旦避难，埃及劳工亦未能幸免。在1991年海湾战争结束后，科威特的国家重建和石油繁荣继续吸引埃及劳工。进入21世纪，随着阿拉伯产油国经济结构的变迁、国际油价的波动、与其他劳务输出国的竞争，以及阿拉伯产油国政治形势的变迁，埃及劳务输出规模和侨汇收入继续发生波动。

第三节　乡村人口进城打工与出国务工的影响

一、乡村人口进城打工的影响

当代埃及乡村人口进城打工，从总体上讲有利于提高工业化和城市化水平；然而，进城打工的乡村人口往往聚集于贫民窟，从而一度对城市面貌和政治秩序造成重大影响。

1. 对城市面貌的影响

在纳赛尔时代，"非选择性迁移"与开罗城区的水平扩张是导致开罗"农村化"的两大根源④。在萨达特时代，埃及城市人口继续猛增，城市住

---

① Ali E Hillal Dessouki, "The Shift in Egypt's Migration Policy: 1952—1978", p. 64.
② Robert J LaTowsky, "Egyptian Labor Abroad: Mass Participation and Modest Returns", pp. 14 – 15.
③ Arthur Goldschmidt, Lawrence Davidson, *A Concise History of the Middle East*, Boulder: Westview Press, 2006, pp. 384 – 385.
④ Janet Abu-Lughod, "Migrant Adjustment to City Life: The Egyptian Case", *The American Journal of Sociology*, Vol. 67, No. 1, 1961, pp. 28 – 32.

房和基础设施的供应也越来越紧张。1975年，埃及城市人均住房只有1/3间（以开罗房间的大小为标准），许多人住在房顶上或陵墓中；23%市民用不上电；1/6以上市民难以享用自来水；近2/3市民缺乏排污管道①。到20世纪80年代和90年代，埃及开罗贫民窟的3/4居民来自农村，10%来自其他城市，其余是开罗本地人；许多人没有合法的住房产权②。2007年1月，中国经济学家温铁军曾参观位于开罗老城区近郊的"死人城"，发现越来越多的众多贫民聚居于这里的死人宅邸，使之成为不断扩张的贫民窟③。

2. 对政治秩序的影响

在1952年"七二三"革命前夕，埃及农村的恶劣形势使自由军官组织得以利用农民对地主和王室的仇恨来颠覆君主制度。自20世纪50年代开始，随着大批农民进入城市务工，其宗教观念和仪式越发受到城市的影响，加入穆斯林兄弟会的进城农民开始大幅增加。但是，直至1974—1977年，伊斯兰复兴运动激进分子中约有2/3出身于中等公务员家庭，约1/3出身于自由职业者和高级技工家庭，出身于农民家庭者依旧寥寥无几。④到萨达特时代后期，特别是在穆巴拉克时代，大批农村生源的大学生毕业即失业或者工作不如意，使伊斯兰主义组织得以利用这些大学毕业生反对西化城市精英主宰的现存政权。据统计，到20世纪90年代，埃及"伊斯兰极端分子"越来越年轻化，而且出身农村和城市贫民窟者所占比重急剧上升⑤。

二、乡村人口出国务工的影响

当代埃及乡村人口出国务工，深刻影响乡村收支分配结构以及埃及和对象国的政治形势。

伴随着越来越多的埃及乡村人口的出国务工，侨汇数额日益上升，出国务工对乡村收支分配结构的影响开始显现。埃及侨汇数额从1973年的1.28亿美元增至1975年的3.65亿美元，到1981—1982年达到21.00亿美

---

① Alan Richards and John Waterbury, *A Political Economy of the Middle East*, p. 275.
② 毕健康：《埃及现代化与政治稳定》，第213页。
③ 温铁军：《埃及农村地权冲突调查分析》，第1页。
④ Uri M Kupferschmidt, "Reformist and Militant Islam in Urban and Rural Egypt", *Middle Eastern Studies*, Vol. 23, No. 4, 1987, p. 404, pp. 409–410.
⑤ 毕健康：《埃及现代化与政治稳定》，第206页。

元；其中20%～40%的侨汇流向埃及乡村①。1986—1987年，小理查德·亚当斯在调查米尼亚省的1 000农户时发现，侨汇总额占1 000户总收入的12.46%，占出国务工农户总收入的30.41%②。在1992—2001年，埃及年均侨汇为38亿美元。③关于侨汇对乡村收入分配格局的影响，小理查德·亚当斯认为，较为富有的农户是侨汇的主要受益者，因而侨汇加剧了乡村的收入不均④。关于侨汇对消费和投资比例的影响，小理查德·亚当斯在调查米尼亚省1 000农户后发现，获得侨汇的乡村人口一般不会将大量钱财投到日用消费品方面，即不会挥霍侨汇；获得侨汇的乡村人口将大批资金投到住房领域，将原来的土墙住房更换为红砖住房；获得侨汇的乡村人口将73%侨汇用以购买土地。综上所述，获得侨汇的乡村人口都将这一收益视作暂时收入，希望通过购买耐用消费品和投资于生产领域来使其保值⑤。阿兰·理查德与约翰·沃特伯里也持类似看法；他们认为，侨汇被用来提高原本过低的生活水平，这无可厚非，而且可以拉动国内需求；部分出国务工人员在返回家乡后购买摩托车，这有利于农业剩余劳力的区域流动和互通有无，对交通和环境的负面影响很小。作者还认为，侨汇用于投资的比重和数额较大，部分侨汇未能用于生产投资或者投资不足则主要是因为政府政策失误。⑥笔者认为，上述研究结论受到特定考察主体、考察对象和考察时空的制约，必定与当代埃及的总体情形不太相符；埃及侨汇对乡村收支分配结构的影响，因不同时空和阶层差异而发生变化，所以不可一概而论。然而，侨汇毕竟有助于提高乡村人口的收入水平和消费水平，这一点毋庸置疑，因而侨汇的积极意义显而易见。

当代埃及乡村人口出国务工，对埃及和对象国的政治秩序影响巨大。埃及出国务工人员在劳力输入国的工资水平、社会保障和政治地位明显低下，进而构成当地政治动荡的重要隐患。以科威特为例。在海湾战争前后，科威特极其可观的石油美元主要养肥了以萨巴赫家族为首的土著科威

---

① Richard H Adams Jr., *Development and Social Change in Rural Egypt*, New York: Syracuse University Press, 1986, p. 15.

② Richard H. Adams, Jr., "Workers Remittances and Inequality in Rural Egypt", pp. 45 – 71.

③ 刘军：《当代海湾国家的外来劳工移民及其影响》，载《世界民族》2008年第6期，第74页。

④ Richard H Adams Jr., "Workers Remittances and Inequality in Rural Egypt", pp. 45 – 71.

⑤ Richard H Adams Jr., "The Economic Uses and Impact of International Remittances in Rural Egypt", *Economic Development and Cultural Change*, Vol. 39, No. 4, 1991, pp. 695 – 722.

⑥ Alan Richards and John Waterbury, *A Political Economy of the Middle East*, pp. 392 – 394.

特人，而包括埃及劳工在内的客居人士及其后裔即使定居科威特，也不得享有该国公民权①。1999年10月，科威特发生骚乱，数百名心怀不满的埃及劳工参与暴动，导致其中16人被捕②。关于乡村人口出国务工对埃及政治稳定的影响，学界众说纷纭。部分学者认为，埃及乡村人口出国务工，有利于维护政治稳定，理由是对低工资心怀不满的埃及人大多出国远去，留在国内的主要是安于现状之人。然而，有的学者看法相左。他们认为，劳务输出是"选择性迁徙"，唯有愿意冒险以便提高地位的人才会出国，而那些缺乏进取精神的人则会选择留在国内消耗光阴。上述争论尽管缺乏统计数据作为依托，却可能随着埃及乡村人口出国务工人数的渐趋增加而更加激化。

三、乡村"留守妇女"的地位变迁

伴随着男性劳力进城打工和出国务工，乡村已婚妇女逐渐成为"留守妇女"。她们因平均文化程度较低、受旧有社会风习的禁锢，以及照顾一家老小的现实需要而留守乡间，在农业生产和家务劳动中占据重要地位，较少外出从事非农经济活动。乡村男性剩余劳力出国务工之后，她们的地位历经变迁，主要体现在生产劳动、财产支配权、对具体事务的发言权、与外界的沟通、医疗条件等方面。

法特马·哈法吉在20世纪80年代初曾对吉萨省卡巴巴特村进行调查，介绍村民出国务工前后的乡村妇女劳动的变化以及地位的提高。在该村村民出国务工之前，乡村妇女主要从事没有工资的家务劳动，如做饭、打扫屋子、照看小孩、饲养家禽、挤奶、烤制大饼、打水、获取燃料、购物等。她们也从事一些农业劳动，如收获庄稼之后储存余粮，并准备、挑选和储存种子，饲养家禽，播种等。总之，乡村留守妇女对家庭之外的事务基本没有决策权；在家庭内部的决策权取决于年龄（越老越有权），生育能力（是否生育，生男还是生女。如果没有生育或者只有女儿，她们要么被休掉，要么被迫允许丈夫再娶），家庭结构（核心家庭中的村妇地位高于联合家庭的村妇地位），是否拥有土地、房屋、牲口等财产，而不取决于村妇的家务劳动和农业劳动的多少以及农产品特别是禽蛋、禽肉、奶

---

① Arthur Goldschmidt Jr., Lawrence Davidson, *A Concise History of the Middle East*, pp. 399 – 402.

② 刘军：《当代海湾国家的外来劳工移民及其影响》，第74页。

酪、黄油等销售收入的多少，即不取决于乡村的劳动分工。在该村村民出国务工之前，成年男性承担重体力农活和饲养牲口等，但是拥有较多闲暇。成年男性掌握家庭内外事务的决策权，在家庭内部则表现在决定子女的教育和分工、掌握生产资料，并组织农业生产。在该村村民出国务工之前，儿童经常参加家庭内外的劳动，严重影响学业甚至被迫退学。家内劳动以女孩为主，男童则主要从事农业劳动特别是能够赚取钱财贴补家用的劳动。在该村村民出国务工之后，妇女不仅要承担原有的家务劳动和农业劳动，而且额外承担三项劳动：负责管理和支出家庭资金尤其是丈夫的侨汇；负责管教子女，比以前较为严厉，但是与丈夫相比不太重男轻女；负责饲养牲口特别是照顾生病的牲口。由于劳动量大增，特别是需要管教子女和饲养牲口，许多妇女苦不堪言。在该村农民赛义德前往沙特务工之后，其妻阿丽亚抱怨道："我必须管教子女，照看牲口，这是最难做的事情。起初子女让我苦不堪言。现在他们安生多了。牲口，特别是在它们生病的时候，真难处理。"乡村妇女必须抛头露面与家庭以外的机构和个人打交道，这就必须克服家庭以外的机构和个人对乡村妇女根深蒂固的轻视态度。乡村妇女开始与农业合作社商贩交往以便购买化肥和农药，与乡村银行打交道以便获得贷款，寻找雇农并与他们商定工资水平、工作时限以及监督其劳动，前去小镇诊所就医，以及将丈夫的侨汇从国外带给她的丈夫的亲友。在额外承担三项劳动并重新构建社会关系的过程中，留守妇女的社会地位普遍有所提高。乡村妇女开始直接决策农业生产，出国丈夫往往建议妻子在农业生产方面咨询其兄弟意见或寻求帮助，许多乡村妇女也乐意这样做，但是丈夫的兄弟仅仅能够提供建议和帮助，而无法代替乡村妇女对农业生产的控制权。在家庭内部事务决策权方面，特别是在掌握资金方面，乡村妇女无须将奶酪、黄油、禽蛋、鸡肉等产品的销售所得交给丈夫掌管，可以直接控制和处理丈夫的侨汇。联合家庭的婆婆可以直接控制孙子孙女并百般刁难儿媳，所以乡村妇女一律主张立即用丈夫的侨汇盖房，以便另立门户，摆脱婆婆的控制。因此，乡村男性出国务工间接导致农村联合家庭日益瓦解。但是，尚未生育子女的乡村妇女则必须继续与婆婆同住。失势的婆婆为了能够从儿子手中获得一些侨汇或者用侨汇买礼品，往往在儿子暂时回国后假惺惺地善待儿媳。几乎所有婆婆都嫉妒儿媳直接掌握儿子的侨汇；在丈夫是否出国务工以及是否应该签署劳动合同以及丈夫应该如何用侨汇消费和投资方面，乡村妇女都有重大决策权。而乡村妇女的出国丈夫在接受调查时一律表示，他们已将家庭内外事务的决策权移交给妻子而非其他亲人，或者经常就家庭内外事务的决策问题与妻子而非其他人一起商量，赞赏妻子在家庭内部和农业生产中的贡献，基本不干预妻子对侨汇的支配。尽管村妇比以前还累，但是由于权力增长，地位提高，加之全家生活水平因侨汇而有所提高，所以她们大多表示继续鼓励丈夫出国务工。①

综上所述，自20世纪60年代以来，伴随着大量男性村民外出打工，埃及乡村的"留守妇女"开始摆脱公婆与旧俗的强力禁锢，逐渐在关键性的生产劳动和乡村生活中占有一席之地。在生产劳动方面，她们不仅继续承担大量家务，肩负教育子女的主要责任，而且逐渐成为田间劳作的行家里手与主要劳力。在财产权利方面，她们对产品收益和丈夫侨汇的控制力度大大增强，但是尚未享有对农业用地的支配权利。在具体事务的决策方面，尽管她们仍然受到诸多限制，然而出门在外的丈夫开始倾听并采纳她们的真知灼见。在社会关系方面，与其他国家的乡村妇女类似，埃及乡村的已婚妇女一般从夫居住，其少女时代的社会关系往往遭到严重削弱，甚至彻底断裂，她们转而开始融入丈夫既有的社会关系网络；在丈夫外出务工之后，她们被迫以全新姿态重新构建自身乃至家庭的社会关系网络。虽然包括乡村留守妇女在内的全体村民的医疗条件已经大大改善，但是不可否认的是，乡村留守的患病妇女在医疗方面依旧遭到不甚公正的待遇。最后，埃及乡村留守妇女的社会境遇具有明显的地域差异。与下埃及相比，上埃及的乡村留守妇女所受限制和羁绊较为明显。以上结论表明，埃及乡村留守妇女的最终解放，仰赖全国经济水平的渐次提高，基于乡村社会的政治参与，也对既有社会风习提出新的要求。

小　　结

现代化是1500年至今世界历史的突出现象，体现在诸多领域。人身自由化和随之而来的人口流动性加快，农业从业人口比重下降和整个物质资料生产部门从业人口比重下降而服务业从业人口比重上升，农村人口比重

---

① Fatma Khafagy, "Women and Labor Migration: One Village in Egypt", *MERIP Reports*, No. 124, 1984, pp. 17–21.

下降，即城市人口比重提高，是经济社会现代化的重要组成部分。① 自 1952 年自由军官组织成功发动七月革命到 2013 年 7 月穆尔西总统下台，埃及的工业和服务业持续发展，进城打工的乡村人口数量呈现上升趋势，城市化水平也随之逐渐提高。自 1973 年第四次中东战争以来，阿拉伯产油国的石油经济迅速崛起，导致埃及的劳务输出人口持续增加，其中出国务工的乡村人口所占比重逐渐提高。因此，在埃及现代化进程中特别是从 1970 年到 2013 年，进城打工和出国务工构成农业剩余劳力转移的主要途径。

成就动机和求变心理则构成当代埃及村民流动的深层心理基础。正如美国著名学者西里尔·E·布莱克所言，尽管人的心理因不同时空、不同族群、不同阶层而有所差别，而且传统社会中人类的心理并非一成不变，但是成就动机、求变心理以及打破简单循环的生活方式却是现代化进程中人类社会的重要特征。② 然而，在 1952—2013 年，人口流出地的推动、劳力流入地的吸引、交通条件的优劣等客观条件，则是影响埃及村民流动的主要因素。

1. 人口流出地的推动

（1）主动型或自愿型

众多村民力图摆脱政治动乱、各类瘟疫、封闭状态、愚昧无知和贫困生活，具体表现在：①农业剩余劳力的出现和增加。这既是发展的结果，也是对发展的挑战。农业剩余劳力出现和增加的原因是：首先，乡村人口数量和劳力供给增加。医疗条件的改善、农业生产的进步、政治秩序的稳定等因素使乡村人口增速一度加快，人口数量不断增加，农业劳力供给相对充裕。其次，农业劳力需求的增速不及乡村劳力供给的增速，导致农业劳力需求出现相对减少甚至绝对下降。人口的迅猛增长使人均耕地面积和播种面积呈现下降趋势，加之农业机械化水平的持续提高，使农业劳力需求相对减少甚至绝对下降。最后，乡村劳力供给增加，农业劳力需求相对减少，使乡村出现大量隐性或显性的剩余劳力，这些剩余劳力客观上需要转至乡村的非农产业或者城市或者国外，否则会使农业劳动生产率持续下降，进而使乡村居民收入水平增速放缓，甚至不断下滑。②城乡之间和国

---

① ［美］C·E·布莱克著，段小光译：《现代化的动力》，成都：四川人民出版社，1988 年，第 29 - 34 页。［美］西里尔·E·布莱克主编，杨豫、陈祖洲译：《比较现代化》，上海：上海译文出版社，1996 年，第 271 - 276 页。

② ［美］C·E·布莱克著，段小光译：《现代化的动力》，第 34 - 36 页。

内外的差距。在经济环境、医疗条件和教育水平方面，城乡差距固然显著。然而，城乡政治地位也具有明显的高下之别。在传统社会阶段与民主化水平较高的时期，城乡政治地位差异较小；然而，在现代化的中央集权时期，城乡政治地位差异尤其显著。城乡政治地位的巨大差距，对国家在投资和税收等方面的政策导向具有重大影响。投资差距和税收差距进而扩大城乡的收入差距，恶化乡村农业领域的投资环境，并扩大城乡的教育和医疗差距。③自1970年以来，埃及政府对农业合作社的操纵，以及农业合作社对社员的控制，均呈现松弛之势，使乡村居民得以摆脱制度羁绊而流入城市或出国务工。

（2）被动型或非自愿型（对政府而言却成为主动型或自愿型）

政府迫使村民离开祖居地而服兵役、服劳役，或者将部分村民驱逐出境，或者派部分村民出国工作；统治阶层在农产品市场化程度提高等情况下放松了对农民的人身控制。

（3）主动型和被动型具有密切关联

政府采取对外开放、放松人身控制等政策，鼓励村民进城打工或出国务工，而村民也出于自身利益考虑而利用这些政策。在萨达特和穆巴拉克时代，随着政治控制的渐趋松弛、区域经济的差异扩大，以及村民观念的逐步开化，主动型的村民流动成为主流。

2. 劳力流入地的吸引

经济条件包括劳力流入地原本劳力匮乏或者因本国劳力流向国外而劳力短缺，而石油或建筑等工业部门的兴起又需要大量劳力；国内外农产品市场化程度提高，为流入地提供充足食品，使其能够吸纳大批外来人口。政治保障指的是劳力流入国政局稳定且与埃及交好。文化便利一般表现为劳力流入国在语言和宗教方面对埃及劳工而言有亲和力。

3. 交通条件的优劣

劳力流入国与埃及的距离远近，海陆空运输是否便捷以及费用是否低廉。

村民流动不仅是人口流动而且是社会流动，其中包含地域转移、职业更新和阶层改变三个方面。① 地域转移为职业更新和阶层改变准备地理空间，职业更新为地域转移和阶层改变创造外在拉力，而阶层改变则为地域转移和职业更新提供内在冲动。

---

① 李培林：《流动民工的社会网络和社会地位》，载《社会学研究》1996年第4期，第44页。

对乡村而言，村民流动有利于村民规模经营和提高劳动生产率，但可能造成乡村劳力匮乏甚至农业劳力匮乏，可能影响农地制度；有利于提高农业工资；有利于提高村民收入水平进而为农业投资奠定物质基础；有利于乡村政治稳定；有利于打破乡村的闭塞状态、扩大村民的眼界，继而改变其既有思想观念和生活方式。

对流入地而言，村民流动为流入地提供大量劳力。然而，出国务工者在劳力输入国难以享受平等待遇，而且其就业条件深受所在国乃至世界政治经济环境的影响。自1952年"七二三"革命以来，特别是在萨达特、穆巴拉克和穆尔西担任总统期间，进城村民失业率长期居高不下，进而造成城市社会贫富差距不断拉大，贫困的下层民众因缺乏必要的生活保障而普遍处于无助状态，这不仅使城市内部形成对比鲜明的二元结构，而且使激进情绪和极端倾向逐渐蔓延，进而壮大城市运动的社会基础。尤其是在穆巴拉克和穆尔西统治期间，埃及的工业化取得更大进展，城乡联系空前密切，城市人口急剧膨胀，城市作为经济重心和政治中枢的地位亦得到强化。因此，一旦城市居民发起大规模反政府游行示威，那么埃及政局就可能出现深度震荡。城市居民游行示威对埃及政局的冲击力度，远非乡村居民的分散反抗所能比拟。2011年1月底，开罗、亚历山大等大城市爆发大规模反政府示威游行，最终迫使穆巴拉克总统在2月11日宣布辞职。值得注意的是，在示威人群中，既存在低级公务员等下层市民，也有身居贫民窟的入城村民。进城打工的乡村居民难以找到如意工作，基本生活也缺乏保障，在城市之中犹如浮萍，与低级公务员等下层市民利益趋同、立场接近。穆巴拉克在民众运动面前被迫后撤，折射出城市化的巨大进展以及公民力量的增强趋势。

总体而言，人口流出地的推动、劳力流入地的吸引、交通条件的优劣，是影响阿拉伯埃及共和国村民流动的主要因素。对乡村而言，村民流动有利于村民规模经营和提高劳动生产率，但是可能造成乡村劳力匮乏，甚至农业劳力匮乏，可能影响农地制度，有利于提高农业工资、提高村民收入水平，进而为农业投资奠定物质基础，有利于乡村政治稳定，有利于打破乡村的闭塞状态，有利于提高"留守妇女"的地位。村民流动为流入地提供大量劳力。然而，进城村民失业率长期居高不下，进而造成城市社会贫富差距不断拉大，贫困的下层民众因缺乏必要的生活保障而普遍处于无助状态。出国务工者则难以享受同等待遇，并且其就业条件受到所在国乃至整个世界的政治经济环境影响。

结　　语

一、阿拉伯埃及共和国三农问题的内在关联

纵观1805—2013年的埃及特别是阿拉伯埃及共和国的现代化进程，笔者发现农地制度、农产品市场化、粮食问题、村民流动与乡村政治参与之间具有紧密的内在关联。

在埃及现代化进程中，农地制度对农产品市场化具有重大影响。土地国有制或限制私有化必然意味着由埃及政府主导农产品市场化，而土地非国有化与鼓励私有化则往往表明土地所有者将掌控农产品市场化，特定的土地制度总是与农产品市场化的主导权联系紧密。粮食生产能力不足系粮食问题的表现之一，而土地制度作为农业生产关系的核心因素能够对粮食生产能力造成间接影响。土地制度对村民流动的影响主要表现在，穆罕默德·阿里政权和纳赛尔政权恢复土地国有制或建立土改合作社，由此实现对小农人身自由的有效控制，进而阻碍乡村居民的人口流动；赛义德和伊斯玛仪政权大肆征收苛捐杂税并且推动土地非国有化，迫使大量小农背井离乡，这客观上有利于乡村居民的人口流动；而1882—1952年与1970—2013年埃及政府通过废除徭役制度或弱化合作社功能，逐渐放松对乡村居民的人身控制，从而为乡村居民的人口流动创造条件；乡村人均耕地面积的下降趋势与农业用地的占地不均，也是村民流动的重要因素。农地制度也对政治权力产生重大影响。在农业时代，农业既是主要财源，也是政治地位的主要支撑；大土地所有者由此掌握多数社会财富和巨大政治权力；在工业化亟须全面推进的时刻，自由军官组织利用耕地占有严重不均的现状，采取大刀阔斧的土地改革举措，依靠小农和中等地主压制在外地主和王室贵胄；在工业昌明时代，土地资源日渐稀缺，地租和地价呈现上涨趋势，地主的参政愿望和政治势力也随之上升。

农产品市场化意味着农产品可被迅速转化为货币财富，进而为农业扩大再生产、工业建设、文化传播和争权夺利提供物质基础。追逐农业剩余的本能冲动，要求地主等经营主体掌握生产自主权，而经营主体若要掌握

生产自主权就必须获得足够的土地权利和充分的人身自由。因此，农产品市场化开始对土地制度和村民流动产生重大影响。农产品市场化对土地制度的影响主要表现在，穆罕默德·阿里政权和纳赛尔政权极力限制乡村居民的土地所有权，以便掌控农产品市场化的主导权，进而占有全部或大部分农业剩余；或者表现为，穆罕默德·阿里后裔统治时期的地主阶层试图实现土地非国有化，以及共和时代的地主阶层极力打破土地改革所造成的地权现状，从而掌握农产品市场化的主导权，同时推动更多耕地进入流通领域而成为特殊商品；正是在农产品市场化的影响下，在外地主才能够寓居城市，而地权斗争也比传统社会激烈得多。满足市场需求的外部压力能够刺激经营主体适时调整播种结构，而粮食问题的产生恰恰与其他作物播种面积的增减关联甚大。农产品市场化对村民流动的影响主要表现在，农产品市场化引发种植结构调整与区域农业分工，进而导致部分村民在一定时节流向其他乡村去从事摘棉或垦荒等农业劳动。在埃及现代化进程中，埃及农产品贸易垄断制度与中央集权具有共时性；简而言之，中央集权构成农产品贸易垄断制度的政治前提，而农产品贸易垄断制度则成为中央集权的重要物质基础。不仅如此，农产品贸易自由化与中央集权衰落也呈现共时性。

1952—2013 年，埃及食品补贴制度逐渐完善，食品补贴数额不断上升，小麦和面粉始终是食品补贴的重点内容。埃及的食品补贴制度，对农业生产和政治参与具有重大影响。埃及的食品补贴制度，减少了农民所获利润，剥夺了其积累资本进而改进技术的潜力，挫伤了其生产积极性，从而导致小麦长期短缺与品质低劣；食品补贴制度使市民的消费欲望空前膨胀，浪费现象空前严重，并固化城乡之间与城市内部的收入差距和权力格局。此外，埃及的食品补贴制度还会强化埃及的中央集权。

在埃及现代化进程中，农业劳力构成农业生产力的重要内容，村民流动则直接决定农业劳力的供给状况，进而影响粮食和其他农产品的供给、流通和消费。村民流动对土地制度和政治秩序的影响比较复杂，迄今没有定论。

在埃及现代化进程中，政治权力往往决定农地制度。埃及乡村居民的土地所有权，其合法性往往仰赖政府的默许或者恩赐，具有明显的不稳固性。在埃及外患严重且统治者力量强大之时，政治权力需要在整合社会资源时也能够排斥政治参与，限制农村居民的土地产权，以便独享农产品出口所带来的巨额利润；如果埃及外患减轻或者统治者力量孱弱，则地主阶级往往能够扩大政治权力，进而凭借政治权力加速地权私有化和土地兼并，国家则默认甚至支持这一趋势，以便取悦地主阶层。无论中枢权力强弱与否，小农都居于政治生活的边缘地带，无法通过政治权力维护自身利益。在埃及现代化进程中，埃及农产品贸易垄断制度与中央集权具有共时性；简而言之，中央集权构成农产品贸易垄断制度的政治前提，而农产品贸易垄断制度则成为中央集权的重要物质基础。不仅如此，农产品贸易自由化与中央集权衰落也呈现共时性。粮食问题的另一表现在于食品补贴制度刺激城市居民的过量消费，而食品补贴制度深刻说明城乡居民政治参与的高下之别。乡村阶层与埃及市民、埃及政府的政治力量对比，直接影响城乡的经济社会差距，进而影响乡村居民进城打工；乡村居民能否出国务工，受制于埃及政府的对外政策，仰赖埃及村民政治地位的提升。

综上所述，阿拉伯埃及共和国现代化进程中"三农"问题的主要成因并不在于自然环境恶劣，或科技水平低下，或人口增长过快，而在于现代化这一特定历史进程中出现的政治权力分配不均，特别是政府与国民、城市与乡村、地主与小农、精英与民众在权力资源方面的巨大差距，具体表现为开罗和其他地区的差距、城市和乡村的差距、工商业和农副业的差距、下埃及和上埃及的差距，以及尼罗河流域与非尼罗河流域的差距。换言之，处在现代化发展阶段的埃及，政治民主尚未实现，政府、城市、地主和精英在权力格局之中占有优势地位，而小农则处于政治生活的边缘地带。政治权力分配不均，而且政治权力在资源分配中依旧占据主导作用，导致发展资源的占有状况并不平衡，进而构成"三农"问题发生并延续的深层政治背景。农业发展和农村繁荣离不开农民政治权利的实现；仅仅改变土地所有制和经营方式，而不给予农民平等参政的权利，难以从根本上解放农民、发展农业和繁荣农村。然而，埃及的"三农"问题并非与生俱来，而是两百年来经济、社会、政治发展和现代化进程的产物和体现，因而也需要在未来的经济、社会、政治发展和现代化进程中逐步得到克服。在未来权力重构与政治民主的基础之上，埃及现代化的全面实现与埃及农民的最终解放，将不再是小农梦寐已久的虚幻梦想。

二、阿拉伯埃及共和国三农问题对中国的启示

（一）阿拉伯埃及共和国土地制度与政权更迭的关系

1. 土地制度对政权更迭的影响

土地制度关乎小农的生死存亡及农村的人心向背，而埃及的政权更迭

与小农的政治倾向紧密相关。立宪君主制时代异常严重的土地兼并，导致小农生活贫困和频繁暴动，最终促成1952年七月革命，使以纳赛尔为核心的自由军官控制政权。1992年96号法施行后，土地制度发生剧变，贫富差距居高不下，小农和政府发生激烈冲突，穆巴拉克与穆尔西在乡村的统治基础空前狭窄，在村小农普遍充当坐看政权垮台的"沉默大多数"，部分进城小农甚至直接参与两次"倒穆"。

2. 政权更迭对土地制度的影响

埃及村民土地所有权的合法性基本上仰赖政府的恩赐，具有明显的不稳固性。若外患严重且统治者力量强大，政府需要整合社会资源，排斥政治参与，限制村民的土地产权，以便独享农业市场化带来的利润；若外患减轻或统治者力量羸弱，地主则能够凭借政治权力加速地权私有化和土地兼并，政府则表示默认甚至支持，以取悦地主阶级。1952年七月革命后，纳赛尔政权推行土改，涉及限制大地产、建立土改合作社、稳定土地租佃权等内容，使土地兼并趋势得到遏制，土地集中现象有所缓解。萨达特执政后期，土地制度朝着不利于小农的方向发展；穆巴拉克政权出台1992年96号法，穆尔西沿用这一法令，放松对地产面积的限制，大幅提高地租数额并废除纳赛尔时代的租佃制度。

（二）阿拉伯埃及共和国粮食问题和农产品市场化对中国的启示

1. 粮食问题对中国的启示

一是外部环境与粮食安全。如果在战争环境下，国家应着力提高粮食自给水平；如果在和平环境下，国家应倾向于互通有无。

二是权力结构与粮食问题。国家必须打破城乡二元结构，给予农民平等待遇；调整农资—粮食比价，增加对农户直补、优化贷款环境并提高投资比重，以此促进粮食生产；提高行政效能、打击腐败现象、抑制贫富分化，以此调节粮食需求。

2. 农产品市场化对中国的启示

农产品市场化仰赖相对特殊的自然条件和规模消费的区位因素，因此气候土壤条件适宜地区、沿海沿边开放地区、大中城市郊区在播种结构和农产品贸易结构方面不要追求面面俱到进而丧失区域特色。

农产品市场化耗资较大，因此应该通过优惠贷款和转移支付等手段，加大对棉花或园艺产业的融资力度。

棉花与园艺作物的种植技术比较复杂，而现代园艺产业耗水较多，因此应该继续推广农业技术，补齐农田水利建设短板。

棉花和园艺作物的采摘极其费工而且产品不易储运，因此应该精心培育农业社会化服务体系，着力改善运输条件。

农产品市场化仰赖国内外两种市场，因此应该努力提高农业对外开放水平。但农产品市场化的众多环节极易受到发达国家和跨国公司的控制，因此在发展外向型农业的同时，政府必须妥善处理与外国政府和经营主体的关贸纠纷，确保政府和经营者成为市场化的主要受益者。

（三）阿拉伯埃及共和国村民流动对中国的启示

第一，在人口众多的发展中国家，人身自由化以及随之而来的人口流动性加快，是大势所趋。村民流动不仅是人口流动而且是社会流动，其中包含地域转移、职业更新和阶层改变三个方面。地域转移为职业更新和阶层改变准备地理空间，职业更新为地域转移和阶层改变创造外在拉力，而阶层改变则为地域转移和职业更新提供内在冲动。

第二，政府在促进城市化和劳务输出的同时，应着力保护留守妇女、进城打工与出国务工人员的合法权益，以维护政治稳定和国家尊严。

参 考 文 献

一、中文书籍与论文

（一）书籍

1. 史料

[1] [英] B·R·米切尔. 帕尔格雷夫世界历史统计：亚洲、非洲和大洋洲卷（1750—1993）[M]. 贺力平，译. 北京：经济科学出版社，2002.

[2] 法制参考资料汇编：第二辑 [M]. 北京：光明日报出版社，1985.

[3] 国际经济和社会统计资料（1950—1982年）[M]. 北京：中国财政经济出版社，1985.

[4] 埃及民法典 [M]. 黄文煌，译. 厦门：厦门大学出版社，2008.

[5] [美] 凯马尔·H·卡尔帕特. 当代中东的政治和社会思想 [M]. 陈和丰，等，译. 北京：中国社会科学出版社，1992.

[6] 潘光，朱威烈. 阿拉伯非洲历史文选（18世纪末—20世纪中）[M]. 上海：华东师范大学出版社，1992.

[7] 齐世荣. 当代世界史资料选辑：第三分册 [M]. 北京：首都师范大学出版社，1996.

[8] 齐世荣. 世界通史资料选辑：现代部分第三分册 [M]. 北京：商务印书馆，2007.

[9] 世界经济年鉴编辑委员会. 世界经济年鉴（1993年）[M]. 北京：中国社会科学出版社，1994.

[10] 世界经济统计简编（2000年）[M]. 北京：社会科学文献出版社，2000.

[11] 世界银行. 1986年世界发展报告——农业贸易和价格政策 [M]. 北京：中国财政经济出版社，1986.

[12] 世界银行. 2000/2001年世界发展报告——与贫困作斗争 [M]. 北京：中国财政经济出版社，2001.

[13] 世界银行. 2003年世界发展报告——变革世界中的可持续发展：改

进制度、增长模式与生活质量［M］．北京：中国财政经济出版社，2003．

［14］世界银行．2008年世界发展报告——以农业促发展［M］．北京：清华大学出版社，2008．

［15］人民出版社总编室．亚洲、非洲、拉丁美洲民族主义者关于民族解放运动的言论［M］．北京：人民出版社，1964．

2．中文译著

［1］［以］艾森斯塔德．现代化：抗拒与变迁［M］．张旅平，等，译．北京：中国人民大学出版社，1988．

［2］［英］伯纳德·路易斯．中东：激荡在辉煌的历史中［M］．郑之书，译．北京：中国友谊出版公司，2000．

［3］不列颠百科全书（国际中文版）［M］．北京：中国大百科全书出版社，1999．

［4］大美百科全书［M］．北京：外文出版社，1998．

［5］［德］恩格斯．法德农民问题［C］//马克思恩格斯选集：第4卷，北京：人民出版社，1995．

［6］［埃］拉西德·阿里·巴拉维，穆罕默德·哈姆查·乌列士．近代埃及的经济发展［M］．枢原，申威，译．上海：三联书店，1957．

［7］［英］罗伯特·斯蒂文思．纳赛尔传［M］．王威，等，译．北京：世界知识出版社，1992．

［8］［德］马克思．法兰西内战［C］//马克思恩格斯选集：第3卷．北京：人民出版社，1995．

［9］［德］马克思．论土地国有化［C］//马克思恩格斯选集：第3卷．北京：人民出版社，1995．

［10］［埃］穆罕默德·艾尼斯，赛义德·拉加卜·哈拉兹．埃及近现代简史［M］．北京：商务印书馆，1980．

［11］［美］塞缪尔·亨廷顿．变化社会中的政治秩序［M］．王冠华，等，译．上海：三联书店，1989．

［12］［美］塞缪尔·亨廷顿．现代化：理论与历史经验的再探讨［M］．上海：上海译文出版社，1993．

［13］［美］斯塔夫里阿诺斯．全球分裂：第三世界的历史进程［M］．迟越，王红生，等，译．北京：商务印书馆，1993．

［14］［美］C·E·布莱克．现代化的动力［M］．段小光，译．成都：四

川人民出版社，1988.

［15］［美］西里尔·E·布莱克. 比较现代化［M］. 杨豫，陈祖洲，译. 上海：上海译文出版社，1996.

［16］［美］小阿瑟·戈尔德施密特，劳伦斯·戴维森. 中东史［M］. 哈全安，刘志华，译. 上海：东方出版中心，2010.

3. 中文专著

［1］毕健康. 埃及现代化与政治稳定［M］. 北京：社会科学文献出版社，2005.

［2］哈全安. 中东史：610—2000［M］. 天津：天津人民出版社，2010.

［3］罗荣渠. 现代化新论（修订版）［M］. 北京：商务印书馆，2004.

［4］纳忠. 埃及近现代简史［M］. 上海：三联书店，1963.

［5］彭树智. 中东史［M］. 北京：人民出版社，2010.

［6］彭树智. 二十世纪中东史［M］. 北京：高等教育出版社，2001.

［7］钱乘旦，杨豫，陈晓律. 世界现代化进程［M］. 南京：南京大学出版社，1997.

［8］孙立平. 现代化与社会转型［M］. 北京：北京大学出版社，2005.

［9］唐大盾. 非洲社会主义：历史·理论·实践［M］. 北京：世界知识出版社，1988.

［10］王铁铮. 世界现代化历程：中东卷［M］. 南京：江苏人民出版社，2010.

［11］王彤. 当代中东政治制度［M］. 北京：中国社会科学出版社，2005.

［12］伍庆玲. 现代中东妇女问题［M］. 昆明：云南大学出版社，2004.

［13］杨光，温伯友. 当代西亚非洲国家社会保障制度［M］. 北京：法律出版社，2001.

［14］杨灏城. 埃及近代史［M］. 北京：中国社会科学出版社，1985.

［15］杨灏城，江淳. 纳赛尔和萨达特时代的埃及［M］. 北京：商务印书馆，1997.

［16］曾尊固. 非洲农业地理［M］. 北京：商务印书馆，1984.

［17］张俊彦. 中东国家经济发展战略研究［M］. 北京：北京大学出版社，1987.

［18］中国伊斯兰百科全书编辑委员会. 中国伊斯兰百科全书［M］. 成都：四川辞书出版社，1994.

(二) 论文

[1] 陈杰. 试析阿拉伯粮食安全问题 [J]. 阿拉伯世界研究, 2009 (2): 61-68.

[2] 陈天社. 萨达特时期美国对埃及援助的效果和背景 [J]. 山西师大学报, 2006 (2): 125-126.

[3] 董正华. 关于现代农业发展的两个理论问题 [J]. 马克思主义与现实, 2006 (1): 145-152.

[4] 2007/2008 年度埃及棉花生产介绍——埃及代表团在 ICAC 第六十七次全体会议上的报告 [J]. 中国棉花, 2009 (1): 46-47.

[5] 方天纵, 赵怀青. 埃及土地资源退化及其防治 [J]. 内蒙古林学院学报 (自然科学版), 1997 (3): 42-49.

[6] 国家粮食局赴南非、埃及考察团. 南非、埃及粮食流通考察报告 [J]. 世界粮食, 2005 (12): 30-31.

[7] 何顺果. 小农制: 一种普遍而长命的生产方式——兼论"生产方式≠社会形态" [J]. 世界历史, 2000 (6): 2-10.

[8] 李明宗. 埃及的农村卫生工作 [J]. 中国卫生事业管理, 1985 (2): 46-47.

[9] 李培林. 流动民工的社会网络和社会地位 [J]. 社会学研究, 1996 (4): 42-52.

[10] 李岳云. 工业化、城市化与粮食安全 [J]. 现代经济探讨, 2007 (1): 27-30.

[11] 刘军. 当代海湾国家的外来劳工移民及其影响 [J]. 世界民族, 2008 (6): 70-77.

[12] 刘志华. 建国以来毛泽东对中东阿拉伯国家局势的论断 [J]. 国际论坛, 2016 (4): 49-56.

[13] 刘志华. 建国后周恩来关于中东阿拉伯国家热点问题的论述 [J]. 当代世界, 2016 (12): 52-55.

[14] 刘志华. 1992 年 96 号法与埃及佃农的政治转向——兼论穆巴拉克政权垮台的乡村因素 [J]. 西亚非洲, 2013 (3): 33-47.

[15] 刘志华. 19 世纪以来埃及土地制度与政治权力关系考辨 [J]. 西亚非洲, 2010 (9): 23-28.

[16] 刘志华, 李艳枝. 百年中东, 求解中东 [J]. 世界知识, 2014 (19): 16-26.

[17] 刘志华. 又是军方：将穆尔西赶下台 [J]. 世界知识, 2013 (15)：16-17.

[18] 刘志华. 军人当政：埃及政治现代化中的别样传统 [J]. 世界知识, 2013 (15)：24-25.

[19] 刘志华. 1952—2011年埃及粮食问题研究 [J]. 世界农业, 2014 (2)：55-58.

[20] 刘志华. 略论埃及伊斯兰教地产瓦克夫的千年嬗变 [J]. 农业考古, 2013 (3)：225-228.

[21] 刘志华. 穆罕默德·阿里时代乡村农业的变革与埃及早期现代化进程的启动 [J]. 现代化研究, 2009 (5)：351-364.

[22] 刘志华. 从穆罕默德·阿里改革看埃及早期现代化受挫的原因 [J]. 南开学报（哲学社会科学版）, 2011 (增)：171-173.

[23] 刘志华. 1805—2011年埃及农产品市场化问题刍议——以棉花的种植和销售为例 [J]. 华中农业大学学报（社会科学版）, 2013 (2)：38-46.

[24] 刘志华. 埃及：失地农民——坐看穆巴拉克垮台的沉默大多数 [C] //马晓霖. 阿拉伯剧变——西亚北非大动荡深层观察. 北京：新华出版社, 2012：161-174.

[25] 刘志华. 1829—1952年埃及政府的地权政策与土地非国有化述论 [J]. 山东省农业管理干部学院学报, 2013 (1)：13-17.

[26] 陆庭恩. 评穆罕默德·阿里的改革 [J]. 世界历史, 1979 (4)：72-79.

[27] 王立新. 工业化问题研究范式的反思和重构：从工业主义到重农主义 [J]. 史学月刊, 2006 (1)：12-19.

[28] 王立新. 农业转型概念的双重化 [J]. 史学理论研究, 2008 (2)：54-57.

[29] 王林聪. 纳赛尔时期农业合作化问题初探 [J]. 宁夏大学学报, 1992 (4)：39-45.

[30] 温铁军. 埃及农村地权冲突调查分析 [J]. 世界农业, 2007 (6)：1-4.

[31] 许永璋. 1805—1952年埃及土地关系述论 [J]. 河南大学学报（哲学社会科学版）, 1990 (4)：100-108.

[32] 杨灏城. 纳赛尔时代的土地改革与埃及农村资本主义的发展 [J]. 西

亚非洲，1990（1）：48-63.

[33] 杨瑾. 试论马穆鲁克埃及的饥荒与济贫：1250—1517 [J]. 广西师范学院学报（哲学社会科学版），2008（1）：122-128.

二、英文书籍与论文

（一）书籍

[1] AFAF FI AL-SAYYID MARSOT. Egypt in the Reign of Muhammad Ali [M]. Cambridge: Cambridge University Press, 1984.

[2] ALAN RICHARDS. Egypt's Agricultural Development, 1800—1980: Technical and Social Change [M]. Boulder: Westview Press, 1982.

[3] ALAN RICHARDS, JOHN WATERBURY. A Political Economy of the Middle East [M]. Boulder San Francisco and Oxford: Westview Press, 1990.

[4] ALAN RICHARDS. Food, States and Peasants: Analyses of Agrarian Question in the Middle East [M]. Bouder and London: Westview Press, 1986.

[5] ALFRED BONNE. State and Economics in the Middle East: A Society in Transision [M]. London: Routledge, 1998.

[6] ALLEN C KELLEY, ATEF M KHALIFA, M NABIL EL-KHORAZATY. Population and Development in Rural Egypt [M]. Durham, N.C.: Duke University Press, 1982.

[7] A. L. UDOVITCH. The Islamic Middle East 700—1900: Studies in Economic and Social History [M]. Princeton: Darwin Press, 1981.

[8] AMY J JOHNSON. Reconstructing Rural Egypt: Ahmed Hussein and the History of Egyptian Development [M]. New York: Syracuse University Press, 2004.

[9] ARTHUR GOLDSCHMIDT JR., LAWRENCE DAVIDSON. A Concise History of the Middle East [M]. Eighth Edition. Boulder and Oxford: Westview Press, 2006.

[10] BERNARD LEWIS. The Shaping of the Modern Middle East [M]. New York: Oxford University Press, 1994.

[11] CAMRON MICHAEL AMIN, BENJAMIN C FORTNA, ELIZABETH FRIERSON. The Modern Middle East: A Sourcebook for History [M]. Oxford and New York: Oxford University Press, 2006.

[12] CARL F PETRY. The Cambridge History of Egypt: Islamic Egypt, 640—1517 [M]. Vol. 1. Cambridge: Cambridge University Press, 1998.

[13] CHARLES ISSAWI. An Economic History of the Middle East and North Africa [M]. New York: Columbia University Press, 1982.

[14] CHARLES ISSAWI. The Economic History of the Middle East, 1800—1914: A Book of Readings [M]. Chicago: University of Chicago Press, 1966.

[15] CHARLES TRIPP, ROGER OWEN. Egypt under Mubarak [M]. London and New York: Routledge, 1989.

[16] DEREK HOPWOOD. Egypt: Politics and Society, 1945—1984 [M]. Second Edition. Boston: Allen and Unwin, 1985.

[17] DONALD QUATAERT. The Ottoman Empire, 1700—1922 [M]. Cambridge: Cambridge University Press, 2000.

[18] DOREEN WARRINER. Land Reform and Development in the Middle East, A Study of Egypt, Syria and Iraq [M]. Oxford: Oxford University Press, 1957.

[19] E ASHTOR. A Social and Economic History of the Near East in the Middle Ages [M]. Berkeley: University of California Press, 1976.

[20] EBERHARD KIENLE. A Grand Delusion: Democracy and Economic Reform in Egypt [M]. London and New York: I. B. Tauris, 2001.

[21] ELIE PODEH, Onn Winckler. Rethinking Nasserism: Revolution and Historical Memory in Modern Egypt [M]. Gainesville: University Press of Florida, 2004.

[22] EMORY C BOGLE. The Modern Middle East: From Imperialism to Freedom, 1800—1958 [M]. New Jersey: Prentice - Hall Inc. , 1996.

[23] FARHAD KAZEMI, JOHN WATERBURY. Peasants and Politics in the Modern Middle East [M]. Gainesville: Florida International University Press, 1991.

[24] F ROBERT HUNTER. Egypt under the Khedives, 1805—1879: From Household Government to Modern Bureaucracy [M]. Pittsburgh: University of Pittsburgh Press, 1984.

[25] GABRIEL BAER. A History of Landownership in Modern Egypt, 1800—1950 [M]. London: Oxford University Press, 1962.

[26] GABRIEL BAER. Studies in the Social History of Modern Egypt [M]. Chicago and London: The University of Chicago Press, 1969.

[27] GABRIEL BAER. Fellah and Townsman in the Middle East: Studies in Social History [M]. London and Totowa: Frank Cass and Company Limited, 1982.

[28] GALAL A AMIN. The Modernization of Poverty, 1945—1970: A Study in the Political Economy of Growth in Nine Arab Countries [M]. Leiden: Brill, 1980.

[29] GEORGES SABAGH. The Modern Economic and Social History of the Middle East in Its World Context [M]. Cambridge and New York: Cambridge University Press, 1989.

[30] GRAHAM DYER. Class, State and Agricultural Productivity in Egypt: A Study of the Inverse Relationship Between Farm Size and Land Productivity [M]. London and Portland: Frank Cass Limited, 1997.

[31] HANS LOFGERN. Food, Agriculture and Economic Policy in the Middle East and North Africa [M]. Vol. 5. Oxford: Elsevier Science Ltd., 2003.

[32] HELEN B RIVLIN. The Agricultural Policy of Muhammad Ali in Egypt [M]. Cambridge: Cambridge University Press, 1961.

[33] JAMES TOTH. Rural Labor Movements in Egypt and Their Impact on the State, 1961—1992 [M]. Gainesville, Tallahassee, Tama, etc.: Florida University Press, 1999.

[34] JOEL BEININ. Workers and Peasants in the Modern Middle East [M]. Cambridge and New York: Cambridge University Press, 2001.

[35] JUDITH E TUCKER. Women in Nineteenth Century Egypt [M]. Cambridge and New York: Cambridge University Press, 1985.

[36] KENNETH M CUNO. The Pasha's Peasants: Land, Society, and Economy in Lower Egypt, 1740—1858 [M]. Cambridge: Cambridge University Press, 1992.

[37] KHALID IKRAM. The Egyptian Economy, 1952—2000: Performance, Policies, and Issues [M]. London and New York: Routledge, 2006.

[38] KIRK J BEATTIE. Egypt During the Nasser Years: Ideology, Politics, and Civil Society [M]. Boulder: Westview press, 1994.

[39] KIRK J BEATTIE. Egypt During the Sadat Years [M]. New York: Palgrave, 2000.

[40] KLAUS – PETER TREYDTE, WOLFGANG ULE. Agriculture in the Near East: Organizational Patterns and Socio-Economic Development [M]. Bonn-Bad Godesberg: Verlag Neue Gesellschaft, 1973.

[41] MAGDA BARAKA. The Egyptian Upper Class Between Revolutions, 1919—1952 [M]. Oxford: Ithaca Press, 1998.

[42] MAHMOUD ABDEL – FADIL. Development, Income Distribution and Social Change in Rural Egypt, 1952—1970: A Study in the Political Economy of Agrarian Transition [M]. Cambridge, London, New York, Melbourne: Cambridge University Press, 1975.

[43] MAHMOUD ABDEL – FADIL. The Political Economy of Nasserism: A Study in Employment and Income Distribution Policies in Urban Egypt, 1952—1972 [M]. Cambridge: Cambridge University Press, 1980.

[44] MAHMOUD HUSSEIN. Class Conflict in Egypt, 1945—1970 [M]. New York: Monthly Review Press, 1973.

[45] MARK COOPER. The Transformation of Egypt [M]. Baltimore: The Johns Hopkins University Press, 1982.

[46] MARYANNE CLINE HOROWITZ. New Dictionary of the History of Ideas [M]. Vol 6. Farmington: Thomson Corporation, 2005.

[47] M A Z BADAWI. The Reformers of Egypt [M]. London: Croom Helm, 1978.

[48] MEHRAN KAMRAVA. The Modern Middle East: A Political History since the First World War [M]. Berkeley, Los Angeles and London: University of California Press, 2005.

[49] ME YAPP. The Making of the Modern Near East, 1792—1923 [M]. London: Pearson Education Limited, 1987.

[50] ME YAPP. The Near East since the First World War [M]. London: Longman, 1991.

[51] MICHAEL EZEKIEL GASPER. The Power of Representation: Publics, Peasants, and Islam in Egypt [M]. Stanford: Stanford University Press, 2009.

[52] M P POSUSNEY, M P ANGRIST. Authoritarianism in the Middle East:

Regimes and Resistance [M]. Boulder: Lynne Rienner Publishers, 2005.

[53] M RIAD EL – GHONEMY. Egypt in the Twenty-first Century: Challenges for Development [M]. London: Routledge Curzon, 2003.

[54] M W DALY. The Cambridge History of Egypt: Modern Egypt, from 1517 to the End of the Twentieth Century [M]. Vol. 2. Cambridge: Cambridge University Press, 1998.

[55] NAZIH N AYUBI. The State and Public Policies in Egypt since Sadat [M]. Oxford: Ithaca Press, 1991.

[56] NICHOLAS HOPKINS. Agrarian Transformation in Egypt [M]. Boulder: Westview Press, 1987.

[57] NOHA EL – MIKAWY, HEBA HANDOUSSA. Institutional Reform and Economic Development in Egypt [M]. Cairo and New York: American University in Cairo Press, 2002.

[58] NS KHALED FAHMY. All the Pasha's Men: Mehmed Ali, His Army and the Making of Modern Egypt [M]. Cambridge: Cambridge University Press, 1997.

[59] OKBAZGHI YOHANNES. Political Economy of an Authoritarian Modern State and Religious Nationalism in Egypt [M]. New York and Ontario: The Edwin Mellen Press, 2001.

[60] P J VATIKIOTIS. Nasser and His Generation [M]. London and Worcester: Billing and Sons Ltd. , 1978.

[61] P J VATIKIOTIS. The History of Egypt: From Muhammad Ali to Sadat [M]. Frome and London: Butler and Tanner Ltd. , 1980.

[62] P M HOLT. Political and Social Change in Modern Egypt [M]. London: Oxford University Press, 1968.

[63] RAMI GINAT. Egypt's Incomplete Revolution: Lufti Al-Khuli and Nasser's Socialism in the 1960s [M]. London: Frank Cass Publishers, 1997.

[64] RAY BUSH. Economic Crisis and the Politics of Reform in Egypt [M]. Boulder and Oxford: Westview Press, 1999.

[65] RAY BUSH. Counter-Revolution in Egypt's Countryside: Land and Farmers in the Era of Economic Reform [M]. London and New York: Zed Books Ltd. , 2002.

[66] RAYMOND WILLIAM BAKER. Egypt's Uncertain Revolution Under Nasser and Sadat [M]. Cambridge, Massachusetts, and London: Harvard University Press, 1978.

[67] RICHARD ANTOUN, ILIYA HARIK. Rural Politics and Social Change in the Middle East [M]. Bloomington: Indiana University Press, 1972.

[68] RICHARD H ADAMS JR. Development and Social Change in Rural Egypt [M]. New York: Syracuse University Press, 1986.

[69] RICHARDS LAWLESS. The Middle Eastern Village: Changing Economic and Social Relations [M]. London, New York, and Sydney: Croom Helm Ltd., 1987.

[70] ROBERT L TIGNOR. State, Private Enterprise, and Economic Change in Egypt [M]. Princeton: Princeton University Press, 1984.

[71] ROBERT MABRO. The Egyptian Economy, 1952—1972 [M]. Oxford: Clarendon Press, 1974.

[72] ROBERT MABRO, SAMIR RADWAN. The Industrialization of Egypt, 1939—1973: Policy and Performance [M]. Oxford: Clarendon Press, 1976.

[73] ROBERT SPRINGBORG. Mubarak's Egypt: Fragmentation of the Political Order [M]. Boulder: Westview Press, 1989.

[74] ROGER OWEN. Cotton and Egyptian Economy, 1820—1914 [M]. Oxford: Oxford University Press, 1969.

[75] ROGER OWEN. The Middle East in the World Economy, 1800—1914 [M]. London and New York: I. B. Tauris, 1993.

[76] ROGER OWEN, SEVKET PAMUK. A History of Middle East Economies in the Twentieth Century [M]. London: I. B. Tauris, 1998.

[77] ROLAND OLIVER. Anthony Atmore, Africa Since 1800 [M]. 3rd edition. Cambridge: Cambridge University Press, 1981.

[78] SAAD M GADALLA. Land Reform: In Relation to Social Development of Egypt [M]. Missouri: Missouri University Press, 1962.

[79] SAMIR RADWAN. Capital Formation in Egyptian Industry and Agriculture, 1882—1967 [M]. London and Oxford: Ithaca Press, 1974.

[80] SELMA BOTMAN. Egypt: From Independence to Revolution, 1919—1952 [M]. New York: Syracuse University Press, 1991.

[81] SIMON COMMANDER. The State and Agricultural Development in Egypt since 1973 [M]. London: Ithaca Press, 1987.

[82] S J HENRY HABIB AYROUT. The Egyptian Peasant [M]. Boston: Beacon Press, 1963.

[83] THOMAS W LIPPMAN. Egypt after Nasser: Sadat, Peace, and the Mirage of Prosperity [M]. New York: Paragon House, 1989.

[84] VINCENT FRANCIS COSTELLO. Urbanization in the Middle East [M]. Cambridge: Cambridge University Press, 1977.

[85] WHEELOCK KEITH. Nasser's New Egypt [M]. New York: Praeger, 1960.

[86] YAHYA M SADOWSKI. Political Vegetables: Businessman and Bureaucrat in the Development of Egyptian Agriculture [M]. Washington D. C. : Brookings Institution, 1991.

[87] ZACHARY LOCKMAN. Workers and Working Classes in the Middle East: Struggles, Histories, Historiographies [M]. Albany: State University of New York Press, 1994.

[88] Z Y HERSHLAG. Introduction to the Modern Economic History of the Middle East [M]. Leiden: E. J. Brill, 1964.

[89] Z Y HERSHLAG. Introduction to the Modern Economic History of the Middle East [M]. Leiden: E. J. Brill, 1980.

（二）论文

[1] A E R BOAK. Irrigation and Population in the Faiyum, the Garden of Egypt [J]. Geographical Review, 1926, 16 (3): 353-364.

[2] AHMED EL-MORSHIDY. Landownership in Egypt [J]. American Journal of Economics and Sociology, 1952, 11 (4): 377-378.

[3] ALAN B MOUNTJOY. Egypt's Population Problem [J]. Transactions and Papers (Institute of British Geographers), 1952, 1 (18): 121-135.

[4] ALAN RICHARDS. Land and Labor on Egyptian Cotton Farms, 1882-1940 [J]. Agricultural History, 1978, 52 (4): 503-518.

[5] ALAN RICHARDS. Agricultural Technology and Rural Social Classes in Egypt, 1920-1939 [J]. Middle Eastern Studies, 1980, 16 (2): 56-83.

[6] ALAN RICHARDS. Agricultural Mechanization in Egypt: Hopes and Fears

[J]. International Journal of Middle East Studies, 1981, 13 (4): 409 – 425.

[7] ALI E HILLAL DESSOUKI. The Shift in Egypt's Migration Policy: 1952 – 1978 [J]. Middle Eastern Studies, 1982, 18 (1): 53 – 68.

[8] ASIT K BISWAS. Land Resources for Sustainable Agricultural Development in Egypt [J]. Ambio, 1993, 22 (8): 556 – 560.

[9] ASIT K BISWAS. Environmental Sustainability of Egyptian Agriculture: Problems and Perspective [J]. Ambio, 1995, 24 (1): 16 – 20.

[10] BARBARA ENTWISLE, JOHN B CASTERLINE, HUSSEIN A A SAYED. Villages as Contexts for Contraceptive Behavior in Rural Egypt [J]. American Sociological Review, 1989, 54 (6): 1019 – 1034.

[11] BARBARA K LARSON. Rural Marketing System of Egypt over the Last Three Hundred Years [J]. Comparative Studies in Society and History, 1985, 27 (3): 494 – 530.

[12] BARBARA K LARSON. The Structure and Function of Village Markets in Contemporary Egypt [J]. Journal of the American Research Center in Egypt, 1982, 19 (1): 131 – 144.

[13] BENT HANSEN. The Distributive Shares in Egyptian Agriculture, 1897 – 1961 [J]. International Economic Review, 1968, 9 (2): 175 – 193.

[14] BENT HANSEN. Employment and Wages in Rural Egypt [J]. The American Economic Review, 1969, 59 (3): 298 – 313.

[15] BENT HANSEN, MICHAEL WATTLEWORTH. Agricultural Output and Consumption of Basic Foods in Egypt, 1886/1987—1967/1968 [J]. International Journal of Middle Eastern Studies, 1978, 9 (4): 449 – 469.

[16] CHARLES ISSAWI. Population and Wealth in Egypt [J]. The Milbank Memorial Fund Quarterly, 1949, 27 (1): 98 – 113.

[17] CHARLES ISSAWI. Farm Output under Fixed Rents and Share Tenancy [J]. In Land Economics, 1957, 33 (1): 74 – 77.

[18] CLIVE BELL. Reforming Property Rights in Land and Tenancy [J]. The World Bank Research Observer, 1990, 5 (2): 143 – 166.

[19] C SHANNON STOKES, WAYNE A. SCHUTJER. A Cautionary Note on Public Policies in Conflict: Land Reform and Human Fertility in Rural Egypt [J]. Comparative Politics, 1983, 16 (1): 97 – 104.

[20] DANI RODRIK. Rural Transformation and Peasant Political Orientations in Egypt and Turkey [J]. Comparative Politics, 1982, 14 (4): 417 – 442.

[21] DAVID F FORTE. Egyptian Land Law: An Evaluation [J]. The American Journal of Comparative Law, 1978, 26 (2): 273 – 278.

[22] DAVID SEDDON. The Politics of Adjustment: Egypt and the IMF, 1987—1990 [J]. Review of African Political Economy, 1990, 1 (47): 95 – 104.

[23] DELWIN A ROY, WILLIAM T. IRELAN. Law and Economics in the Evolution of Contemporary Egypt [J]. Middle Eastern Studies, 1989, 25 (2): 163 – 185.

[24] DELWIN A ROY. Egyptian Emigrant Labor: Domestic Consequences [J]. Middle Eastern Studies, 1991, 27 (4): 551 – 582.

[25] DEREK BYERLEE. The Political Economy of Third World Food Imports: The Case of Wheat [J]. Economic Development and Cultural Change, 1987, 35 (2): 307 – 328.

[26] DOREEN WARRINER. Land Reform in Egypt and Its Repercussions [J]. International Affairs, 1953, 29 (1): 1 – 10.

[27] DOUGLAS D CRARY. Irrigation and Land Use in Zeiniya Bahari, Upper Egypt [J]. Geographical Review, 1949, 39 (4): 568 – 583.

[28] DYAA K ABDOU, DELWORTH GARDNER, RICHARD GREEN. To Violate or Not Violate the Law: An Example from Egyptian Agriculture [J]. American Journal of Agricultural Economics, 1986, 68 (1): 120 – 126.

[29] EDWARD MEAD EARLE. Egyptian Cotton and the American Civil War [J]. Political Science Quarterly, 1926, 41 (1): 522 – 545.

[30] ELIAS H TUMA. Agrarian Reform in Historical Perspective: A Comparative Study [J]. Comparative Studies in Society and History, 1963, 6 (1): 47 – 75.

[31] ELIZABETH TAYLOR. Egyptian Migration and Peasant Wives [J]. MERIP Reports, 1984, 1 (124): 3 – 10.

[32] ELLIS GOLDBERG. Peasants in Revolt: Egypt 1919 [J]. International Journal of Middle Eastern Studies, Vol. 24, No. 2, 1992, 24 (2): 261 – 280.

[33] ERIC A MONKE, DENNIS C. CORY, DONALD G. HECKERMAN. Sur-

plus Disposal in World Markets: An Application to Egyptian Cotton [J]. American Journal of Agricultural Economics, 1987, 69 (3): 570 – 579.

[34] EVALYN JACOBSON MICHAELSON, WALTER GOLDSCHMIDT. Female Roles and Male Dominance among Peasants [J]. Southwestern Journal of Anthropology, 1971, 27 (4): 330 – 352.

[35] FARHAT J ZIADEH. Law of Property in Egypt: Real Rights [J]. The American Journal of Comparative Law, 1978, 26 (2): 239 – 271.

[36] FARHAT J ZIADEH. Land Law and Economic Development in Arab Countries [J]. The American Journal of Comparative Law, 1985, 33 (1): 93 – 106.

[37] FATMA KHAFAGY. Women and Labor Migration: One Village in Egypt [J]. MERIP Reports, 1984, 1 (124): 17 – 21.

[38] FRED H LAWSON. Rural Revolt and Provincial Society in Egypt, 1820 – 1824 [J]. International Journal of Middle East Studies, 1981, 13 (2): 131 – 153.

[39] FROBERT HUNTER. State-Society Relation in Nineteenth-Century Egypt: The Years of Transition, 1848 – 1879 [J]. Middle Eastern Studies, 2000, 36 (3): 145 – 159.

[40] FUAD BAALI. Agrarian Reform Policies and Development in the Arab World [J]. American Journal of Economics and Sociology, 1974, 33 (2): 161 – 173.

[41] GABRIEL BAER. A Note on the Controversy over "The Dissolution of the Egyptian Village Community" [J]. International Journal of Middle East Studies, 1975, 6 (2): 241 – 244.

[42] GABRIEL BAER. The Waqf as a Prop for the Social System (Sixteenth – Twentieth Centuries) [J]. Islamic Law and Society, 1997, 4 (3): 264 – 297.

[43] GORDON K HIRABAYASHI, M FATHALLA EL KHATIB. Communication and Political Awareness in the Villages of Egypt [J]. The Public Opinion Quarterly, 1958, 22 (3): 357 – 363.

[44] HADI S ESFAHANI. Aggregate Trends in Four Main Agricultural Regions in Egypt, 1964 – 1979 [J]. International Journal of Middle East Studies,

1988, 20 (2): 135 – 164.

[45] HAROLD ALDERMAN, KATHY LINDERT. The Potential and Limitations of Self-Targeted Food Subsidies [J]. The World Bank Research Observer, 1998, 13 (2): 213 – 229.

[46] HARPER W BOYD JR. ABDEL AZIZ EL – SHERBINI, AHMED FOUAD SHERIF. Channels of Distribution for Consumer Goods in Egypt [J]. The Journal of Marketing, 1961, 25 (6): 26 – 33.

[47] HASSAN ALY DAWOOD. Farm Land Acquisition Problems in Egypt [J]. Land Economics, 1950, 26 (3): 305 – 307.

[48] HASSAN ALY DAWOOD. Some Characteristics of Agricultural Land Leasing in Egypt [J]. Journal of Farm Economics, 1950, 32 (3): 489 – 495.

[49] HENRY S BIENEN, MARK GERSOVITZ. Consumer Subsidy Cuts, Violence, and Political Stability [J]. Comparative Politics, 1986, 19 (1): 25 – 44.

[50] IBRAHIM ABU – LUGHOD. The Mass Media and Egyptian Village Life [J]. Social Forces, 1963, 42 (1): 97 – 104.

[51] ILIYA HARIK. Subsidization Policies in Egypt: Neither Economic Growth Nor Distribution [J]. International Journal of Middle East Studies, 1992, 24 (3): 481 – 497.

[52] ILIYA HARIK. Opinion Leaders and the Mass Media in Rural Egypt: A Reconsideration of the Two-Step Flow of Communications Hypothesis [J]. The American Political Science Review, 1971, 65 (3): 731 – 740.

[53] J A ALLAN. Some Phases in Extending the Cultivated Area in the Nineteenth and Twentieth Centuries in Egypt [J]. Middle East Studies, 1983, 19 (4): 470 – 481.

[54] JAMES A HANSON. Employment and Wages in Rural Egypt: A Reinterpretation [J]. The American Economic Review, 1971, 61 (3): 492 – 499.

[55] JAMES TOTH. Pride, Purdah, or Paychecks: What Maintains the Gender Division of Labor in Rural Egypt? [J]. International Journal of Middle East Studies, 1991, 23 (2): 213 – 236.

[56] JAMES TOTH. Rural Workers and Egypt's National Development [J].

British Journal of Middle East Studies, 1994, 21 (1): 38 - 54.

[57] JANET ABU - LUGHOD. Migrant Adjustment to City Life: The Egyptian Case [J]. The American Journal of Sociology, 1961, 67 (1): 22 - 32.

[58] JANET ABU - LUGHOD. Urban-Rural Differences as a Function of the Demographic Transition: Egyptian Data and an Analytical Model [J]. The American Journal of Sociology, 1964, 69 (5): 476 - 490.

[59] JANET ABU - LUGHOD. Urbanization in Egypt: Present State and Future Prospects [J]. Economic Development and Cultural Change, 1965, 13 (3): 313 - 343.

[60] JIMMYE S HILLMAN. The Role of Export Cropping in Less Developed Countries [J]. American Journal of Agricultural Economics, 1981, 63 (2): 375 - 383.

[61] J. MCFARLANE. The Production of Cotton in Egypt [J]. Journal of the Royal African Society, 1909, 8 (32): 372 - 382.

[62] JOEL BEININ. Labor, Capital, and the State in Nasserist Egypt, 1952 - 1961 [J]. International Journal of Middle East Studies, 1989, 21 (1): 71 - 90.

[63] JOHN B CASTERLINE, ELIZABETH C. COOKSEY, ABDEL FATTAH E. ISMAIL. Household Income and Child Survival in Egypt [J]. Demography, 1989, 26 (1): 15 - 35.

[64] JOHN BOMANADAMS. Culture and Conflict in an Egyptian Village [J]. American Anthropologist, 1957, 59 (2): 225 - 235.

[65] JOHN M ANTLE, ALI S AITAH. Rice Technology, Farmer Rationality, and Agricultural Policy in Egypt [J]. American Journal of Agricultural Economics, 1983, 65 (4): 667 - 674.

[66] JOSEPH H DOUGLASS, KATHERINE W. DOUGLASS. Aspects of Marriage and Family Living among Egyptian Peasants (Fellaheen) [J]. Marriage and Family Living, 1954, 16 (1): 45 - 48.

[67] JUDITH E TUCKER. Egyptian Women in the Work Force: An Historical Survey [J]. MERIP Reports, 1976, 1 (50): 3 - 9, 26.

[68] JUDITH E TUCKER. While Sadat Shuffles: Economic Decay, Political Ferment in Egypt [J]. MERIP Reports, 1978, 1 (65): 3 - 9.

[69] JUDITH E TUCKER. Problems in the Historiography of Women in the Mid-

dle East: The Case of Nineteenth-Century Egypt [J]. International Journal of Middle East Studies, 1983, 15 (3): 321 -336.

[70] JUDITH E TUCKER. Women and State in 19th Century Egypt: Insurrectionary Women [J]. MERIP Middle East Report, 1986, 1 (138): 8 - 13, 34.

[71] JUDY H BRINK. The Effect of Emigration of Husbands on the Status of Their Wives: An Egyptian Case [J]. International Journal of Middle East Studies, 1991, 23 (2): 201 -211.

[72] JUSTIN A MCCARTHY. Nineteenth-Century Egyptian Population Middle Eastern Studies [J]. Special Issue on the Middle Eastern Economy, 1976, 12 (3): 1 -39.

[73] KARIMA KORAYEM. The Rural-Urban Income Gap in Egypt and Biased Agricultural Pricing Policy [J]. Social Problem, 1981, 28 (4): 417 - 427.

[74] KARIM EL - GAWHARY. Nothing More to Lose: Landowners, Tenants and Economic Liberalization in Egypt [J]. Middle East Report, 1997, 1 (204): 41 -42 +48.

[75] KATHRYN M YOUNT, RAY LANGSTEN, KENNETH HILL. The Effect of Gender Preference on Contraceptive Use and Fertility in Rural Egypt [J]. Studies in Family Planning, 2000, 31 (4): 290 -300.

[76] KENNETH H PARSONS. Land Reform in the United Arab Republic [J]. Land Economics, 1959, 35 (4): 319 -326.

[77] KENNETH M CUNO. The Origins of Private Ownership of Land in Egypt: A Reappraisal [J]. International Journal of Middle East Studies, 1980, 12 (3): 245 -269.

[78] KENNETH M CUNO. Joint Family Household and Rural Notables in 19th-Century Egypt [J]. International Journal of Middle East Studies, 1995, 27 (4): 485 -502.

[79] KENNETH M CUNO, MICHAEL J. REIMER. The Census Registers of Nineteenth-Century Egypt: A New Source for Social Historians [J]. British Journal of Middle Eastern Studies, 1997, 24 (2): 193 -216.

[80] LAWRENCE H HADLEY. The Migration of Egyptian Human Capital to the Arab Oil-Producing States: A Cost-Benefit Analysis [J]. International

Migration Review, 1977, 11 (3): 285 - 299.

[81] LUCIE WOOD SAUNDERS, SOHAIR MEHENNA. Unseen Hands: Women's Farm Work in an Egyptian Village [J]. Anthropological Quarterly, 1986, 59 (3): 105 - 114.

[82] LUCIE WOOD SAUNDERS, SOHEIR MEHENNA. Village Entrepreneurs: An Egyptian Case [J]. Ethnology, 1986, 25 (1): 75 - 88.

[83] LUTFI RADWAN. Water Management in the Egyptian Delta: Problems of Wastage and Inefficiency [J]. The Geographical Journal, 1998, 164 (2): 129 - 138.

[84] MAHA A GHALWASH. Land Acquisition by the Peasants of Mid-Nineteenth Century Egypt: The Ramya System [J]. Studies Islamica, 1998, 1 (88): 121 - 139.

[85] MAHMOUD AHMED EL - SHAFIE. Population Pressure on Land and the Problem of Capital Accumulation in Egypt [J]. Journal of Farm Economics, 1952, 34 (5): 979 - 981.

[86] M A KISHK. Land Degradation in the Nile Valley [J]. Ambio, 1986, 15 (4): 226 - 230.

[87] MALCOLM MCILWRAITH. Notes on Egyptian Law [J]. Journal of Comparative Legislation and International Law, 1922, 4 (4): 229 - 232.

[88] MARK N COOPER. State Capitalism, Class Structure, and Social Transformation in the Third World: The Case of Egypt [J]. International Journal of Middle East Studies, 1983, 15 (4): 451 - 469.

[89] MARVIN G WEINBAUM. Dependent Development and U. S. Economic Aid to Egypt [J]. International Journal of Middle East Studies, 1986, 18 (2): 119 - 132.

[90] MAWAHEB EL - MOUELHY, MAHINAZ EL - HELW, NABIL YOUNIS, HIND KHATTAB, HUDA ZURAYK. Women's Understanding of Pregnancy-Related Morbidity in Rural Egypt [J]. Reproductive Health Matters, 1994, 2 (4): 27 - 34.

[91] MELVIN ALBAUM. Cooperative Agricultural Settlement in Egypt and Israel [J]. Land Economics, 1966, 42 (2): 221 - 225.

[92] MOHAMMAD A CHAICHIAN. The Effects of World Capitalist Economy on Urbanization in Egypt, 1800—1970 [J]. International Journal of Middle

East Studies, 1988, 20 (1): 23 –43.

[93] MOHAMED N NOFAL. Chronology: A Brief History of Egyptian Agriculture, 1813—1992 [J]. Options Mediterraneennes, 1995 (1): 146 – 153.

[94] MOHAMED SULTAN, MICHAEL FISKE, THOMAS STEIN, MOHAMED GAMAL, YEHIA ABDEL HADY, HESHAM EL ARABY, AHMED MADANI, SALAH MEHANEE, RICHARD BECKER. Monitoring the Urbanization of the Nile Delta, Egypt [J]. Ambio, 1999, 28 (7): 628 – 631.

[95] MOHYI - ELDIN SAID, HYMAN GOLDSTEIN, AHMAD KORRA, KHALIL EL - KASHLAN. Blindness Prevalence Rates in Egypt: A Comparison of Random and Self-Selected Samples of Urban and Rural Residents, by Age and Sex [J]. HSMHA Health Reports, 1972, 87 (2): 177 –184.

[96] M RIAD EL - GHONEMY. Land Reform and Economic Development in the Near East [J]. Land Economics, 1968, 44 (1): 36 –49.

[97] MSWH. Egypt: Law No. 56 of 1988: The Ownership by Non-Egyptians of Buildings and Vacant Land Source [J]. Arab Law Quarterly, 1988, 3 (4): 383 –384.

[98] NAIEM A SHERBINY, MOKHLIS Y ZAKI. Programming for Agricultural Development: The Case of Egypt [J]. American Journal of Agricultural Economics, 1974, 56 (1): 114 –121.

[99] NATHAN BROWN. Peasants and Notables in Egyptian Politics [J]. Middle Eastern Studies, 1990, 26 (2): 145 –160.

[100] ODED YINON. The Significance of Egypt's Population Problem [J]. Middle Eastern Studies, 1982, 18 (4): 378 –386.

[101] PAVALAVALLI GOVINDASAMY, ANJU MALHOTRA. Women's Position and Family Planning in Egypt [J]. Studies in Family Planning, 1996, 27 (6): 328 –340.

[102] PETER DORNER. Land Tenure, Income Distribution and Productivity Interactions [J]. Land Economics, 1964, 40 (3): 247 –254.

[103] PHILIPPE FARGUES. State Policies and the Birth Rate in Egypt: From Socialism to Liberalism [J]. Population and Development Review,

1997, 23 (1): 128 - 129.

[104] RALPH R SELL. Egyptian International Labor Migration and Social Process: Toward Regional Integration [J]. International Migration Review, 1988, 22 (3): 89 - 98.

[105] RAY BUSH. Coping with Adjustment and Economic Crisis in Egypt's Countryside [J]. Review of African Political Economy, 1995, 22 (66): 499 - 516.

[106] RAY BUSH. An Agricultural Strategy Without Farmers: Egypt's Countryside in the New Millennium [J]. Review of African Political Economy, 2000, 27 (84): 237 - 244.

[107] RAY BUSH. Politics, Power and Poverty: Twenty Years of Agricultural Reform and Market Liberalisation in Egypt [J]. Third World Quarterly, 2007, 28 (8): 1599 - 1615.

[108] RAYMOND A HINNEBUSCH. Class, State and Reversal of Egypt's Agrarian Reform [J]. Middle East Report, 1993, 1 (184): 20 - 23.

[109] RAYMOND A HINNEBUSCH. The Politics of Economic Reform in Egypt [J]. Third World Quarterly, 1993, 14 (1): 159 - 171.

[110] RICHARDS H ADAMS JR. Evaluating the Process of Development in Egypt, 1980—1997 [J]. International Journal of Middle Eastern Studies, 2000, 32 (2): 263 - 265.

[111] RICHARDS HADAMS JR. Self-Targeted Subsidies: The Political and Distributional Impact of the Egyptian Food Subsidy System [J]. Economic Development and Cultural Change, 2000, 49 (1): 115 - 136.

[112] RICHARDS HADAMS JR. Nonfarm Income, Inequality, and Land in Rural Egypt [J]. Economic Development and Cultural Change, 2002, 50 (2): 339 - 363.

[113] RICHARDS HADAMS JR. Workers Remittances and Inequality in Rural Egypt [J]. Economic Development and Cultural Change, 1989, 38 (1): 45 - 71.

[114] RICHARDS HADAMS JR. The Economic Uses and Impact of International Remittances in Rural Egypt [J]. Economic Development and Cultural Change, 1991, 39 (4): 695 - 722.

[115] ROBERT C ELLICKSON. Property in Land [J]. The Yale Law Journal,

1993, 102 (6): 1315 – 1400.

[116] ROBERT J LATOWSKY. Egyptian Labor Abroad: Mass Participation and Modest Returns [J]. MERIP Reports, 1984, 1 (123): 11 – 18.

[117] ROBERT LAPORTE JR. , JAMES F. PETRAS, JEFFREY C. RINEHART. The Concept of Agrarian Reform and Its Role in Development: Some Notes on Societal Cause and Effect [J]. Comparative Studies in Society and History, 1971, 13 (4): 473 – 485.

[118] ROBERT L TIGNOR. British Agricultural and Hydraulic Policy in Egypt, 1882—1892 [J]. Agricultural History, 1963, 37 (2): 63 – 74.

[119] ROBERT L TIGNOR. Nationalism, Economic Planning, and Development Projects in Interwar Egypt [J]. The International Journal of African Historical Studies, 1977, 10 (2): 185 – 208.

[120] ROBERT MABRO. Employment and Wages in Dual Agriculture [J]. Oxford Economic Papers, 1971, 23 (3): 401 – 417.

[121] ROBERT SPRINGBORG. Patrimonialism and Policy Making in Egypt: Nasser and Sadat and the Tenure Policy for Reclaimed Lands [J]. Middle Eastern Studies, 1979, 15 (1): 49 – 69.

[122] ROBERT SPRINGBORG. Agrarian Bourgeoisie, Semiproletarians, and the Egyptian State: Lessons for Liberalization [J]. International Journal of Middle East Studies, 1990, 22 (4): 449 – 472.

[123] ROGER OWEN. The Study of Middle Eastern Industrial History: Notes on the Interrelationship Between Factories and Small-Scale Manufacturing with Special References to Lebanese Silk and Egyptian Sugar, 1900—1930 [J]. International Journal of Middle East Studies, 1984, 16 (4): 475 – 487.

[124] ROYALL BRANDIS. Cotton Competition. U. S. and Egypt, 1929—1948 [J]. Southern Economic Journal, 1953, 19 (3): 339 – 352.

[125] SAFWAT A AWADALLA. Privatisation and Economic Development: Study on the Effect of Privatisation on the Economic Efficiency in Developing Countries: Egypt: As a Case Study under Law No. 203 for 1991 [J]. Arab Law Quarterly, 2003, 18 (1): 34 – 61.

[126] SHLOMO YITZHAKI. On the Effect of Subsidies to Basic Food Commodities in Egypt [J]. Oxford Economic Papers, 1990, 42 (4): 772 –

792.

[127] SIDNEY PEEL. British Administration and Irrigation in Egypt [J]. Political Science Quarterly, Vol. 20, No. 3, 1905, 20 (3): 513 – 534.

[128] SIMON BROMLEY. Ray Bush. Adjustment in Egypt? The Political Economy of Reform [J]. Review of African Political Economy, 1994, 21 (60): 201 – 213.

[129] SOHEIR A MORSY. Health and Illness as Symbols of Social Differentiation in an Egyptian Village [J]. Anthropological Quarterly, 1980, 53 (3): 153 – 161.

[130] SOHEIR A MORSY. Sex Roles, Power, and Illness in an Egyptian Village [J]. American Ethnologist, 1978, 5 (1): 137 – 150.

[131] STELLA MARGOLD. Agrarian Land Reform in Egypt [J]. American Journal of Economics and Sociology, 1957, 17 (1): 9 – 19.

[132] The Egyptian Constitution [J]. Arab Law Quarterly, 1993, 7 (4): 249 – 271.

[133] THOMAS STAUFFER. The Egyptian Land Reform Law. Explanatory Note to Accompany Land Reform Law [J]. Economic Development and Cultural Change, 1952, 1 (4): 295 – 314.

[134] URI M KUPFERSCHMIDT. Reformist and Militant Islam in Urban and Rural Egypt [J]. Middle Eastern Studies, 1987, 23 (4): 403 – 410.

[135] VICTOR LEVY. The Welfare and Transfer Effects of Cotton Price Policies in Egypt, 1963—1978 [J]. American Journal of Agricultural Economics, 1983, 65 (3): 576 – 580.

[136] VICTOR LEVY. Cropping Pattern, Mechanization, Child Labor, and Fertility Behavior in a Farming Economy: Rural Egypt [J]. Economic Development and Cultural Change, 1985, 33 (4): 777 – 791.

[137] WAYNE A SCHUTJER, SHANNON STOKES, JOHN R. POINDEXTER. Farm Size, Land Ownership, and Fertility in Rural Egypt [J]. Land Economics, 1983, 59 (4): 393 – 403.

[138] WENDY L HOFFMAN, BRUCE L GARDNER, RICHARD E JUST, BRENT M HUETH. The Impact of Food Aid on Food Subsidies in Recipient Countries [J]. American Journal of Agricultural Economics, 1994, 76 (4): 733 – 743.

[139] W L WESTERMANN. The Development of the Irrigation System of Egypt [J]. Classical Philology, 1919, 14 (2): 158-164.

[140] WYN F OWEN. Land and Water Use in the Egyptian High Dam Era [J]. Land Economics, 1964, 40 (3): 277-293.

三、参考网站

(一) 中文

[1] 埃及新闻部国家新闻总署. 穆巴拉克与现代化国家建设 [2015-09-02]: http://www.egyptinfo.org.cn/modern country/mc09.htm.

[2] 中华人民共和国驻阿拉伯埃及大使馆经济商务参赞处 [2015-09-02]: http://eg.mofcom.gov.cn/index.shtml.

[3] "联合国粮食及农业组织"(FAO)中文网站 [2015-09-02]: http://www.fao.org/index_zh.htm.

[4] 人民网中东专栏 [2015-09-02]: http://world.people.com.cn/GB/1029/42361/index.html.

(二) 英文

[1] 各国宏观经济指标宝典 [2015-09-02]: EIU Country Data-EIU.

[2] 世界银行网站 [2015-09-02]: http://ddp-ext.worldbank.org/.

[3] "联合国粮食及农业组织"(FAO)英文网站 [2015-09-02]: http://www.fao.org/.

[4] 埃及政府官网 [2015-09-02]: http://www.egypt.gov.eg/english/home.aspx.

[5] 埃及国家信息服务中心 [2015-09-02]: http://www.sis.gov.eg/En/Default.aspx.

[6] 埃及《金字塔报》[2015-09-02]: http://english.ahram.org.eg/.

[7] 美国有线电视新闻网中东专栏 [2015-09-02]: http://edition.cnn.com/MIDDLEEAST.

[8] 英国广播公司中东专栏 [2015-09-02]: http://www.bbc.co.uk/news/world/middle_east/.

附　录　阿拉伯埃及共和国涉农历史年表[①]

1952 年：7 月 23 日，以纳赛尔为首的自由军官发动政变，控制开罗。7 月 24 日，阿里·马希尔就任埃及首相。7 月 26 日，自由军官宣布废黜埃及国王法鲁克，拥立王储艾哈迈德·福阿德继位（即福阿德二世，1952—1953 年在位）。7 月 27 日，自由军官运动委员会改称革命指挥委员会。9 月 7 日，阿里·马希尔下台，穆罕默德·纳吉布继任首相。9 月 9 日，埃及政府颁布第 178 号法令，即《埃及土地改革法》。9 月中旬：埃及政府发布命令，废除非慈善目的的私人瓦克夫。

1953 年：农业信贷银行允许土地所有者以农业收成作为贷款抵押（此前只能以土地作为贷款抵押），贷款年利率降至 4.5%。5 月，埃及政府颁布法令，要求所有公共瓦克夫管理者（即纳宰尔）必须在 6 个月内将其管理权移交给瓦克夫部（捐赠者兼任纳宰尔的公共瓦克夫例外）；这些丧失公共瓦克夫管理权的纳宰尔将获得少量补偿；在征得高等瓦克夫委员会和沙里亚法庭的同意后，瓦克夫部可以违背公共瓦克夫捐赠者当初规定的原

[①] 参考资料：Arthur Goldschmidt Jr., Lawrence Davidson, *A Concise History of the Middle East*. Z. Y. Hershlag, *Introduction to the Modern Economic History of the Middle East*, Leiden: E. J. Brill, 1964. M. W. Daly, ed., *The Cambridge History of Egypt*, Vol. 1, Vol. 2. Cambridge: Cambridge University Press, 1998. Kenneth M. Cuno, "The Origins of Private Ownership of Land in Egypt: A Reappraisal". Gabriel Baer, *A History of Landownership in Modern Egypt*, 1800—1950. Gabriel Baer, *Studies in the Social History of Modern Egypt*. Farhat J. Ziadeh, "Law of Property in Egypt: Real Rights". Thomas Stauffer, ed., "The Egyptian Land Reform Law: Explanatory Note to Accompany Land Reform Law", *Economic Development and Cultural Change*, No. 4, 1952. Edward Mead Earle, "Egyptian Cotton and the American Civil War". Robert Springborg, "Agrarian Bourgeoisie, Semiproletarians, and the Egyptian State: Lessons for Liberalization". Richard H. Adams Jr., "Self-Targeted Subsidies: The Political and Distributional Impact of the Egyptian Food Subsidy System". Mohamed N. Nofal, "Chronology. A Brief History of Egyptian Agriculture, 1813—1992", in *Options Mediterraneennes*, 1995. Ali E. Hillal Dessouki, "The Shift in Egypt's Migration Policy: 1952—1978", *Middle Eastern Studies*, Vol. 18, No. 1, 1982. 潘光、朱威烈主编：《阿拉伯非洲历史文选（18 世纪末—20 世纪中）》，上海：华东师范大学出版社，1992 年。齐世荣主编：《当代世界史资料选辑》，第三分册，北京：首都师范大学出版社，1996 年。哈全安：《中东史：610—2000》。杨灏城：《埃及近代史》。杨灏城、江淳：《纳赛尔和萨达特时代的埃及》。

则，有权根据需要支配公共瓦克夫的全部或部分收益。6月，埃及革命指挥委员会取消君主制，罢免福阿德二世，没收王室财产（包括土地在内），结束穆罕默德·阿里王朝的统治；共和国成立，纳吉布任总统兼内阁总理，纳赛尔为副总理兼内政部长。

1954年：10月，埃及与英国签署《关于苏伊士运河基地的协定》，废除1936年英埃同盟条约，规定英军应撤离埃及。11月，纳吉布被解除一切职务，纳赛尔任革命指挥委员会主席和政府总理。

1955年：美国和英国表示愿意援助埃及修建阿斯旺大坝。

1956年：1月，《埃及共和国宪法》颁布。6月，最后一批英军撤出埃及领土；纳赛尔当选埃及总统。7月，美英宣布撤销援助埃及修建阿斯旺大坝的决定。10月，英法和以色列侵略埃及，苏伊士运河战争或第二次中东战争爆发。12月，英法侵略军撤出埃及。

1957年：1月，纳赛尔宣布废除英国与埃及签署的《关于苏伊士运河基地的协定》。3月，以色列从埃及西奈半岛撤军。7月，埃及政府颁布第152号法令，规定：政府将依据1952年《埃及土地改革法》把瓦克夫部接管的公共瓦克夫分配给符合条件的小农，小农将以分期付款方式向政府偿还地价；政府以三年等额本息形式向原有公共瓦克夫的纳宰尔分期偿还地价；纳宰尔仅能获得这一等额本息中的利息和红利，其本金将被政府用于经济投资。依据1956年第317号法和1956—1961年五年计划，农业合作信贷银行断绝与个人的业务往来，仅仅向农业合作社提供贷款，农业合作社成为农业贷款的唯一来源。

1958年：埃及政府颁布第4号法，规定个人占地最多200费丹，个人与其妻子和未成年儿女占地总面积不得超过300费丹；但是，在本法实施之前通过购买而获得土地并导致占地面积超过本法规定者不适用本法规定。埃及政府颁布第168号法令，将土地改革中获地农民偿还地价的期限延长到40年，利息率和附加税分别降至2.5%和10%。埃及与叙利亚合并，阿拉伯联合共和国成立，纳赛尔担任总统。阿拉伯联合共和国与也门组成"阿拉伯国家联邦"。

1959年：美国开始以贷款形式向埃及提供粮食等。埃及政府颁布第2号法，征召职业中专无线电通信专业毕业生。

1960年：埃及政府设立化肥稳定基金；埃及政府宣布废除1952年之前的农业合作社，推广土改合作社；纳赛尔政权颁布第94号法，重申1945年第108号法关于征召医务人员下乡服务两年的规定。

1961年：埃及政府将大批私营企业收归国有或改为合营企业；埃及政府颁布第二次土地改革法，降低农业用地占地限额；政府宣布取消农业银行的信贷利息；叙利亚脱离阿拉伯联合共和国；"阿拉伯联邦"解体；埃及政府颁布第183号法，规定卫生部有权将医学专业大学毕业生下乡服务的时间延长两年。

1962年：《民族宪章》颁布。埃及政府颁布法令，再次规定农业合作信贷银行只向合作社发放农业贷款。埃及政府开始向土地和牲畜的所有者发放"农业持有卡"，由农业合作社记录所有者信息与他们的交易情况。埃及政府颁布第2475号法，开始征召从开罗大学机械系航空专业毕业的全部大学生进入埃及飞机制造厂工作；1962年，埃及政府再次颁布法令，征召埃及所有综合性大学机械工程系的1/5毕业生。

1963年：埃及政府颁布第15号法令，规定除巴勒斯坦人之外的外国人不得拥有埃及的农业用地（包括耕地、可耕地、荒地、沙漠地）；外国人目前占有的埃及农业用地以及建在其上的房屋和固定机械或活动机械，以及长在其上的树木，都将被埃及农业改革部没收；但是这些被没收财产的外国人有权在本法颁布之后11个月内将其地产售予埃及公民，埃及政府将依据1952年第178号法令规定的补偿标准，以债券形式向被没收土地的外国人进行补偿，自没收之日起15年内付清，年利率4%。埃及政府颁布第17号法令，规定地主和佃农必须在本村的农业合作社签署其租佃协议。埃及政府颁布第42号法，将征召的工程系毕业生范围扩大至所有高级研究所、综合性大学和专科院校。埃及政府颁布第138号法，征召综合性大学与高级研究所中的助教。

1964年：埃及政府颁布第138号法令，规定在土地改革中的获地小农只需向政府交纳1/4地价即可，分40年还清，而且免纳利息；偿还钱款多于1/4地价的获地小农则可获得相应补偿。政府宣布不再对在土地改革中征购的超额地产进行补偿。埃及政府规定将由合作社垄断棉花收购。埃及农业合作信贷银行改称农业合作信贷组织，负责规划和实施乡村的信贷业务与农产品销售。埃及政府建立一个由诸多部长组成的"劳力委员会"，授权该委员会审批大学毕业生的出国务工申请。

1965—1967年：首届阿拉伯国家劳工部长会议召开，讨论劳力调剂余缺的问题，并就优先使用阿拉伯劳力达成协议，但是仅有埃及、叙利亚、伊拉克和约旦批准这一协定。

1965年：2月，美国参众两院通过决议，禁止向埃及提供更多粮食。

10月，美国参议院通过决议，禁止向埃及出口农产品；美国同意把向埃及出口小麦的协议延长6个月。埃及政府颁布1965年第30号法，开始征召艾资哈尔大学的助教。

1966年：埃及政府颁布第52号法，规定只有直接耕作者才有权将所耕土地租给他人。埃及农业与合作信贷组织提供的数据显示，占地超过10费丹的土地所有者（人数仅占土地所有者总数的7%）在该组织所发放的农业贷款的欠款总额中所占比重为36.6%，而占地不足5费丹的小土地所有者（人数占土地所有者总数的80%）所欠贷款占该组织农业贷款欠款总额的45.4%。

1967年：6月，"六·五战争"或第三次中东战争爆发。埃及宣布与美国断交。10月，埃及"劳力委员会"发表一份重要的政策声明，强调埃及政府应出台长期稳定的劳务输出政策，建议政府鼓励劳务输出、收集境外就业信息、考察国内特别是劳力供求并不平衡地区的人力资源、和那些需要农业劳力的国家签署双边协议、简化出国手续、与侨民保持联系并鼓励其返回祖国进行投资、使出国务工合法化、免除出国务工人员之子的兵役、成立一个管理劳务输出的专门机构，就出国务工人员的岗位和国籍提出建议。

1969年：埃及政府颁布第50号法令，再次降低农业用地占地限额。纳赛尔政权根据"劳力委员会"的上述建议，在外交部下设移民司，以便与国外埃及劳工保持联系、评估境外就业机会并与接纳埃及劳工的诸多国家签订双边协议。埃及政府颁布第863号法，规定设立以劳工部长为首的、由各部代表参加的"移民与劳务输出委员会"，旨在出台移民政策、协调各部关系、考察境外就业、签署双边协议。埃及农业部发布命令，允许出国务工时间在1年以内的农学家重返原有工作岗位。卡扎菲夺取利比亚政权，利埃关系迅速升温。

1970年：7月，阿斯旺大坝竣工。9月，纳赛尔逝世，萨达特任代总统。10月，萨达特就任埃及总统。

1971年：埃及政府公布"18条法令"，取消埃及政府对公民出国务工的多种限制，特别是取消纳赛尔时代的《出境签证法》，在某些情况下取消出国务工人员之子和兄弟的兵役，并就出国务工人员的双重国籍等问题做出规定。埃及与利比亚就埃及劳力输出问题达成协议。"阿拉伯联合共和国"改称"阿拉伯埃及共和国"。《阿拉伯埃及共和国宪法》颁布。埃及政府颁布第65号法令，即《阿拉伯投资与自由区法》。

1972年：2月22日，埃及政府正式规定申请出国务工的埃及人必须提交能够证明如下条件的材料并由内务部下设的移民司审核批准：首先，完纳各种税收；第二，已经完成兵役；第三，获得工作单位的同意；第四，获得目的地所在国的同意；第五，大学毕业生还应获得劳工部的批准。

1973年：2—3月，埃及政府召开高级官员会议，讨论移民和劳务输出等问题，部分与会代表要求政府出台长期稳定的移民政策并大大简化出国手续。10月，"斋月战争"或"赎罪日战争"或十月战争或第四次中东战争爆发。

1974年：2月，埃及与美国恢复外交关系。4月，埃及政府公布"十月文件"，全面阐述萨达特政权的各项政策。埃及政府颁布第29号法，将政府征召药师、护士、牙医和内科医生等的时间限制在四年之内。6月，埃及政府颁布第43号法，即《阿拉伯与外国投资及自由贸易区法》。埃及政府颁布第69号法，宣布返还纳赛尔政权征购的私人土地，政府将对地主进行补偿并承认后者拥有完整产权。埃及政府取消出国签证，改用旅行许可证，并由劳动者向本工作单位领取；几乎每个警察局都有权办理护照而且在24小时之内发放完毕，学生们还可申请短期护照以便在暑假期间出国旅行或打工，护照也不再限制对象国数目。

1975年：埃及议会提高地税并将地租定为10倍地税；允许将固定货币租改为分成实物租；佃农必须按时缴租。埃及政府颁布第26号法，第10条允许国民在特定情况下拥有双重国籍。埃及政府颁布第52号法，放松对地方行政的控制。萨达特政权与伊拉克政府签订协议，规定埃及政府向伊拉克南部派遣众多农民，用以开垦两河流域的荒地。埃及国防部发布命令，规定年龄在25~30岁的年轻人，如果其家人中有出国务工者，其本人免服兵役。

1976年：埃及政府颁布第31号法，规定设立一个直接向副总统负责的、管理移民和劳务输出事务的高等委员会。埃及总统萨达特发布第795号总统令，规定将设立以总理为首的"人力与培训高等委员会"，由国防和军需生产部、发电部、劳工部、住房部、教育部、农业部、水利部、工业部、规划部等派副部长参加，旨在促进埃及经济社会发展、满足其他阿拉伯国家和友好国家的劳力需求并解决失业问题。埃及议会通过第54号法，规定政府征召每位工程师不得超过6年。

1977年：开罗等城市发生骚乱；埃及政府颁布第32号法，规定埃及投资者与外籍投资者均获得免税权；萨达特访问以色列。

1978年：美国总统吉米·卡特、以色列总理梅纳伊赫·贝京与埃及总统安瓦尔·萨达特在戴维营举行会谈，签署《埃及与以色列缔结和平条约的框架协议》与《关于中东和平的纲要》；利比亚关闭利埃边境，直接堵塞埃及人非法越境进入利比亚务工的渠道。

1979年：《埃及以色列和平条约》在华盛顿签署；埃及政府颁布第43号法令，强化对地方行政的控制；阿拉伯国家联盟宣布将埃及开除出去，联盟总部从开罗迁往突尼斯，阿拉伯联盟多数会员国与埃及断交。

1980年：埃及政府决定从当年起由发展和信贷央行向涉及粮食安全、牲畜饲养、家禽生产的农业公司提供新型农业贷款，即"投资贷款"；上述贷款需要财产作为抵押，因此获得贷款的主要是大中地主。埃及政府与美国政府签署协定，美国政府承诺将帮助埃及小农提高生产能力，主要包括以下内容：美国政府向埃及小农提供手动喷雾器和小型收割机等农业机械，提供某些新作物品种的种子，并提供商业性贷款；该协定首先在东部省、盖勒尤卜省与艾斯优特省试行。埃及政府颁布第122号法令，取消农业合作社的贷款职能，导致农业合作社对农业生产的影响大大下降。埃及与以色列建立外交关系。两伊战争爆发。

1981年：埃及政府颁布第141号法令，宣布返还纳赛尔政权征购的私人地产；萨达特政权颁布第143号法，允许农业合资公司拥有不足5万费丹的新垦土地；埃及政府设立"移民和埃及在外劳工部"，作为管理出国务工人员的专门机构；萨达特遇刺身亡，胡斯尼·穆巴拉克继任总统。

1983年：8月1日，埃及政府颁布第111号法，规定：设立由"移民和埃及在外劳工部"领导的移民高等委员会，委员涵盖11个部；对通过官方渠道邮寄回国的侨汇免收税费；对用于国内投资的侨汇给予外资同等待遇；允许在外劳工在出国后两年内回到原有岗位；在外劳工可以加入所在国国籍；等等。9月，埃及国家银行宣布设立投资和发展公司，规定总额1亿埃镑的注册资本中有51%由归国埃及人注资。

1986年：2月，埃及中央安全部队发生严重骚乱。3月，穆巴拉克在议会发表演说，强调种植粮食作物，保证粮食安全。

1987年：穆巴拉克青年毕业生计划开始实施。

1988年：澳大利亚和加拿大先后宣布，将在1992年前取消对埃及的小麦贷款；两伊战争结束。

1989年：美国农业部向埃及提供50万吨廉价面粉；阿拉伯国家联盟重新接纳埃及作为成员国。

1990 年：伊拉克侵占科威特，遭到埃及的强烈反对。

1991 年：1—2 月，埃及参加军事打击伊拉克的"沙漠风暴行动"。埃及政府先后与国际货币基金组织（5 月）和世界银行（11 月）签署协议，承诺继续推进经济自由化。

1992 年：6 月，埃及议会通过第 96 号法，即地主与佃农关系法；埃及政府停止向精制长面包凡侬提供补贴。

1994 年：4 月，埃及议会通过 1994 年第 26 号法，规定村庄领导人不再由当地行政机关选举产生，而是由国家内务部长任命产生。

1996 年：埃及政府停止补贴精制白面包萨米。

1997 年：10 月 1 日，1992 年第 96 号法开始全面实施。

1998 年：埃及与美国签署协议，规定美国政府在之后十年把针对埃及的经援数额逐年削减 5％。

1999 年：10 月，埃及劳工在科威特参与骚乱，导致数人被捕。

2002 年：埃及生产与经济事务中心发布研究报告，指出每天埃及人均动物性蛋白消费量远低于国际平均水平。

2004 年：埃及公众动员和统计中心机构发布报告，指出埃及年人均粮食和蔬菜消费量比 1991 年有所上升，但是依然存在较大的增长空间。

2008 年：6 月，穆巴拉克在第 10 届非洲沿海和沙漠国家组织首脑会议上表示，农业领域投资减少、农产品流通成本增加以及生物燃料制造是目前国际粮食危机的主要原因。

2011 年：1 月 25 日，埃及民众举行大规模反政府示威，穆巴拉克政权陷入内外交困之中。2 月 11 日，穆巴拉克总统宣布辞职并将国家权力移交给武装部队最高委员会。持续 30 年之久的"穆巴拉克时代"正式终结。4 月 16 日，经军方允许，操纵埃及政府和议会长达 30 余年的前执政党民族民主党遭到解散并被没收党产，迅速化作历史名词。

2012 年：6 月 24 日，穆尔西代表由穆斯林兄弟会牵头成立的自由与正义党，在总统选举中以微弱多数胜出。6 月 30 日，穆尔西就任埃及首位民选总统。

2013 年：6 月底，埃及反对派发起游行示威，矛头直指就职一周年的穆尔西。7 月 1 日军方领导人、国防部长塞西向穆尔西发出最后通牒，要求其在两天内与反对派达成和解，但遭到总统拒绝。7 月 3 日最后通牒到期，军方宣布实施新的政治路线图，穆尔西被迫下台。